FRANCISCO ALBERTO DA MOTTA PEIXOTO GIORDANI
GUILHERME GUIMARÃES FELICIANO

DIREITO DO TRABALHO

PARA INQUIETOS

LACIER

Lacier Livraria e Editora
www.livrarialacier.com.br

Rua Doutor Quirino, 808 – Centro
CEP 13015-081 – Campinas, SP – Brasil

Fechamento: Dezembro, 2023.
1ª Edição 2024.

Diretor: *Lacier José de Rezende*
Diretor assistente: *Eduardo Soares Aureliano*
Capa: *Fábio Giglio Cardoso*
Editoração eletrônica: *Alice Corbett*

Ficha Catalográfica

Dados Internacionais de Catalogação na Publicação (CIP)
(Câmara Brasileira do Livro, SP, Brasil)

G497d Giordani, Francisco Alberto da Motta Peixoto.
Direito do trabalho para inquietos / Francisco Alberto da Motta Peixoto Giordani, Guilherme Guimarães Feliciano . – 1. ed. – Campinas, SP : Lacier Editora, 2024.
192 p. ; 16x23cm.

ISBN 978-65-88805-70-1

1. Direito do trabalho - Brasil. 2. Direito do trabalho - Legislação - Brasil. 3. Direito – Aspectos sociais. 4. Relações trabalhistas. I. Feliciano, Guilherme Guimarães. II. Título.

CDU 34:331

Índices para catálogo sistemático:
1. Direito do trabalho – Aspectos sociais
Angela Schmidt da Rosa – Bibliotecária – CRB-14/1171

Sumário

Apresentação

Foi com enorme alegria que recebi e aceitei o gentil convite para realizar a apresentação deste livro, e desde logo agradeço aos autores pela amável consideração, fruto da amizade que cultivamos e partilhamos ao longo de décadas a serviço da Justiça do Trabalho.

A rigor, os queridos amigos dispensam qualquer apresentação, pois a amplitude de suas visões e a apaixonada defesa do tema que perpassa sua atuação têm contribuído de forma significativa para a ciência do Direito.

A obra em debate trata de forma objetiva e inusitada temas polêmicos e difíceis, convidando os leitores à reflexão em diversos e multifacetados parâmetros.

O estudo contém importante crítica à implantação de um novo modelo de construção e resolução de conflitos coletivos; à limitação de acesso à jurisdição e a descaracterização do poder normativo, exercido agora nos limites do consentimento dos litigantes.

A antinomia entre o incentivo à livre negociação e a manutenção da unicidade sindical, em detrimento da plena liberdade sindical; entre a recusa imotivada à atuação da jurisdição de que trata a exceção do comum acordo e a dispensa desse modelo em caso de greve.

Os autores abordam ainda as figuras do ativismo judicial, das dispensas coletivas e do exercício do direito de greve, seus limites e atuação, analisando ainda a recente reforma trabalhista.

E sendo este o país do futebol, não se furtaram os autores a tratar do tema do esporte, analisando temas controvertidos da nova Lei do Esporte.

Assim, tratados e apresentados os temas, realça informar que a obra tem uma particularidade e um agravante.

Dedica-se a provocar, seja pela escolha dos temas seja pela via de abordagem, a inquietude de que nos dá conta o título, desafiando o leitor a pensar de modo amplo e sem preconceitos, tendo por baliza as normas constitucionais que regem a dignidade do trabalho humano, o valor social do trabalho e a livre-iniciativa.

Nesse contexto, a análise em perspectiva tem como ponto de partida e convergência a necessária busca da inserção do ser humano no estudo da difícil necessária e fundamental convivência entre capital e trabalho.

Nessa obra deve-se deixar de lado o que se convenciona denominar de senso comum, mesmo levando em conta a advertência de Descartes, em seu Discurso do Método:

"O bom senso é a coisa mais bem distribuída do mundo, pois cada um pensa estar tão bem provido dele, que mesmo aqueles mais difíceis de se satisfazerem com qualquer outra coisa não costumam desejar mais bom senso do que tem."

Nesse sentido, espera-se do inquieto leitor que deixando de lado todo o bom senso com que foi agraciado pelo criador, mas mantendo a mente inquieta e o coração tranquilo, venha desfrutar e partilhar das reflexões e pensamentos trazidos pelos autores.

Araçatuba. 6 de novembro de 2023.

JOÃO ALBERTO ALVES MACHADO

Prefácio

Vivemos em um mundo polarizado.

Equivoca-se quem pensa que a polarização seria um fenômeno novo, que começou nas últimas eleições.

Pelo contrário, começou nos primórdios dos tempos. Por um instinto de sobrevivência não era seguro viver sozinho. Consequentemente, era necessário fazer parte de um grupo que, juntando esforços com outros que aparentemente se assemelhavam, conseguiria resistir derrotando outros agrupamentos. Entretanto, ao se juntar a um grupo, necessariamente teria que se humilhar, abdicar dos pensamentos próprios e agir de acordo com as diretrizes traçadas pela liderança do grupo. Resumindo, para ter o conforto da segurança do viver em grupo, teria que aderir aos ditames do grupo, sem qualquer possibilidade de análise crítica.

O mesmo acontece nos dias de hoje. Não é seguro ter ideias próprias, independentes. Pensar de forma diversa implica angariar inimigos nas hostes adversárias. Por outro lado, pensar, ainda que parcialmente, de forma contrária à própria tropa, acarreta banimento, ficando à mercê dos adversários.

Pena que alguns laborais, contaminados por essa tendência, criaram dois times: os "conservadores" e os "progressistas". Cada um fica algemado ao seu grupo. Quem tentar se inspirar em trechos e ideias do outro lado será alcunhado de "traidor", "inseguro". Melhor nem manter conversas alegres, sob pena de ser cancelado, por não ser confiável. Isso vale até para áreas alheias ao direito, pois qualquer questionamento será considerado crime de lesa-majestade.

Pena que vamos nos esquecendo das lições que seriam da escritora e pedagoga Cris Pizzimenti:

> "Sou feita de retalhos. Pedacinhos coloridos de cada vida que passa pela minha e que vou costurando na alma. Nem sempre bonitos, nem sempre felizes, mas me acrescentam e me fazem ser quem eu sou. Em cada encontro, em cada contato, vou ficando maior. Em cada retalho, uma vida, uma lição, um carinho, uma saudade. Que me tornam mais pessoa, mais humana, mais completa."

Resumindo, pensar atualmente de forma autônoma é inseguro, arriscado. É melhor ser acrítico e leal, submisso a uma vertente do pensamento.

Felizmente temos pensadores que recusam tal arquétipo.

FRANCISCO ALBERTO DA MOTTA PEIXOTO GIORDANI e GUILHERME GUIMARÃES FELICIANO integram essa vertente independente.

Conheci o amigo Giordani no início da década de 90, quando substituímos nas Juntas de Conciliação e Julgamento de Araçatuba; tivemos carreiras paralelas até a sua recente aposentadoria como Desembargador do Tribunal Regional do Trabalho da 15ª Região. Sempre se destacou pela eloquência no falar, intensidade na defesa de suas ideias, sem receios para ser teimosamente voto vencido precursor de ulterior mudança da jurisprudência.

Também tive a honra de acompanhar a carreira do Guilherme desde a sua aprovação em 1997 como Juiz Substituto do Trabalho, ocupando atualmente o cargo de Juiz Auxiliar do Vice-Presidente Judicial do TRT-15. Mais reservado, introspectivo, que domina com profundidade as várias áreas do direito, vem se destacando no cenário nacional como um dos mais profundos doutrinadores juslaboralistas.

Juntos, mesclando esses perfis diversos, mas complementares, escrevem o presente livro *"Direito do Trabalho para inquietos"*, que tenho a desmerecida honra de prefaciar. Trata-se de uma coletânea de artigos, tendo como fio condutor a intenção de provocar o leitor para um inquieto olhar em outra direção. Obviamente que nem sempre o leitor irá concordar. Mas esse não é o objetivo dos autores, que objetivam o exame dos temas sob diversos prismas. Melhor assim, pois o desconforto ajuda a crescer.

Que a leitura desta obra provoque a desconfortante dor do crescimento crítico.

SAMUEL HUGO LIMA

Desembargador Presidente do
Tribunal Regional do Trabalho da 15ª Região

PARTE I

Francisco Alberto da Motta Peixoto Giordani

I - Greve: até quando o que é pode não ser ou se procura o não ser!

"Então, para melhorar as condições de vida daquele que trabalha dentro do perímetro da empresa não é imprescindível obter novas leis trabalhistas. As leis sociais com categoria constitucional e os direitos humanos fundamentais são normas operativas e autoaplicáveis, cuja eficácia é plenamente exigível **{quanto aos direitos dos trabalhadores inclusive}**, ainda que, seguramente, seja desejável que, como método idôneo para encurtar a distância existente entre a proclamação constitucional e a vigência real destes direitos, sejam dotados de mecanismos apropriados de executoriedade **{para que os trabalhadores possam, efetiva e não apenas aparentemente exercer seus direitos}.**

Como a centralidade do trabalho continua sendo a coluna vertebral da vida social e econômica moderna, a real vigência dos direitos de cidadania deve incluir o fator trabalho, e a partir daí garantir o exercício dos direitos fundamentais **{no que aqui interessa, o direito fundamental de greve}.** Nisso consiste, ao fim, a concepção de cidadania social, entendendo-se por esta os atributos reconhecidos a todas as pessoas **{aqui, os trabalhadores, em visão não só individual, mas também coletiva}** a partir dos princípios, garantias e direitos fundamentais institucionalizados pelos textos constitucionais e os instrumentos internacionais de direitos humanos, independentemente de sua nacionalidade ou condição econômica ou produtiva"[1] (Javier Fernando Izaguirre)

"a injustiça é igualmente o limite de validade do direito"[2].

Em obra publicada em **1944** (imagine, bondoso leitor, o subscritor aqui deste singelo artigo nem tinha nascido ainda, o que, por si só, já demonstra há quanto tempo veio a lume), seu afamado autor Tito Lívio Ferreira, em um parágrafo, parecendo também um organismo vivo - aproveitando aqui a comparação

1 Javier Fernando Izaguirre, "A Cidadania Social e o Mundo do Trabalho", coordenadores Luis Enrique Ramírez e Luiz Salvador, "Direito do Trabalho: Por uma Carta Sociolaboral Latino-Americana", Ltr, 2012, páginas 51/52.

2 António Pedro Barbas Homem, "O Justo e o Injusto", AAFDL Editora, Lisboa, 2017, reimpressão, página 14.

que fez com uma língua/idioma – de tanto que tinha/como ainda tem para transmitir, fez o seguinte asserto[3]:

> "Uma língua, com ser um organismo vivo, jamais se fossilisa: estúa e se renova e frondeja. Bilac a compara a uma árvore. O tronco é sempre o mesmo. Apenas com o rodar do tempo folhas, flores e frutos vão sendo substituidos pela força da seiva que vivifica e fecunda a vergôntea, sem lhe modificar a estrutura primitiva plasmada pelas raizes estiradas nas profundidades do passado"[4].

Creio que se possa fazer uma "*aplicação*" do acima dito ao Direito, aqui, designadamente ao Direito do Trabalho, cujo "*tronco é sempre o mesmo*", mas que, com "*o rodar do tempo*" suas necessidades, seus problemas e possíveis soluções "*vão sendo substituídos pela força*" de novas interpretações que atualizem-no/vivifiquem-no, para que possa, adequada e corretamente, fazer frente aos novos desafios/problemas/dificuldades que a sociedade (complexa) apresenta, mantendo vivos seus espírito e razão de ser/existir, as quais, porém, para que possam ter lugar, precisam de juristas competentes/vocacionados, de visão larga, que possam atingir/enxergar, sentir mesmo, as agonias/aflições/carências/sofrimentos dos mais vulneráveis da sociedade (e quantos milhões são!), é dizer, que consigam aliar reconhecido saber jurídico, com sensibilidade apurada para enxergar o humano/social, que tanto justifica e torna mesmo indispensável o Direito, passe o quanto isso desagrada a alguns; pois bem, nosso homenageado, o Ministro Walmir Oliveira da Costa, sempre reuniu todos os atributos que se precisa/espera/aguarda/torce tenha um juslaborista, para exercer suas funções em sintonia com o seu tempo, que o mesmo é dizer, imenso conhecimento jurídico, aliado a atenção ímpar ao social, o que fez resultar/convergir em sua pessoa, visão ampla/larga que sempre lhe assegurou ampla/amplíssima e correta/corretíssima análise das questões que se lhe apresentavam, cujas soluções que lhes dava tinham indissoluvelmente ligadas o jurídico ao social = decisão "social/humanamente jurídica", o que não é pouco, ao reverso, é muito e faz reverberar, não só a sua, como toda a humanidade em suas posições/decisões! Daí que não podia iniciar meu modesto trabalho sem antes reverenciá-lo, manifestando meu respeito e admiração pelo intenso e louvável trabalho jurídico que sempre desenvolveu e pela pessoa humana que sempre foi! Seu exemplo ficou e sempre ficará[5]!

---

3 Literalmente observada a impressão.

4 Tito Lívio Ferreira, "História e Lenda – (1ª série)", SP/RJ/Bahia, Editora Civilização Brasileira, página 43.

5 Agradeço, vivamente, ao Dr. Elthon Costa o gentil convite e a honra em participar dessa obra em homenagem ao Ministro Walmir Oliveira da Costa. Muito obrigado!

Antes de ferir o tema, estou em que válidas algumas poucas palavras acerca da greve, em um ou outro de seus aspectos, razão de existir e como "*existe*", se de forma saudável ou na UTI (a sempre preocupante Unidade de Tratamento Intensivo), e para isso, à partida, adianto que, se fosse para "*filosofar*", diria que ela, a greve, faria meditar, mui seriamente, sobre o quanto teria/tem de fecundo e/ou campo propício para se desenvolver, com consistência, uma reflexão acerca do "***até quando o que é pode não ser, ou se procura o não ser***"[6].

Aliás, fosse a greve um personagem de romance, poderia, com amargura/decepção, asseverar ao ordenamento jurídico, com as adaptações devidas, que "*Nunca serei mais do que isso na sua vida: uma lembrança que se detém na soleira da sua porta*"[7] , o que afirmaria por sentir, frustrada, que, conquanto admitida, ficou detida em sua "*soleira*", uma vez que não admitido, por inteiro, ingressasse em seu seio, transpusesse sua porta de entrada, tantas as trancas colocadas!

Há reconhecer que a greve provoca alguns contratempos, mesmo para os envolvidos (grevistas e seus respectivos dadores de serviço) e também para terceiros (parcela, maior ou menor, da comunidade), o que, sob certo modo de ver, ao que se tornará mais adiante, pode gerar uma certa má vontade/indisposição para com ela; o eminente Jorge Luiz Souto Maior, muito argutamente anotou[8]:

---

6 Para citar/ficar em um único exemplo apenas, nesse comenos, de referir o inesquecível juslaborista Arion Sayão Romita, que, referindo-se ao Decreto-Lei nº 9.070, observou que *"teria vigência relativamente longa. Curiosamente, era uma lei inconstitucional ao tempo em que promulgada (foi baixado sob a vigência da Carta outorgada de 1937, que proibia qualquer tipo de greve). A despeito dessa circunstância, a nossa primeira lei de greve iria vigorar até 1964, aplicada pela Justiça do Trabalho e pelo Supremo Tribunal Federal.*
Mesmo após a promulgação da Constituição de 18 de setembro de 1946,o Decreto-lei nº 9.070 continuou a ser aplicado pelos Tribunais. Entendeu-se que não havia incompatibilidade entre os dispositivos repressores do Decreto-lei nº 9.070 e a nova Carta Constitucional, de feição liberal-democrática. Chega a surpreender o comportamento dos juízes, à época, porque o art. 158 da Constituição de 1946 dispunha expressamente: 'É reconhecido o direito de greve, cujo exercício a lei regulará'. Era evidente que as vedações do Decreto-lei nº9.070 estavam revogadas, por não terem sido recepcionadas pelo novo ordenamento, mas assim não se entendeu: mesmo durante a vigência da Carta de 1946, o Decreto-lei nº 9.070 continuou a ser aplicado pelos tribunais. Destino curioso o desta lei: nascera inconstitucional e continuava a ser aplicada, a despeito da manifesta inconstitucionalidade. Inconstitucional duas vezes: perante a Carta de 1937 e perante a de 1946! Lição que se pode tirar do episódio: quando interessa ao establishment, as questiúnculas jurídicas perdem por completo o interesse. O importante era que se reprimisse a greve, mesmo ao preço da aplicação de uma lei inconstitucional". Arion Sayão Romita, "Greve no Setor Privado", in "O Trabalho", Editora Decisório Trabalhista, Curitiba, nº 132, fevereiro/2008, página 4277. Creio que, espero/esperemos todos que os pósteros, não encontrem motivos para chegarem a conclusões idênticas...

7 Roger Pla, "O Duelo", Gráfica Editora Brasileira Ltda, Rio-São Paulo-Porto Alegre, 1951, página 175.

8 Jorge Luiz Souto Maior, "O direito de exercer o direito de greve", organizadores Candy Florencio Thome e Rodrigo Garcia Schwarz, "Direito Coletivo do Trabalho – Curso de Revisão e Atualização", Elsevier Editora, 2010, página 255.

> "A greve, porque produz uma alteração no cotidiano, provoca as mais diversas reações de contrariedade, sobretudo daqueles que, de certo modo, são atingidos por ela",

e acrescenta:

> "Boa parte da inteligência humana, por conseguinte, durante muito tempo foi voltada para limitar o exercício da greve.
>
> O instituto do direito de greve, se mal compreendido pode conduzir a esse resultado de servir unicamente ao propósito de limitar o exercício da greve".

Uma autorizada palavra que acaba por confirmar a lição acima, pode/vem de ser encontrada em Roland Barthes, grande pensador francês (um dos) que, de certa feita, assim escreveu:

> "Ainda existem pessoas para as quais a greve é um escândalo: isto é, não só um erro, uma desordem ou um delito, mas também um crime moral, uma ação intolerável que perturba a própria Natureza. Inadmissível, escandalosa, revoltante, dizem alguns leitores do Figaro, comentando uma greve recente"[9].

Qual o possível risco de um tal sentir, é dizer, qual a consequência, ou ao menos, uma das consequências passíveis de ocorrer/acontecer decorrente desse modo (estreito) de ver? Conter-se o exercício do direito de greve, caracterizando o aforismo, chamemos assim, só para facilitar, nas linhas transatas referido, o de "***quando o que é pode não ser, se procura o não ser***"! O já mencionado Desembargador Souto Maior, bem percebeu essa consequência, como se vê de sua lição acima reproduzida.

E, certamente, isso pode ser "*provocado*", tanto pela lei, pela palavra doutrinária e pela própria jurisprudência de algum país; à guisa de exemplo, vale mencionar José Luis Ugarte Cataldo, eminente juslaborista chileno, que elaborou artigo cujo título, por si só, demonstra as dificuldades, não poucas, que a greve encontra em seu belo País, ei-lo *"La Corte Suprema y Derecho de Huelga: Aqui No, Por Favor"*[10]; em outra obra e artigo, o mesmo culto autor, ao escrever sobre os serviços

9 Roland Barthes, "Mitologias", Difel, 2019, página 135.

10 José Luis Ugarte Cataldo, "La Corte Suprema y Derecho de Huelga: Aqui No, Por Favor", Estudios Laborales – Revista de la Sociedad Chilena de Derecho del Trabajo y de la Seguridad Social", nº 04, Legal Publishing, Chile, 2009, página 89.

essenciais e a greve, com as diferentes interpretações ao artigo 384, do Código do Trabalho do Chile, verificadas à época em escrevia, finalizou seu texto com a seguinte, triste e dolorosa conclusão: "*Como se ve, en fin, las instituiciones pueden funcionar con mucha coordinación, sobre todo si se trata de estrangular al derecho fundamental de huelga*"[11]. Como isso pode acontecer? Aludido juslaborista, no corpo do primeiro de seus substanciosos artigos aqui referidos, faz uma relevante observação que, tendo embora em vista o que vivenciava no Chile, muito bem veste (sob medida, e quanto!) a realidade brasileira, com pena de mestre então asseverou:

> "En ese sentido, si la huelga es un derecho especialmente sensible para el logro de outros derechos sociales y laborales como son el de condiciones dignas de vida del trabajador y su família, y el derecho de un salario equitativo, entonces, dicho es especialmente relevante em Chile. En efecto, la huelga como derecho reivindicación laboral se vuelve particularmente significativo en un país que muestra una persistente desigualdad em la distribución de la riqueza"[12].

Reafirmo: estou firme na convicção de que, mudando-se, no texto, Chile para Brasil, vertido o quanto nele afirmado para a língua portuguesa, facilmente inferir-se-ia/inferir-se-á haver sido aludido escrito da lavra de algum operador do direito do trabalho brasileiro, ou há considerar ser outra a situação em solo pátrio, no que toca a desigualdade mencionada pelo juslaborista que se vem de transcrever, a qual, ao invés de diminuir, parece querer aumentar sempre, para maior aflição dos brasileiros que vivem do seu trabalho na condição de empregados, embora não só?

Portanto, há inferir que, críticos, ferozes alguns, a greve tem muitos (e ponha-se muitos mais nisso!), mas, antes de partir para acerbas críticas[13], não seria o caso de (monto praça na ideia de que certamente é), indagar: por que, após surgir e quanto a isso há bastas referências, ainda ocorrem greves, em pleno século XXI?

---

11 José Luis Ugarte Cataldo,"Huelga y Servicios Esenciales: El Estrangulamiento Institucional de un Derecho Fundamental", diretores Eduardo Caamaño Rojo e Rafael Pereira Lagos, "Estudios de Derecho del Trabajo y de la Seguridad Social", volume IV, Abeledo Perrot - Thomson Reuters, 2012, Chile, página 174.

12 José Luis Ugarte Cataldo,"La Corte Suprema y Derecho de Huelga: Aqui No, Por Favor", Estudios Laborales - Revista de la Sociedad Chilena de Derecho del Trabajo y de la Seguridad Social", nº 04, Legal Publishing, Chile, 2009, página 89/90.

13 O emprego de um linguajar mais duro, rude/agressivo contra a greve não pode/não trai a aflição íntima que coloca em sérias dúvidas, ao menos, o que se diz ou mesmo e mais provavelmente a certeza que sabe/sente o desacerto do que então se afirma/exterioriza, como bastas vezes, se nota/ percebe/constata/ em comportamentos humanos, não tendo porque ser diferente aqui, em seara jurídica, uma vez que, enquanto discordar é já próprio do ambiente jurídico, a agressão/rudeza verbal melhor veste a falta de argumentos/de razão!

Exprobrar a greve não seria/será atacar o efeito, sem procurar saber/entender a causa, o que faz brotar/surgir um movimento paredista, contemporaneamente? Isso é feito "*por descuido*" ou de maneira proposital, na perspectiva de que sua causa justifica-a, irrespondivelmente?

O preclaro Ministro do Tribunal Superior do Trabalho Augusto César Leite de Carvalho, em substancioso artigo, de modo percuciente observou: "*A greve se justifica também pela falta de alternativas, porventura, forjadas pelo engenho humano, para fazer frente a injustiça das condições de trabalho quando a premência de equidade precisa ser combinada com a mantença da prestação alimentar, ainda que a fonte provedora dos alimentos esteja a explorar abusivamente a força de trabalho*"[14]; não é curioso, antes, preciso, pensar o porque disso se verificar, o que há que permanece/persiste para que a greve, mesmo na quadra atual, continue sendo utilizada pelos trabalhadores, quais as causas? Por que não enfrentá-las, para, ai sim, tornar desnecessário, o quanto possível, esse recurso, extremo, por parte dos obreiros? Por que? O que, além de belas palavras, promissores/estimulantes discursos e, em dadas (poucas) épocas/momentos, cuidar-se mais dos direitos dos trabalhadores e em outras, praticamente retirar-se o que antes fora reconhecido/outorgado?

O reproche com o qual, bastas vezes, a greve é vista/recebida//tida, não se harmoniza, desde logo, com o texto constitucional, porquanto, "*Como observa, com inteligência, Leonardo Tibo Barbosa Lima, ela {a Constituição} estabelece direitos mínimos, e deste modo 'relega ao conflito a tarefa de reger o equilíbrio entre capital e trabalho*" [15]; com efeito, o legislador constituinte, bem enxergando que o conflito é algo natural, próprio da vida em sociedade, dispôs de modo a garantir um mínimo existencial (com vida e não algo vegetativo) aos trabalhadores, cuidou de abrir espaço/autorizar/permitir que os conflitos tivessem campo e meio para serem solucionados, o que atesta compreensão de que se entendeu que natural/normal e até, sob certa perspectiva, proveitosa a ocorrência de conflitos, no entendimento de que, quando, em sociedade, não se observam conflitos, não há vida "*vivida*", mas, sim, muito provavelmente, vida "*dirigida*"; de resto, como superiormente asseverado por Raquel Balli Cury, em artigo de sua lavra:

14 Augusto César Leite de Carvalho, "Direito Fundamental de Greve e Interdito Proibitório", coordenadores Ministros Kátia Magalhães Arruda e Walmir Oliveira da Costa, "Direitos Coletivos do Trabalho – na visão do TST – Homenagem ao Ministro Rider Nogueira de Brito, Ltr, 2011, página 18.

15 Leonardo Tibo Barbosa Lima, "Teoria do Conflito: rumo a um novo Direito Coletivo do Trabalho", Ltr, 2017, apud Márcio Túlio Viana, "Da Greve ao Boicote e outros pequenos estudos", Editora RTM, Belo Horizonte, 2017, página 14.

> "Ao longo da história da humanidade, o direito surge em virtude da contradição ínsita na relação ao homem-sociedade, pois apesar da necessidade humana do convívio social, o indivíduo vive em constante competição para defesa [sic] seus interesses particulares diante de outros.
>
> Assim, percebe-se que o direito é primordial à própria existência e conservação da sociedade, cabendo-lhe fornecer meios hábeis a disciplinar os litígios emergentes dos conflitos de interesses, havendo variações e particularidades entre os diversos sistemas adotados pelas ordens jurídicas de cada sociedade". [16]

Por seu turno, Ana Paula Batista Ramalho[17] expõe que, "*O conflito é próprio das pessoas, do convívio temporário, prolongado ou continuado e conseguir compreender isso é o primeiro passo para que possamos viabilizar o entendimento, a conversa franca e aberta, e a solução mais razoável para as partes envolvidas, a conscientização de seus reais direitos*", não só, mas muito especialmente, de modo a exigir um regramento mais adequado/específico, nas relações em que uma pessoa presta trabalho a outra, e daí tira os meios para sua sobrevivência, não-raro, parcos e insuficientes, distanciando-se, nessa medida, dos objetivos/fins traçados/visados pela e na Constituição Federal para os seus, o que já diz da necessidade de inserir/autorizar a greve, talvez (*vocábulo que o inesquecível Alexandre Dumas, em um de seus livros, afirmou ser "a quintessência de todas as filosofias"*[18] o conflito por excelência e/ou de maior relevância, na relação de que ora se trata, o que há ser levado na devida conta, em respeito/procurando observar/atentar para o espírito da nossa Lei Maior, e aqui peço seja permitido o seguinte registro: [19]

> "Aliás, estamos em que muitos dos problemas que o direito vivencia – e muito particularmente o direito do trabalho – derivam do fato de não se enxergar devidamente o valor cuidado, que é jurídico, e o quanto a Constituição dele está impregnada, e outrossim, do fato já apontado de se deixar de lado, aquando da sua interpretação/aplicação, o próprio 'espírito' constitucional. Disse melhor, e por todos, José Afonso da Silva: "A hermenêutica do espírito procura a ideia fundante, a concepção básica que encontra sua

16 Raquel Balli Cury, "Arbitragem e mediação: breves reflexões sobre meios consensuais para solução de conflitos", coordenador Adailson Lima e Silva, "Direito Processual Panamericano Atual e Outros Estudos", Lemos e Cruz, Franca, 2017, páginas 283/4.

17 Ana Paula Batista Ramalho Soares, em suas palavras de apresentação ao estudo "Mediação de Conflitos" - NECRIM – Doutrina Policial Civil de Pacificação Social", Gráfica ACADEPOL, 2015, página 13.

18 Alexandre Dumas, "Os Quarenta e Cinco", Porto, Livraria Lello & Irmão, sem data, volume II, página 199.

19 Cuida-se de excerto contido em trabalho feito pelo autor destas linhas, juntamente com Guilherme Guimarães Feliciano, "Ainda a Questão da Correção Monetária dos Créditos Trabalhistas: Caminhos (e Descaminhos) Para a Justa Compensação do Trabalho", Revista Ltr 85-09/1055.

expressão ou incorporação na Constituição. É nessa concepção básica, por detrás da multiplicidade das normas constitucionais, que descobrimos a unidade de seu sentido."[20,21,22] Tal ensinamento leva a não aceitar - mas, antes, a repudiar, por insuficientes, incompletos ou mesmo especiosos - certos argumentos em que se 'pinça' um artigo isolado para fundamentar alguma posição, que passa por ser a solução que se impõe, ao largo dos eixos de sentido da própria Constituição da República".

No que tange a dignidade da pessoa humana, embora seja esse um sentimento que, passe a singeleza da comparação, parece/ ou deveria "*nascer*" com o ser humano, juntamente com seu corpo físico, precisou ser construído ao longo da história, ontem e hoje, e sempre afirmado e defendido, pois, ainda que experimentando um reconhecimento cada vez mais "*generalizadamente humano*" e consistente, nem por isso deixou/deixa de ser, relativamente a grande parcela da população mundial, facilmente desrespeitada, ontem e hoje, mudando, em realidade, a forma como é agredida e os meios utilizados para fazê-lo: em épocas mais recuadas, parece que de modo mais grosseiro e ostensivo, hoje, de maneira mais sutil e não tão visível, mas nem sempre...

Daí, a precisão do quanto asseverado por Eduardo C. B. Bittar, no sentido de que *"no princípio da dignidade da pessoa humana, pode-se afirmar que a expressão traduz, em sua inteireza, toda a carga de demanda por justiça, em torno das aflições humanas (miséria, injustiça, sofrimento, exploração, desvio, deturpação, corrupção, degradação...), e que, somente por isso, pode ser dita uma expressão fundamental para a cultura dos direitos*"[23]; pois bem, a greve, no que lhe cabe e onde/quando cabe,

---

20 SILVA, José Afonso da Silva, Comentário Contextual à Constituição. 9. ed. São Paulo: Malheiros, 2014, p. 18.

21 Kazuo Watanabe, entre outros, também segue esse ensinamento, o que anima ainda mais a tese. Leia-se: "Esse alcance do princípio da proteção judiciária decorre da hermenêutica do espírito da Constituição, que, no magistério de José Afonso da Silva, 'procura a ideia fundante, a concepção básica que encontra sua expressão ou incorporação na Constituição' e 'é nessa concepção básica, por detrás da multiplicidade das normas constitucionais, que descobrimos a unidade do seu sentido" (WATANABE, Kazuo. Fundamentos constitucionais da solução pacífica das controvérsias: Mediação, conciliação e negociação. In: BIANCHI, José Flávio; PINHEIRO, Rodrigo Gomes de Mendonça; ALVIM, Teresa Arruda (org.). Jurisdição e direito privado: Estudos em homenagem aos 20 anos da Ministra Nancy Andrighy no STJ. São Paulo: Revista dos Tribunais, 2020, p. 421).

22 Ainda quanto ao aspecto ora em foco, embora atinente ao que se tornaria o novo Código Civil, leia-se, de Miguel Reale: "[...] o que importa numa codificação é o seu espírito; é um conjunto de ideias fundamentais em torno das quais as normas se entrelaçam, se ordenam e se sistematizam", Daniel USTÁRROZ, "O Solidarismo no Direito Contratual Brasileiro", organizadora Cláudia Lima Marques, "Dialogo das Fontes: do conflito à coordenação de normas no direito brasileiro" Revista dos Tribunais, RT, 2012, p. 261.

23 Eduardo C. B. Bittar, "Hermenêutica e Constituição: A Dignidade da Pessoa Humana como Legado à Pós-Modernidade", organizadores Agassiz Almeida Filho e Plínio Melgaré, "Dignidade da Pessoa

atua como uma tentativa/forma de concretização do princípio da dignidade, nos termos em que foi traçado pelo impoluto jurista que teve, nas palavras imediatamente anteriores, reproduzida sua lição, no ambiente em que há trabalho humano, prestado por aqueles que necessitam fazê-lo, para se manter e aos seus, sabe-se lá como, em diversas situações, tão reduzida, como já se observou, a contraprestação pelo seu mourejar, e tão lastimáveis as condições em que prestado. Fique claro que não estou afirmando que isso acontece sempre e invariavelmente, caso assim fosse, não haveria movimento paredista que "*bastasse*", digo, sim, que, quando presentes situações que reclamem uma atitude/uma reação, em prol da dignidade, da melhoria das condições de trabalho e de vida, tornando-as mais dignas e decentes, que o mesmo é dizer, humanas, espancando injustiças, das mais variadas origens, a greve há de ser entendida/aceita, como o meio oferecido pelo legislador constituinte, para que se procure superar tão dramático sucesso!

Por que é tão difícil enxergar/compreender isso? Por que o espírito da Constituição, retro-mencionado, parece não conseguir ser aqui devidamente notado/observado/seguido?

Como disse o grande juslaborista Márcio Túlio Viana, "*A greve prova que o Direito do Trabalho está sempre nascendo – e mostra sua natureza 'inconclusa'. Ao mesmo tempo em que expõe essa sua dinâmica, é condição para que ela se realize*". [24] [25], o que a justifica – a greve –, até mais, nos dias que correm, nessa quadra em que se fala de mundo do efêmero, do transitório, a mostrar como tudo passa e muda de forma muito rápida/célere, o que, como não poderia ser diferente, se dá, também, com as necessidades das pessoas e, naturalmente, das que-vivem-do-seu-trabalho-prestado-a-outrem, o que, de certo modo, a "*naturaliza*", considerando mesmo e inclusive, o quanto já afirmado linhas atrás, no sentido de ser normal e inerente ao relacionamento/convívio entre pessoas o conflito, o que torna ainda mais inexplicável a aversão que causa em alguns espíritos! Há renovar a indagação: Por que?

Pensar que a greve agrade, em algum lugar, quiçá seja, em expressão popular, "*forçar um pouco a barra*", claro, não contando os trabalhadores envolvidos, para os quais não se trata de ver se agrada ou não, por cuidar-se de algo que entendem tenham que fazer, por não terem conseguido trilhar senda outra, e quando se está frente a algo que se conclua tenha que ser feito, agradar ou não, não é questão que

---

Humana – Fundamentos e Critérios Interpretativos", Malheiros Editores, 2010, página 261.

24 Márcio Túlio Viana, "Da Greve ao Boicote e outros pequenos estudos", Editora RTM, Belo Horizonte, 2017, página 24.

25 Quanto à natureza "inconclusa", em nota de rodapé, o autor recorda que "É do grande jurista Mario de La Cueva a afirmação de que o Direito do Trabalho é 'inconcluso' por natureza" Márcio Túlio Viana, "Da Greve ao Boicote e outros pequenos estudos", Editora RTM, Belo Horizonte, 2017, página 24.

se ponha ou melhor, interfira, de modo decisivo, mas compreendê-la/entendê-la/admiti-la, aí já é algo que possa ter tons diferentes, conforme preponderem certos fatores, tais como, para exemplificar, pois serão os aqui abordados, entre outros que poderiam sê-lo, pelas limitações de espaço (e da paciência dos possíveis leitores), a colonialidade, a preocupação com o outro (por certo, falar em "*o próximo*" seria/é melhor, como algum pensador já observou, porquanto aproxima mais do que "*o outro*", que pode estar mais distante, mas para os fins que ora se tem em vista, de utilizar o vocábulo, para tanto, já consagrado), que diz com a alteridade, e por fim, a ideia que se passa quando se a define como autotutela, passando, então, um sentido de empoderamento, que não se verifica, na hipótese, tudo isso considerando o nosso Brasil (e que também se aplica, em boa medida, aos países do continente em que estamos, no "*Sul Global*"[26] em que nos encontramos.

Relativamente a colonialidade, dilucida João Francisco Cassino, valendo-se de Luciana Ballestrin, que[27]:

> "Por colonialidade entende-se, conforme definição de Ballestrin, os mecanismos de dominação que se mantêm em funcionamento pelos países ricos, mesmo após as independências".

Esmiuçando um pouco mais o conceito, importante, pelo alto teor elucidativo, referir Sérgio Amadeu da Silveira, verbis[28]:

---

26 Como já se dilucidou, com a elocução "Sul Global" se substituiu a de "Terceiro Mundo", "Entretanto, assim como o Terceiro Mundo, o Sul Global não pode simplesmente ser visto como um conjunto de países não desenvolvidos e não modernos, localizados nas zonas ex-coloniais do globo", mas sim, um "Movimento multifacetado que enfatize a necessidade de uma comunidade internacional pós-colonial de interesse e que avance nos objetivos de igualdade, liberdade e mutualidade, na forma de um novo ethos de poder e subjetividade através da política externa, solidariedade internacional, responsabilidade consigo e com os outros, em uma ordem internacional livre dos legados institucionais do colonialismo (Grovogui, 2011, p. 176)" Luciana Ballestrin, "O Sul Global como projeto político". Horizontes ao Sul. Disponível em: https://www.horizontesaosul.com/single-post/2020/06/30/O-Sul-Global-Como-Projeto-Politico, capturado em 15.04.2022; creio ser possível ou preciso/urgente que, ao menos se tente incluir o direito, em geral e designadamente o direito do trabalho em tal projeto, para o fim de, quanto viável e assim prosseguindo, melhorar a vida, é dizer, respeitar, devidamente, a dignidade e as condições de vida e de trabalho dos trabalhadores, vulneráveis, de regra, quando menos em para lá de expressiva maioria, o que será bem possível de fazer se, ao ensejo de uma interpretação, se considere as necessidades elencadas no aludido projeto e atento a que o colonialismo havido e a colonialidade que persiste também se reflete/projeta no ordenamento jurídico, notadamente no plano da legislação ordinária.

27 João Francisco Cassino, "O Sul Global e os Desafios Pós-Coloniais ba Era Digital", organizadores João Francisco Cassino, Joyce Souza e Sérgio Amadeu da Silveira, "Colonialismo de Dados – como opera a trincheira algorítmica na guerra neoliberal", Autonomia Literária, SP, 2021, página 15.

28 Sérgio Amadeu da Silveira, "A Hipótese do Colonialismo de Dados e o Neoliberalismo", organizadores João Francisco Cassino, Joyce Souza e Sérgio Amadeu da Silveira, "Colonialismo de Dados – como opera a trincheira algorítmica na guerra neoliberal", Autonomia Literária, SP, 2021, páginas 35/36.

> "Para muitos pensadores críticos, o colonialismo histórico acabou, mas a colonialidade se mantém e pode ser empiricamente mapeada e constatada. O sociólogo peruano Anibal Quijano definiu a colonialidade como um dos principais elementos do padrão mundial de poder capitalista. A colonialidade foi construída sobre classificações raciais e étnicas das populações e está associada à expansão da modernidade e de sua racionalidade, a partir da Europa. Ela se mantém por meios materiais, por mentalidades e por relações de subordinação, sujeição e de inferiorização de modos de vida, de saberes e de conhecimentos.
>
> A colonialidade se apresenta como a imposição de modelos de pensamento, de agenciamentos, de comportamentos que negam ou desvalorizam epistemes, modos de aprender e conhecer das comunidades e das sociedades não ricas, também expulsa do que deve ser considerado normal à ideia de autonomia, de busca por caminhos diferentes, de toda tentativa daqueles que fogem aos interesses da economia e das suas principais corporações".

De acrescentar o ensinamento de Iara Schiavi, littera ad litteram:

> "A incorporação da dinâmica dos países colonizadores nos países colonizados, muitas vezes com o uso da violência, somada à apropriação dessas formas de dominação pelas elites nacionais, reforçou fenômenos de segregação socioespacial, gentrificação e exclusão, promovendo a concentração de renda e poder. Como desenvolvido por Quijano, as reverberações desses processos não foram encerradas com a libertação das antigas colônias, manifestando-se até os dias atuais pela colonialidade do poder, que consiste na adoção da racionalidade eurocêntrica não apenas na Europa, mas em todos aqueles povos educados sob a lógica do eurocentrismo, resultando em uma subjugação e estratificação do pensamento, do conhecimento e da vida.
>
> Um exemplo da influência dos países centrais em relação aos países periféricos após o fim das colônias refere-se à adoção de políticas urbanas neoliberais a partir da década de 1980. Entre elas incluem-se: limitação à atividade do Estado, regulação não estatal, subcontratação de serviços, privatização, gestão voltada a quantificação do desempenho, estímulo ao empreendedorismo e ao individualismo, policiamento e vigilância, controle de circulação e austeridade fiscal. Entre essas políticas, a austeridade destaca-se, pois ela justifica o desenvolvimento das demais, como subcontratar, privatizar, empreender ou quantificar o desempenho das cidades, segundo um argumento de que o Estado está falido e não tem condições de prover a infraestrutura e os serviços públicos. Assim, dado o limite orçamentário,

> comprometido por dividas públicas, seria imprescindível à manutenção das obrigações fiscais recorrer às companhias privadas, que, nessa lógica, disponibilizam serviços com mais qualidade e eficiência e menores custos"[29]

Quantos e quão importantes esclarecimentos!

Não estaria/está o continente da América do Sul enredado/preso/retratado no quadro descrito acima, com cores vivas? Inseridos em tal moldura, tem os respectivos países, e designadamente o Brasil, como sair dessa situação e, no que ora nos prende a atenção, compreender/entender/admitir um movimento paredista? Distantes de onde se decide, em expressiva margem, os rumos que influenciam/influenciarão a vida, onde o sofrimento dos nossos não são vistos/ouvidos, uma greve, claramente, é vista com manifesta má vontade e, já agora vendo o Brasil, o que o legislador constituinte projetou/determinou, no particular, vai sendo, a pouco e pouco, desde logo, pela legislação infraconstitucional, e depois, ao receber, aqui e ali, interpretações que desfiguram o que a Magna Carta dispôs, tornando o direito fundamental de greve como algo em larguíssima medida distante, por isso, tudo somado, em certo lugar prevalecendo um aspecto, em outro preponderando diverso, os sucessos verificados e os alertas dados pelos eminentes juslaboristas referidos em momentos anteriores desse singelo escrito, no sentido de se partir para limitar seu exercício/apequená-la, evitá-la o quanto der/afastá-la, o mais possível, idealmente, para a estratosfera, conquanto de capital relevância, mormente para países como os do nosso continente, onde a "*desigualdade*" brota como erva daninha e alguns parecem querer cultivá-la como se fosse flor rara e que devesse ser mantida em adequada estufa, com os cuidados devidos para que jamais pereça. Além do quanto já exposto nos primeiros parágrafos deste simples artigo, ao menos à guisa de reforço/confirmação das lições então reproduzidas, vale dar atenção, também, à do notável Francisco Iturraspe, que assim se expressou:

> "Na América Latina e no Caribe, a greve transcendeu os limites do conflito coletivo 'gremial' na empresa, ou no ramo de produção, para converter-se -historicamente- em expressão das lutas políticas dos trabalhadores que, em muitos casos, perseguiram – e às vezes alcançaram – finalidades mais além dos objetivos meramente reivindicativos: casos emblemáticos são encontrados nas greves cubanas de 1935 e 1959; a de janeiro de 1958, na Venezuela, que desembocou na queda da ditadura no dia 23 desse mês; na greve argen-

29 Iara Schiavi, "As Tendências Neoliberais e Dataficadas da Incorporação Tecnológica nas Cidades", organizadores João Francisco Cassino, Joyce Souza e Sérgio Amadeu da Silveira, "Colonialismo de Dados – como opera a trincheira algorítmica na guerra neoliberal", Autonomia Literária, SP, 2021, página 152.

> tina de outubro de 1945, fator fundamental da explosão popular do dia 17; as greves que precederam aos Rosariazos e Cordobazos em 1969; as greves gerais no Peru, Uruguai, Chile e México, para mencionar somente alguns países.
>
> Os trabalhadores latino-americanos utilizaram a greve não somente como meio de autodefesa coletiva na luta por suas reivindicações, mas também como instrumento de autodefesa social, em especial no resguardo da democracia frente as ditaduras militares que assolaram nosso continente.
>
> Estas greves 'sociais', cujos testemunhos encontramos em todo continente, têm seus antecedentes nas rebeliões anticoloniais e antiescravistas, nas insurreições indígenas mexicanas e andinas, nas cimarronetas, quilombos ou rochelas protagonizados pelos escravos em todos os nossos países, e continuam um patrimônio fundamental da luta social de nossos povos"[30].

Criticando certas condições em que se dá o encarceramento em prisões, assevera o preclaro Eugenio Raúl Zaffaroni, "*Os juízes se veem obrigados ser autores mediatos de penas ilícitas ou de torturas e autores diretos do abandono de pessoas, sob o risco de serem acusados de libertação indiscriminada de criminosos perigosos*"[31], com as adaptações devidas, embora não só quanto aos juízes, mas relativamente a todos os operadores do direito do trabalho, pois que sem a união/participação de todos, o direito encontrará invencíveis obstáculos para se concretizar, para não correrem o risco de atuar de modo a privar seres humanos e seus dependentes de seu sustento, e com isso atingirem sua dignidade enquanto pessoas humanas e mais ainda: suas vidas!, cumprir-lhes-á tomar o máximo cuidado aquando da interpretação de qualquer texto legal, e aqui sempre tendo presente que não há liberdade ao legislador ordinário para manipular os conceitos, finalidades e objetivos do legislador constituinte, desprezando, portanto, não só a letra, mas o espírito da Constituição, a que acima referi, e aí, sim, procurando assombrações, que afugentem/espantem a "*vida vivida*" dos que dependem do seu labor em prol de outro para conseguirem manter-se e aos seus, o que também "*pode ser obtido*" com o isolamento de um dispositivo da Carta Política, no tentame de sustentar algum posicionamento, sem conjugá-lo com os demais, obtendo, assim, uma irreal visão/conclusão do que determina a Lei Maior, olvidando, então, que ao operador do direito cumpre, com o esforço que puder empregar, ver e ter o direito como "*uma 'alternativa humana', de tal modo que superar a 'fractura entre o direito e o homem' constitui papel do jurista*

---

30 Francisco Iturraspe, "Direito de Greve, Compreensivo das Diversas Formas de Pressão e Protesto, e Sem Restrições Regulamentares que o Limitem ou Anulem", coordenadores Luis Enrique Ramírez e Luiz Salvador, "Direito do Trabalho: Por uma Carta Sociolaboral Latino-Americana", Ltr, 2012, página 142.

31 Eugenio Raúl Zaffaroni, "Colonização Punitiva e Totalitarismo Financeiro – A criminologia do ser-aqui", Da Vinci Livros, RJ, 2021, página 80.

no nosso tempo (Castanheira Neves)"[32 33], esse parece ser o exato momento de perguntar: não se terá fratura exposta em se usando/valendo/recorrendo/ negando pelo direito ao homem o direito (fundamental) de aderir a uma greve e que ela seja efetivamente exercida e considerada?!

A falta de compreensão acerca de uma greve, passa pela falta de sensibilidade para o fato, de alta relevância, e que foi apontado, com precisão, pelo já citado Roland Barthes, de "*que, numa sociedade, tudo diz respeito a todos*"[34 35], mesmo

32 António Pedro Barbas Homem, "O Justo e o Injusto", AAFDL Editora, Lisboa, 2017, reimpressão, páginas 29/30.

33 O texto do jurista Castanheira Neves, referido por António Pedro Barbas Homem é o seguinte: "Pois bem. A nossa conclusão é esta: só pensando assim o jurídico e assumindo nele o jurista o papel que lhe compete, participará o Direito da própria dialéctica da história e da eticidade humanas – o mesmo é dizer que só assim vencerá o que DOMINEDÓ considerou a 'heresia do século', a 'fractura entre o direito e o homem", A. Castanheira Neves, "Digesta – Escritos acerca do Direito, do Pensamento Jurídico, da sua Metodologia e Outros", volume 1º, Coimbra Editora, 1995, página 50.

34 Roland Barthes, "Mitologias", Difel, 2019, página 138.

35 Nesse passo, interessante referir instigante texto do filósofo polonês Leszek Kotakowski, no qual, tratando da responsabilidade coletiva, quando do desenvolvimento de seu pensamento e após indagar se "Podemos exigir de pessoas que não estiveram envolvidas de jeito nenhum nesses episódios que se sintam culpadas ou envergonhadas? Será que podemos exigir dos alemães nascidos muito tempo depois da guerra, ou logo após, hoje sexagenários, que se sintam responsáveis pelos crimes de Hitler? Que os norte-americanos contemporâneos tenham sentimento de culpa pela escravidão ou o assassinato dos índios peles-vermelhas? Os ingleses pela exploração de crianças na época vitoriana, e os poloneses pelas perseguições religiosas no século XVII ou pela terrível política contra as minorias nacionais nos anos entre guerras?", segue suas reflexões e, à dada altura, assim se expressa: "Sob esses dois aspectos, a responsabilidade coletiva diferencia-se do recebimento de uma herança: não somos legalmente responsáveis por nossos antepassados, e as pessoas não têm o direito de exigi-lo de nós. Mas, se não assumirmos o peso dessa responsabilidade e o peso da culpa e da vergonha que podem acompanhá-la, a saúde espiritual da nação sofrerá. A sombra de nossa falsidade nos seguirá aonde formos, e, quando for a vez de defendermos a dignidade nacional, não poderemos oferecer nenhuma resistência" (Leszek Kotakowski, "Pequenas Palestras Sobre Grandes Temas", São Paulo, Editora Unesp, 2009, páginas 57/58), de perguntar, transpondo esse quadro/ambientando essa situação ao nosso País, não é chegada (ou passada?) a hora de assumirmos o peso da responsabilidade, da culpa e da vergonha do que, desde sempre, foi feito em solo pátrio com milhões de pessoas que, antes por meio mais visivelmente violentos, e depois de formas mais sutis e engenhosas, forçadas/necessitadas de trabalhar, para sobreviverem e manterem os seus, em condições "anos luz" distantes do devido respeito às suas pessoas e sem que lhes fossem oferecidas adequadas condições de vida e trabalho, passando a preocupar-nos/preocupando-nos, efetivamente, com suas aflições/necessidades, com o humano/social escopo de cuidar da saúde espiritual de nossa Nação, enquanto tal e como um todo, o que passa por maior compreensão/admissão/aceitação de um movimento grevista, em vez de, com alguma (grave) insensibilidade, transferir/circunscrever/limitar o problema, que é de todos/da sociedade como um todo, apenas para os trabalhadores envolvidos e, para alguns setores da sociedade, se puder (intensamente) criticar o movimento paredista e os que dele participam, "melhor" ainda..., continuaremos a não assumir as responsabilidades, das quais, coletivamente, não devemos nos desvencilhar, fingindo que não existem esses problemas ou que não nos dizem respeito, enquanto sociedade, ou que são situações quanto as quais nada podemos/poderemos fazer, que não nos resignarmos a elas, opções todas de inverno e que não se aclimatam bem a um Pais tropical! E olhem que estou falando sob o enfoque coletivo, pois de um ângulo mais restrito, no plano de uma relação empresa e seus empregados, há lembrar da advertência, mais com sabor de profecia, do Padre Antonio Vieira, tido por muitos como o maior orador de sua época, de cultura vastíssima, o que já empresta singular autoridade

porque, como já se observou, o homem não existe, mas coexiste [36], ou seja, falta de alteridade e/ou de se investir na alteridade! E como diz Crisóstomo Pinto Ñgala, em advertência que não deve ser olvidada[37]: "É certo que a nossa condição humana é frágil e precisamos ***investir na alteridade***, *na pluralidade e na dimensão relacional*" (não há negrito no original).

Outrossim, não há olvidar, se quisermos fazer com que o Direito seja útil (**o que restaria ao Direito, sem dele se apartasse a utilidade?**) que, como superiormente dito por Fernando Ferreira dos Santos: "*cada indivíduo é, para a humanidade, o que uma hora é para o tempo: parte universal e concreta do todo possível*"[38], o que, por seu turno, leva, também e de forma intensa, a observância/aplicação da alteridade, no direito em geral e muito particularmente no que aqui nos importa!

Por isso, como outro ponto a ser levantado, trago a alteridade a partir do pensar autrement, introduzido pelo grande pensador Emmanuel Lévinas[39] e que o ilustrado Carlos Eduardo Nicoletti Camillo, sustenta, de maneira muito consistente, ser amplamente compatível/afinado com a Constituição Federal, tendo já diversos julgados, conquanto não referido expressamente a alteridade, privilegiado/atendido a pessoa do Outro, citando alguns, à guisa de exemplo/comprovação em seu livro, e ainda relativamente a estes, disse[40]:

às suas palavras, e que assim a formulou: "Quantos são os súditos que estão sujeitos ao superior, tantas são as almas de que está sujeito o superior a dar conta a Deus" (Padre Antonio Vieira, "Sermão da Primeira Dominga do Advento", "Sermões", São Paulo, Três Livros e Fascículos, 1984, páginas 106/107), despiciendo notar que, em algumas ocasiões será possível demonstrar que as contas estão "zeradas", quiçá que exista até algum crédito, e em outras, apresentar-se-á excepcional oportunidade para um acerto de contas...

36 Eis a lição: "pois o homem não existe 'sem' mais, mas sim 'com', coexiste com os demais e com a natureza, e esse coexistir constitui seu existir". Roberto Dromi, "Sistema Jurídico e Valores Administrativos", Sergio Antonio Fabris Editor, 2007, página 37.

37 Crisóstomo Pinto Ñgala, "Consciência Jurídica dos Direitos Humanos", Editora Vozes, Petrópolis, RJ, 1ª edição, 2021, página 39.

38 Fernando Ferreira dos Santos, Celso Bastos Editor, 1999, página 92.

39 Carlos Eduardo Nicoletti Camillo, em valioso livro, dilucida, em nota de rodapé nº 45, que: "Optou-se propositadamente pela utilização da expressão hermenêutica autrement porque a sua tradução para a língua portuguesa por outramente não resultaria na precisa compreensão do seu verdadeiro sentido e alcance. Como nos ensina Paul Ricoeur, é fundamental no pensamento de Lévinas o conceito de alteridade, ao qual se liga o advérbio autrement. Expressões como 'diferentemente', 'de outro modo', 'de outra forma' etc. são insuficientes para traduzir a radicalidade de autrement podem induzir à traição e não à versão do pensamento do autor (Outramente, p. 5). Exatamente para resguardar a integridade central do pensamento levinasiano, será feito o uso da expressão em francês, preservando-se especificamente o seu sentido nuclear para, de uma só vez, ter em mente o cotejo das noções de alteridade, e da responsabilidade pelo Outro para além do Ser". Carlos Eduardo Nicoletti Camillo, "A Teoria da Alteridade Jurídica – Em Busca do Conceito de Direito em Emmanuel Lévinas", Perspectiva, SP, 2016, página 58.

40 Carlos Eduardo Nicoletti Camillo, "A Teoria da Alteridade Jurídica – Em Busca do Conceito de Direito em Emmanuel Lévinas", Perspectiva, SP, 2016, página 104.

> "É possível constatar uma série de exemplos na jurisprudência contemporânea de nossos tribunais – malgrado não haver expressa indicação como fundamento de suas decisões a partir da hermenêutica da alteridade- sobre os resultados práticos da alteridade, privilegiando, destarte, a pessoa do Outro e, por sua grande importância, sobreleva destacar o julgamento da ADI 3.510, mediante a relatoria do ministro Ayres Brito e maioria de votos do Supremo Tribunal Federal, ao chancelar a constitucionalidade do Art. 5º da Lei 11.105/2005, que permite a pesquisa com células-tronco embrionárias, a partir de embriões inviáveis ou congelados há mais de três anos, frutos de reprodução assistida, para fins de clonagem terapêutica".

No tocante a sua compatibilidade/afinidade com a Lei Maior, assim se posicionou:

> "Nem há que se argumentar, aqui, que o presente discurso infringe a ordem jurídica. É a Constituição Federal que explicita a perspectiva da alteridade em nosso sistema, ao usar um preâmbulo que indica que o exercício dos direitos sociais e individuais, a liberdade, a segurança, o bem-estar, o desenvolvimento, a igualdade e a justiça são valores supremos de uma sociedade fraterna, pluralista e sem preconceitos"[41].

Por evidente, a greve não existe por si, a parede abriga os trabalhadores que a ela aderiram/aderem, que dela resolveram fazer/fazem uso, já que com algo diverso não foi possível e/ou não lograram êxito, para manifestarem/superarem suas dificuldades/necessidades/situação, eles, sim e aqui, hão de ser considerados "*os Outros*", aqueles para os quais hão de ser voltados os olhares, as atenções e a nossa responsabilidade[42], e sem isso, uma análise de um movimento grevista que venha/ possa vir a eclodir, não estará completo, nem será responsável (*no sentido levinasia-*

41 Carlos Eduardo Nicoletti Camillo, "A Teoria da Alteridade Jurídica – Em Busca do Conceito de Direito em Emmanuel Lévinas", Perspectiva, SP, 2016, página 105.

42 Imperioso referir, nesse passo, que responsabilidade, na visão levinasiana, abarca um mais alargado campo, porquanto: "Tradicionalmente, a conhecida noção de responsabilidade repousa na subjetividade. Em princípio, alguém somente é responsável por seus próprios atos ou omissões.
A responsabilidade concebida por Lévinas, no entanto, tem sua incidência ampliada, para também abarcar, além dos atos ou omissões pessoais, o Outro. Isto é, a responsabilidade pelo Outro, por aquilo que Eu não fiz ou não me diz respeito.
Trata-se de responsabilidade estruturada a partir da proximidade para com o Outro e de natureza assimétrica, isto é, sem que haja efetiva e verdadeira reciprocidade do Outro para comigo.
Com efeito, responsabilidade pelo Outro implica em responsabilidade por si mesmo enquanto negação da neutralidade, como uma ação que vai além-do-ser, naturalmente pré-originária, e que se posta em torno da questão do humanismo". Carlos Eduardo Nicoletti Camillo, "A Teoria da Alteridade Jurídica – Em Busca do Conceito de Direito em Emmanuel Lévinas", Perspectiva, SP, 2016, página 48.

no); todavia, se visto sob o viés da alteridade, e compreendidas as dificuldades que aquele conjunto de trabalhadores enfrenta, as dificuldades e necessidades que lhes aflige e que não lograram superar de outra maneira, tendo, portanto, de chegar/se valer do recurso extremo da greve, que, por certo, para eles não deixa de ser tenso/ de grande aflição/apreensão, certamente será possível compreendê-la/entendê-la/ admiti-la, como, aliás e nos termos em que o legislador constituinte a autorizou e que se encontra na Magna Carta!

Chegando aqui, ainda contando com a tolerância do paciente leitor, ouso deixar em aberto/suscitar o exame de uma nova possibilidade de, aceito o pensar autrement, se olhar a questão da greve, de como devam ser interpretados os dispositivos da lei nº 7783/89 - claro, após o exame e de acordo/com o devido respeito ao estatuído no artigo 9º, da CF/88, o que, conquanto óbvio, não se dá em um sem número de casos, onde, ou se olvida/ignora, aludido comando constitucional, ou se adota/assume visões/posições contorcionistas, sempre com o escopo de restringi-la/reprová-la/afastá-la/execrá-la mesmo, procedendo como o título do trabalho em linhas pretéritas mencionado, que pede, educadamente, é certo, para que a greve não se apresente -, que é o que, muito modestamente pretendo, indago, aceito o pensar autrement, quem melhor poderá desenvolvê-lo, que não os operadores do direito do trabalho, como disse, acerca e aquando da interpretação de um movimento paredista?[43]

A falta de alteridade leva/faz com que se tenha que a greve é um direito de prejudicar/incomodar terceiros, sem tirar o mérito dessa construção, por correta, sob certa perspectiva, mas que, por possuir uma certa, melhor, intensa, carga negativa, muito provavelmente, "*plantando*" um sentimento de desaprovação e até de rejeição, satanização mesmo, por parte de alguns espíritos contra a parede, visando dificultar o recurso a ela, ou já provocar, tão só se pense em realizá-la, que é abusiva/ não se justifica/que se cuida de um egoísmo ou insensibilidade dos que aderem ou apoiam-na e outras "*análises*" do gênero, creio que essa situação deveria receber um outro e, acredito, mais adequado enquadramento, para ser tida como o direito de, ao menos, tentar ser ouvido, como integrante de dada coletividade e que também contribui para o seu progresso, do mesmo modo que os demais que compõem-na,

43 "Espera-se que o intérprete do sistema normativo, conscientemente, exercite o caminho da alteridade, tendo como ponto de partida, sempre, o Outro. E o resultado de sua interpretação deverá ter como resultado, em regra, a eficácia do direito do Outro.
E quando isso acontecer, se dará, genuinamente, a interpretação autrement, embasada no discurso da filosofia levinasiana que tem como linguagem e primeiro fundamento a ética, assentada na responsabilidade pelo Outro que se mostra acolhido concretamente pelo hermeneuta". Carlos Eduardo Nicoletti Camillo, "A Teoria da Alteridade Jurídica - Em Busca do Conceito de Direito em Emmanuel Lévinas", Perspectiva, SP, 2016, página 74.

como deve/acontece ou deve acontecer em relação a todos os seus; de todo modo, se se ativer ao conceito primeiramente enunciado, há proceder a uma releitura, para, espancando a referida carga negativa, lembrar com o já mencionado Márcio Túlio Viana, com amparo em Roberto A. Santos, "*que o empresário dispõe, como lhe apraz, da matéria-prima, das máquinas e dos produtos. Pode utilizá-los, vendê-los ou estocá-los estrategicamente, segundo as leis da oferta e da procura*"[44] [45].

Relevante, outrossim, lembrar, nesse passo, aspecto apontado pelo culto Ministro do C. TST. Augusto César Leite Filho, no sentido de que[46]:

> "Sob o prisma puramente econômico, tem-se afirmado que os provedores de todos os outros fatores de produção (insumos ou matéria-prima, capital e tecnologia) barganham o preço do que fornecem para a constituição e desenvolvimento da empresa, revelando-se a greve como o momento único no qual a oferta de trabalho é represada para que seu custo seja também renegociado. O provedor de trabalho humano decide não mais se resignar ante a dominação do capital, expondo-se também aos riscos da negociação. Rompe-se com a lei da oferta e da procura com vistas ao reequilíbrio dos negócios jurídicos, ao menos daqueles que envolvem o trabalho humano".

Com os ensinamentos transcritos, tanto do Desembargador aposentado Márcio Túlio Viana, como do Ministro do TST. Augusto César Leite de Carvalho, a greve não ficaria/fica, por assim dizer, algo mais natural e mesmo próprio, enquanto meio de que dispõem os trabalhadores, quando outros não deram os resultados esperados, para se "moverem"/"respirando"/"participando" na e da sociedade em que vivem?!

Outro corolário da falta de alteridade, é o de não reconhecer que a greve é, outrossim, um meio – e muito importante – de inclusão social dos trabalhadores, propiciando sua mais efetiva ou algo mais palpável participação na sociedade, em seus rumos; embora se referindo a greve no direito português, pontua o preclaro Francisco Liberal Fernandes, em lição bem aplicável/de alto proveito, por amplamente compatível, com o quanto dispôs/visou o legislador constituinte para a greve no direito pátrio, ei-la:

---

44 Márcio Túlio Viana, "Da Greve ao Boicote e outros pequenos estudos", Editora RTM, Belo Horizonte, 2017, página 32.

45 Não se desconhece que há alguma regulamentação a respeito do agir empresarial, mas que não têm o condão de obstar o que se vem de expor.

46 Augusto César Leite de Carvalho, "Direito Fundamental de Greve e Interdito Proibitório", coordenadores Ministros Kátia Magalhães Arruda e Walmir Oliveira da Costa, "Direitos Coletivos do Trabalho – na visão do TST – Homenagem ao Ministro Rider Nogueira de Brito, Ltr, 2011, página 14.

> "Essa autonomia está directamente ligada ao poder que a ordem jurídica reconhece aos trabalhadores de exigir do Estado a adopção de medidas indispensáveis ao desenvolvimento da pessoa humana e à garantia da participação efectiva daqueles na organização da sociedade. Além disso, o reconhecimento de uma tal legitimidade representa não funcionalização da greve à prossecução de interesses contratuais ou profissionais e significa ainda que o legislador está proibido de limitar o exercício do direito à defesa daquele tipo de interesses"[47];

daí se tirando a legitimidade, por exemplo, das greves política[48] e de solidariedade[49,50].

---

47 Francisco Liberal Fernandes, "A Obrigação de Serviços Mínimos Como Técnica de Regulação da Greve nos Serviços Essenciais", Coimbra Editora, 1ª edição, página 77.

48 Socorro-me, uma vez mais, dos ensinamentos do Professor Arion Sayão Romita, no ponto em que dilucida que: "No contexto do artigo 9º da Constituição, está albergada, sem dúvida, a greve política, ou seja, aquela de caráter não estritamente trabalhista, voltada unicamente para as reivindicações emergentes do contrato de trabalho", acrescentando, linhas mais adiante que: "O moderno estado democrático de direito não se contenta com a igualdade apenas formal dos homens. Quer que todos (não só individualmente, mas também como integrantes de grupos organizados) sejam livres e iguais tambem substancialmente, ou seja, de maneira real e efetiva. Nossa sociedade é uma sociedade desigual, uma sociedade de classes, caracterizada pelas desigualdades econômicas e, em consequência, pela desigualdade de poder. O direito de greve aparece como instrumento para efetivas a reforma econômica e social que o Estado, por si só, não tem a capacidade de levar a cabo. O reconhecimento, pelo Estado, do direito de greve traz em seu bojo a atribuição, à greve, dessa função instrumental e transformadora: instrumento de atuação da justiça social", Arion Sayão Romita, "Greve no Setor Privado", in "O Trabalho", Editora Decisório Trabalhista, Curitiba, nº 132, fevereiro/2008, páginas 4284 e 4286, respectivamente.

49 Quanto a greve de solidariedade, o preclaro Carlos Moreira de Luca, desenha uma hipótese de legítima ocorrência: "A greve de solidariedade ganha dimensão especial, em nossa realidade, na medida em que herdamos do período do corporativismo o fracionamento dos sindicatos de trabalhadores em áreas territoriais reduzidas. Assim é frequente que uma mesma empresa possua instalações em diversas cidades, havendo um sindicato de trabalhadores em cada uma delas. Eclodindo movimento grevista em uma fábrica, a participação de empregados de outros estabelecimentos em greve de solidariedade (ainda que não haja pretensões desses trabalhadores em jogo) deve ser entendida como legítima, na medida em que tal solidariedade será interessada, isto é, os grevistas têm interesse real em verem atendidas as reivindicações de seus colegas de outras cidades, na medida em que no futuro serão eles a levantar reivindicações que deverão ser apoiadas pelos demais empregados da empresa. Em situações como a descrita, a possibilidade da empresa deslocar a produção de uma para outro estabelecimento estabelece uma interdependência para o êxito das reivindicações entre os empregados dos diversos estabelecimentos, o que torna legítimo o interesse protegido pela greve dita de solidariedade". Carlos Moreira de Luca, "Origens, Natureza Jurídica e Tipos de Greve", coordenador Georgenor de Sousa Franco Filho, "Curso de Direito Coletivo do Trabalho – Estudos em homenagem ao Ministro Orlando Teixeira da Costa", Ltr, 1998, página 456. Já para o insigne Nelson Mannrich, ainda no que tange a essa espécie de greve, "Embora os interesse profissionais situem-se no âmbito do contrato de trabalho, a ponto de a reivindicação converter-se em cláusula de convenção, pode não limitar-se ao empregador, daí por que tolera-se a greve de solidariedade, pela qual outros trabalhadores apóiam a greve para o sucesso futuro de suas reivindicações". Nelson Mannrich, "O Exercício do Direito de Greve no Serviço Público", coordenação Domingos Sávio Zainaghi e Yone Frediani, "Novos Rumos do Direito do Trabalho na América Latina", Ltr, 2003, página 254.

50 Claro está que, ao falar sobre alteridade, chama-se/inclui-se à participação/tem-se presente a solidariedade, que, como assevera o grande sociólogo português Boaventura Santos, "não é palavra vã" (Boaventura de Souza Santos, "A Cor do Tempo Quando Foge – uma história do presente – Crônicas 1986-2013", Cortez Editora, 2014, página 80), seja porque "O Direito do Trabalho, mais do

Por último, para este muito singelo escrito, gostaria apenas de referir a questão de se apontar a parede como forma de autotutela dos trabalhadores, o que, claro, não se pode ter por - e nem é - equivocado, mas, ainda assim, em mais um assomo de ousadia e com apoio em Shakespeare, que, por meio de um de seus

---

que qualquer outro ramo do Direito, destaca o papel fundamental da solidariedade, pois se ocupa do estudo das associações sindicais, instituto central de um dos ramos em {sic} subdivide a disciplina: o Direito Coletivo do Trabalho. O associacionismo profissional, que está na base do fenômeno sindical, forma-se em torno do núcleo da solidariedade para fundar a união dos indivíduos entre eles, quer se trate de agregá-los em grupos de interesses quer de assegurar a coesão desses diferentes grupos. A solidariedade de interesses e a espontaneidade de aproximação dos exercentes de um mesmo ofício ou de uma profissão provoca a criação de uma associação permanente e organizada. O fato da solidariedade espontânea surge sempre entre os exercentes da mesma ocupação" (Arion Sayão Romita, "Greve no Setor Privado", in "O Trabalho", Editora Decisório Trabalhista, Curitiba, nº 132, fevereiro/2008, páginas 4284/4285), seja porque, cedendo, aqui o passo ao preclaro Ricardo Lobo Torres, há registrar seu sentir, que caminha na direção de que: "A reaproximação entre ética e direito nas últimas décadas trouxe, entre as suas inúmeras consequências, a recuperação da idéia de solidariedade, que o liberalismo do século XIX e de boa parte do século XX abandonara. De feito, a solidariedade era valor fundante do Estado de Direito e já aparecia na trilogia da Revolução Francesa: liberdade, igualdade e fraternidade. Solidariedade é fraternidade. Sucede que o pensamento jurídico posterior a Kant exarcebou a idéia de liberdade, diluindo-a na de legalidade, com o que ficaram esquecidas as de justiça e solidariedade"(Ricardo Lobo Torres, "Tratado de Direito Constitucional Financeiro e Tributário", volume II, Renovar, 2005, páginas 180/1); tendo essa realidade bem presente na memória, há adicioná-la ao quanto asseverado pela ilustre civilista Maria Celina Bodin de Moraes, no sentido de que a solidariedade é um princípio jurídico que não pode deixar de ser considerado quando da interpretação/aplicação do Direito, assim, "A expressa referência à solidariedade, feita pelo legislador constituinte, longe de representar um vago programa político ou algum tipo de retoricismo, estabelece um princípio jurídico inovador em nosso ordenamento, a ser levado em conta não só no momento da elaboração da legislação ordinária e na execução das políticas públicas, mas também nos momentos de interpretação-aplicação do Direito, por seus operadores e demais destinatários, isto é, pelos membros todos da sociedade" (Maria Celina Bodin de Moraes, "Os Princípios da Constituição de 1988", obra coletiva, Lúmen Júris, RJ, 2001, página 169). Já sob sua autorizada ótica, a insigne Judith Martins-Costa, enfatiza que: "na solidariedade social, valor afastado pelo individualismo, mas que hoje retorna ao cerne dos ordenamentos jurídicos contemporâneos por expresso reconhecimento constitucional e legal" (Judith Matins-Costa, "Reflexões sobre o Princípio da Função Social dos Contratos", in Revista Direito GV, v. 01, n. 01, maio/2005, página 54). Entretanto, "não basta dizer que o princípio está positivamente estatuído na Constituição, o law in statute. É preciso que, como todas as prescrições jurídicas, tenha vida como direito vivente, com efetividade, o assim chamado law in action"(Cláudio Sacchetto,"O Dever de Solidariedade no Direito Tributário: O Ordenamento Italiano", obra coletiva "Solidariedade Social e Tributação", Dialética, 2005, página 10). Ainda, não se pode olvidar que, no dizer de Daniel Sarmento: "A construção de uma sociedade solidária, tal como projetada pelo constituinte, pressupõe o abandono do egocentrismo, do individualismo possessivo, e a assunção, por cada um, de responsabilidades sociais em relação à comunidade, e em especial em relação àqueles que se encontrarem numa situação de maior vulnerabilidade" (apud Marco Aurélio Greco, "Solidariedade Social e Tributação", inserto em obra coletiva "Solidariedade Social e Tributação", Dialética, 2005, página 173). Por derradeiro, quanto a esse princípio, para que não se pense, num primeiro momento, que estou encarecendo-o em demasia, permito-me acrescentar, aos ensinamentos dos doutos aqui reproduzidos, a aguda observação do já citado Professor Marco Aurélio Greco, no sentido de que: "Solidariedade social é tema da maior importância no momento atual da experiência humana" (Marco Aurélio Greco, "Solidariedade Social e Tributação", inserto em obra coletiva "Solidariedade Social e Tributação", Dialética, 2005, página 168).

personagens, disse[51]: "*para minha revelação peço que se empreste um ouvido favorável*" (de minha parte, peço também, além do ouvido, um olhar e um pensamento favoráveis), penso que o mais escorreito seria o emprego, como o fazem alguns juslaboristas, do termo AUTODEFESA[52], porquanto aquele passa a ideia de algum empoderamento dos trabalhadores, do tipo "*vamos resolver por nós mesmos as questões que nos interessam, 'arrancar' o que necessitamos*", ao passo que este último, transmite a mensagem de que, "*vamos nos defender, tentar nossa sobrevivência em meio ao cipoal de dificuldades que nos emaranha/sufoca/oprime e obsta consigamos o que precisamos para viver com o mínimo de dignidade, de acordo com o patamar civilizatório hodierno*", em uma única palavra, "*ataque*", no primeiro caso, "*defesa*", no segundo, o que, por certo, influirá no modo de se compreendê-la/admiti-la/aceitá-la; filigrana?

Não se trata de filigrana, ainda mais se voltarmos o pensamento – e mais do que ele, o sentimento – ao que disse o inolvidável poeta Mário Quintana, no sentido de que[53]: "*Esses que pensam que existem sinônimos, desconfio que não sabem distinguir as diferentes nuanças de uma cor*".

O juslaborista Francisco Liberal Fernandes, em sua monumental obra, a certa altura assevera que[54]: "*De acordo com esta dimensão objetiva, a greve constitui um direito de autodefesa dirigido à salvaguarda da liberdade e da dignidade de quem exerce subordinadamente uma profissão, pelo que seu exercício não está limitado ao âmbito profissional da relação de trabalho ou de serviço que o enquadra, podendo, por isso, visar sujeitos diferentes da entidade profissional*", ensinamento esse que, creio, bem justifica a utilização do termo autodefesa, ao invés do vocábulo autotutela, por melhor atender ao sentido que, aqui, se entende como o mais adequado/apropria-

51 William Shakespeare, "Otelo", L& PM Pocket, 1999, página 34.

52 Em seu notável livro, justamente intitulado "Autodefesa – uma filosofia da violência" (UBU Editora, 2020), Elsa Dorlin procura demonstrar que a autodefesa se apresenta como o recurso possível/extremo/desesperado ao qual, em diversas situações, as pessoas fragilizadas/inferiorizadas e que, agredidas, de alguma maneira, procuram reagir, para não serem de vez submetidas, desalojadas de uma vida vivida, para serem "acomodadas"/"resignadas"numa vida de privações/violências e de subserviência; com as adaptações pertinentes, pode-se/deve-se inferir que o mesmo se passa com os trabalhadores, quando de um movimento grevista: para ele partem, como uma forma de autodefesa, visando a uma""conservação de si", que aqui abrange a categoria que integram e os próprios trabalhadores que a compõem, a uma vida vivida, digna e minimamente segura, quanto às condições em que executam suas atividades e também quanto a contraprestação recebida, para que lhes permitam viver e não vegetar, pois que, de outro modo, não lograram resolver questões por eles tidas como relevantes e que precisavam/precisam ser solucionadas, e que, por isso, acabam, "curiosamente", sendo tidas como agressoras, quando agredidas são elas, enquanto trabalhadores, por desrespeitos a sua dignidade de pessoa humana e deploráveis/insuficientes/insustentáveis/reprováveis condições de vida e de trabalho.

53 Mario Quintana, "Caderno H", Objetiva, RJ, 1ª edição, 2013, página 196.

54 Francisco Liberal Fernandes, "A Obrigação de Serviços Mínimos Como Técnica de Regulação da Greve nos Serviços Essenciais", Coimbra Editora, 1ª edição, página 60.

do ao agir dos trabalhadores ao partirem para um movimento paredista, em defesa de valores/necessidades que possuem/necessitam.

Interessante observar que, independentemente de se enxergar em movimentos passados uma maior ou menor e/ou mais intensa ou menos intensa proximidade/natureza/semelhança entre movimentos/paralisações/protestos de trabalhadores, sejam quais forem os motivos que os levassem/forçassem a mourejar, não parece que pudessem ser tidos como exercício de alguma autotutela, mas, sim, de desesperada/derradeira, não raro em seu sentido literal, tentativa – máxime considerando determinados riscos/reações a que então se expunham - de viver uma vida uma pouco mais "*vivida*", ou ao menos viver, pouco que seja! Daí e desde aqueles angustiantes momentos, não parece apósito esgrimir com o vocábulo autotutela, para traduzir uma greve!

Nessa linha e na autorizada palavra do eminente juslaborista Nelson Mannrich, tem-se que[55]:

> "Desde a antiguidade e ao longo de toda a história, apontam-se movimentos de pressão entre os trabalhadores. A greve, porém, como a conhecemos hoje, é produto da Revolução Industrial. Vincula-se ao conceito de coalizão e reflete a problemática da questão social, também denominada conflito industrial".

Para o culto Carlos Moreira de Luca,

> "parece-nos poder indicar as paralisações do trabalho que ocorreram ao longo da história da humanidade como verdadeiras antecessoras da greve, como hoje a conhecemos, o que não quer dizer ignorar as radicais mudanças ocorridas, seja na organização da produção, seja na postura do Estado, tudo levando a que a greve e seu enquadramento jurídico se apresentem como distintos dos movimentos mais antigos"[56].

Já o multicitado Márcio Túlio Viana assevera que[57]

55 Nelson Mannrich, "O Exercício do Direito de Greve no Serviço Público", coordenação Domingos Sávio Zainaghi e Yone Frediani, "Novos Rumos do Direito do Trabalho na América Latina", Ltr, 2003, páginas 249/250.

56 Carlos Moreira de Luca, "Origens, Natureza Jurídica e Tipos de Greve", coordenador Georgenor de Sousa Franco Filho, "Curso de Direito Coletivo do Trabalho – Estudos em homenagem ao Ministro Orlando Teixeira da Costa", Ltr, 1998, páginas 449/450.

57 Márcio Túlio Viana, "Da Greve ao Boicote e outros pequenos estudos", Editora RTM, Belo Horizonte, 2017, página 15.

> "É verdade que já houve greves bem mais antigas, desde (pelo menos) os tempos de Ramsés III, quando os operários suspenderam os trabalhos na pirâmide. De certo modo, a plebe romana também fez greve, ao deixar a cidade, exigindo melhores condições de vida e participação política. Em 1272, no Chipre, cavaleiros medievais se recusaram a combater pelo Rei Hugo III, a pretexto de que lhe deviam apenas obrigações 'de corpo e cavalo', como se dizia na época, e no caso se tratava de um combate naval.
>
> De todo modo, foi só mesmo com a I Revolução Industrial que a greve veio a ganhar importância e a se enriquecer de sentidos".

Como se vê, o que se tem como antecedente das greves e que podem ser tidas como as greves da época, ou movimentos com semelhante espírito e/ou que arrancaram de razões próximas ao que hodiernamente se denomina/conhece por e provoca/leva a uma greve, uma vez feitas as devidas adaptações, de acordo com o sistema de vida e social de cada momento, e atento ao que depois se entendeu como tal, a partir da Revolução Industrial, sempre teve/tem como razão de ser o sofrimento, a desconsideração, variando entre insuficiente, pouca ou nenhuma, para com a dignidade e condições/situação de vida e de trabalho dos que mourejavam, nos moldes em que esse mourejar se dava/era exigido/imposto em cada momento, daí se entender mais apropriado, que melhor traduz o que se quer e pretende com a parede, o emprego do vocábulo autodefesa.

Como já se fez notar e de já alguns lustros, mas que conta com impressionante atualidade,

> "Hoje, num quadro totalmente alterado pela globalização da economia, devem ser reformulados alguns conceitos, para que a greve continue tendo um papel positivo da busca do equilíbrio de poder entre capital e trabalho. O que deve mudar, em que medida, e qual o sentido da mudança, não pode ser senão objeto de especulação e meditação. Mas, é hora de voltarmos nossa preocupação para todos os novos problemas que surgem de uma situação igualmente nova, extremamente ingrata para os trabalhadores, hoje mais que nunca necessitados do apoio de leis justas e equilibradas"[58].

Para isso, precisamos de uma legião – ou mais - de operadores do direito do trabalho, espelhados em Bartolomé de las Casas para, como ele, que a seu tem-

58 Carlos Moreira de Luca, "Origens, Natureza Jurídica e Tipos de Greve", coordenador Georgenor de Sousa Franco Filho, "Curso de Direito Coletivo do Trabalho – Estudos em homenagem ao Ministro Orlando Teixeira da Costa", Ltr, 1998, página 457.

po, como nos lembra o grande Eugenio Raúl Zaffaroni, procurou deslegitimar "*a redução à servidão, o assassinato dos índios e a escravização dos negros, em debate com Juan Ginés de Sepúlveda, racionalizador sombrio do poder*"[59], seja deslegitimada uma qualquer interpretação que reduza o patamar civilizatório dos trabalhadores, aqui, quando, por meio de uma greve, intentam mantê-lo, seja atualizando regramentos que não atendem mais às justas necessidades que possuem, seja criando outros que promovam sua condição de vida e de trabalho, pois, com já, há décadas, advertido, em lição que, ainda – e talvez com maior intensidade - atualíssima, bem – muito bem - se aplica ao regramento do direito coletivo:

> "Observando a definição do que seja direito social, vêmos que as leis por ele abrangidas, visando o bem comum, têm por objetivo imediato 'auxiliar a satisfazer convenientemente às necessidades vitais próprias e de suas famílias, aos indivíduos que para tanto dependem do produto de seu trabalho'. Ora, essa finalidade não póde ser falseada na interpretação dos textos legais. Ela é a bússola que nos indicará a rota certa. Quando dela nos desviarmos, por mais brilhante que se afigure a argumentação, podemos afirmar – estamos errados"[60].

E assim, estaremos, o que é muito triste, enquanto/como operadores do direito, dando vida ao que o grande e já mencionado poeta Mário Quintana disse, em outra obra, no sentido de que[61] "*Dizem que a Justiça é cega. Isso explica muita coisa*", pois só uma cegueira explicará não se enxergar/ver/sentir/notar a necessidade e, por isso, compreender/entender/admitir e mais, respeitar uma greve e os trabalhadores e seus sindicatos quando promovem-na, em busca de adequada solução a uma pretensão/necessidade resistida, que entendem fazer jus e que atenda melhor e como deve ser, as suas dignidade e condições de vida e trabalho.

---

59 Eugenio Raúl Zaffaroni, "Colonização Punitiva e Totalitarismo Financeiro – A criminologia do ser-aqui", Da Vinci Livros, RJ, 2021, página 62.

60 Constantino de Campos Fraga, "Interpretação das Leis Sociais", Empresa Gráfica da 'Revista dos Tribunais", 1941, página 04.

61 Mario Quintana, "Da Preguiça como Método de Trabalho", SP, Globo, 2007, 2ª edição, página 129.

II - Colonialidade e o Direito do Trabalho: algumas reflexões

Colonialidade, creio, é um tema/um aspecto – marcante – da vida brasileira (e que também se aplica, em boa medida, aos países do continente em que estamos, no *"Sul Global"*[62] em que o nosso Brasil se encontra) que merece um olhar mais aprofundado, no que tange aos seus efeitos no Direito,[63] designadamente no

62 Como já se dilucidou, com a elocução "Sul Global" se substituiu a de "Terceiro Mundo", "Entretanto, assim como o Terceiro Mundo, o Sul Global não pode simplesmente ser visto como um conjunto de países não desenvolvidos e não modernos, localizados nas zonas ex-coloniais do globo", mas sim, um "*Movimento multifacetado que enfatize a necessidade de uma comunidade internacional pós-colonial de interesse e que avance nos objetivos de igualdade, liberdade e mutualidade, na forma de um novo ethos de poder e subjetividade através da política externa, solidariedade internacional, responsabilidade consigo e com os outros, em uma ordem internacional livre dos legados institucionais do colonialismo (Grovogui, 2011, p. 176)*". BALLESTRIN, Luciana. "O Sul Global como projeto político". *Horizontes ao Sul*. Disponível em: https://www.horizontesaosul.com/single-post/2020/06/30/O-Sul-Global-Como-Projeto-Politico, capturado em 15.4.2022; creio ser possível ou preciso/urgente que, ao menos se tente incluir o Direito, em geral e designadamente o Direito do Trabalho em tal projeto, para o fim de, quanto viável e assim prosseguindo, melhorar a vida, é dizer, respeitar, devidamente, a dignidade e as condições de vida e de trabalho dos trabalhadores, vulneráveis, de regra, quando menos em para lá de expressiva maioria, o que será bem possível de fazer se, ao ensejo de uma interpretação, se considere as necessidades elencadas no aludido projeto e atento a que o colonialismo havido e a colonialidade que persiste também se reflete/projeta no ordenamento jurídico, notadamente no plano da legislação ordinária.

63 Para comprovar o quanto há de colonialidade, ditando ou ao menos influenciando, (mui) intensamente, nossos dias e direcionando nossos passos, interessante observar, desde logo, que até em colonialidade alimentar se fala; com efeito, pois afirma, sem refolhos, Elaine Azevedo, que: "Alguns elementos ainda nos conectam ao colonialismo e constroem a nossa colonialidade alimentar. *Colonialidade é o termo usado para analisar as repercussões presentes do colonialismo, ou seja, do passado colonial. Desde a invasão portuguesa, fortalecemos a monocultura nas terras que, até hoje, estão concentradas nas mãos das elites privilegiadas pela Coroa. Algumas dessas famílias estão há 520 anos no poder, como bem demonstra o sociólogo Ricardo Costa de Oliveira (2018). O açúcar e o melaço da monocultura colonial não se destinavam à alimentação do povo; eram artigos para estimular o tráfico de escravos e a exportação, ou seja, mercadorias. Depois vieram o café e a agropecuária; seguimos com a cana para o agrocombustível, e grãos, especialmente a soja, para produzir proteína animal para o mundo*". (negritado) AZEVEDO, Elaine. "Colonialidade alimentar". *In*: CAMPELLO, Tereza e BORTOLETTO, Ana Paula (org.). *Da fome à fome – diálogos com Josué de Castro*. São Paulo: Elefante, 2022, p. 310; ora, se presente até nesse aspecto, não seria ingenuidade acreditar/asseverar que não marca o Direito entre nós também? Por certo, são amarras das quais nos estamos libertando, e que, talvez, façam parte da história e da evolução/do aprendizado dos países, como se vê da história de alguns mais antigos, embora o tempo não seja definitivo aqui, mas antes uma referência, a ser completada/vista pela experiência passada/vivida de cada qual, mas para que possamos ir adiante, desatando esses pontos de estrangulamento de e para um melhor viver do maior possível de brasileiros, é imprescindível tomar consciência da influência dessa realidade em nossa vida, no nosso caso, aquando da interpretação dos fatos e das normas que se nos apresentam.

Direito do Trabalho, porquanto a realidade que traduz/desnuda/revela não deve/pode ser simplesmente desconsiderada/tida como inexistente ou não refletindo em uma relação de emprego, ainda que podendo variar de intensidade, nesta ou naquela relação. Lançar um rápido olhar sobre ela, então, é o que me proponho, desde logo advertindo que o tema exigiria/exige muitas páginas além das que posso usar neste singelo artigo, por isso cuida-se mais de nótulas sobre o tema, mas que, de todo modo, são escritas de coração aberto e contente, pela oportunidade em participar de uma obra coletiva em homenagem – justíssima – ao eminente ministro e amigo Sergio Pinto Martins, a quem renovo meus votos de maior sucesso em sua trajetória no Colendo Tribunal Superior do Trabalho! Vamos lá então e iniciando com a importante advertência feita por Vitorino Magalhães Godinho, no sentido de que:

> "Não faz sentido aplicar indiscriminadamente esquemas interpretativos e paradigmas de ação, sem estarmos previamente certos de que entre as sociedades para que foram elaborados e aquelas a que se pretende aplicá-los há efectiva analogia estrutural e paralelismo conjuntural".[64]

Lição essa que, aqui, há de ser vista/retida conjuntamente com a de Djacir Menezes, que consta em obra publicada há quase 70 anos, mas nem por isso menos atual/atualíssima: "*Alhear-se dos problemas não é evitar perturbações, mas preparar capitulações. A conhecida tática do avestruz é perigosa; aumenta os desequilíbrios*".[65]

Por que a referência a essas duas lições de vida, por si sós extremamente valiosas, aqui, nesse comenos?

Porque estou em que não basta/não é possível/adequado/ suficiente estudar/falar em Direito do Trabalho (mas o que vale também para outros ramos da frondosa árvore do Direito), sua análise/interpretação e aplicação, sem que se atente/considere, adequada e devidamente, a questão da colonialidade (que é diversa de colonialismo, embora, naturalmente, a ele estreitamente ligada/vinculada, pelo que a este serão também feitas referências) e as consequências que pode ter/provocar, como a Aporofobia e as Medidas de Exceção, com efeitos, nada desprezíveis, no Direito do Trabalho.

---

64 GODINHO, Vitorino Magalhães. *Estrutura da antiga sociedade portuguesa*. Lisboa: Edições 70, 2019, p. 28.

65 MENEZES, Djacir. *As elites agressivas*. Rio de Janeiro: Edição da Organização Simões, 1953, p. 17.

Relativamente à colonialidade, dilucida João Francisco Cassino, valendo-se de Luciana Ballestrin, que:[66] "*Por colonialidade entende-se, conforme definição de Ballestrin, os mecanismos de dominação que se mantêm em funcionamento pelos países ricos, mesmo após as independências*".

Esmiuçando um pouco mais o conceito, importante, pelo alto teor elucidativo, referir Sérgio Amadeu da Silveira, *verbis*:[67]

> "Para muitos pensadores críticos, o colonialismo histórico acabou, mas a colonialidade se mantém e pode ser empiricamente mapeada e constatada. O sociólogo peruano Anibal Quijano definiu a colonialidade como um dos principais elementos do padrão mundial de poder capitalista. A colonialidade foi construída sobre classificações raciais e étnicas das populações e está associada à expansão da modernidade e de sua racionalidade, a partir da Europa. Ela se mantém por meios materiais, por mentalidades e por relações de subordinação, sujeição e de inferiorização de modos de vida, de saberes e de conhecimentos.
>
> A colonialidade se apresenta como a imposição de modelos de pensamento, de agenciamentos, de comportamentos que negam ou desvalorizam epistemes, modos de aprender e conhecer das comunidades e das sociedades não ricas, também expulsa do que deve ser considerado normal à ideia de autonomia, de busca por caminhos diferentes, de toda tentativa daqueles que fogem aos interesses da economia e das suas principais corporações."

De acrescentar o ensinamento de Iara Schiavi, *littera ad litteram*:

> "A incorporação da dinâmica dos países colonizadores nos países colonizados, muitas vezes com o uso da violência, somada à apropriação dessas formas de dominação pelas elites nacionais, reforçou fenômenos de segregação socioespacial, gentrificação e exclusão, promovendo a concentração de renda e poder. Como desenvolvido por Quijano, as reverberações desses processos não foram encerradas com a libertação das antigas colônias, manifestando-se até os dias atuais pela colonialidade do poder, que consiste na adoção da racionalidade eurocêntrica não apenas na Europa, mas em todos

66 CASSINO, João Francisco. "O Sul Global e os desafios pós-coloniais na era digital". *In*: CASSINO, João Francisco; SOUZA, Joyce e SILVEIRA, Sérgio Amadeu da (org.). *Colonialismo de dados* – como opera a trincheira algorítmica na guerra neoliberal. São Paulo: Autonomia Literária, 2021, p. 15.

67 SILVEIRA, Sérgio Amadeu da. "A hipótese do colonialismo de dados e o neoliberalismo". *In*: CASSINO, João Francisco; SOUZA, Joyce e SILVEIRA, Sérgio Amadeu da (org.). *Colonialismo de dados* – como opera a trincheira algorítmica na guerra neoliberal. São Paulo: Autonomia Literária, 2021, pp. 35/36.

aqueles povos educados sob a lógica do eurocentrismo, resultando em uma subjugação e estratificação do pensamento, do conhecimento e da vida.

Um exemplo da influência dos países centrais em relação aos países periféricos após o fim das colônias refere-se à adoção de políticas urbanas neoliberais a partir da década de 1980. Entre elas incluem-se: limitação à atividade do Estado, regulação não estatal, subcontratação de serviços, privatização, gestão voltada à quantificação do desempenho, estímulo ao empreendedorismo e ao individualismo, policiamento e vigilância, controle de circulação e austeridade fiscal. Entre essas políticas, a austeridade destaca-se, pois ela justifica o desenvolvimento das demais, como subcontratar, privatizar, empreender ou quantificar o desempenho das cidades, segundo um argumento de que o Estado está falido e não tem condições de prover a infraestrutura e os serviços públicos. Assim, dado o limite orçamentário, comprometido por dívidas públicas, seria imprescindível à manutenção das obrigações fiscais recorrer às companhias privadas, que, nessa lógica, disponibilizam serviços com mais qualidade e eficiência e menores custos".[68]

Quantos e quão importantes esclarecimentos!

É preciso, reitero, bem situar/ter em vista/ não perder do horizonte a colonialidade para, assim, poder bem e adequadamente avaliar/pesar/entender/compreender e daí considerar o quanto influenciou/influencia e/ou pesou/pesa sobre algum modo de ver/ter/considerar/enquadrar um vínculo de emprego, o que acaba por deixar/jogar na sombra (em alguns casos completa escuridão!) relevantes aspectos que deveriam/precisam ser tidos em linha de consideração, para que se tenha um mais autêntico desenho de como esse vínculo se constitui e se desenvolve, e até mesmo antes, como é concebido, como se quer que seja e o pensamento que norteia/orienta/encaminha o modo de ver de alguns espíritos, seja quanto ao momento mesmo de sua concepção, seja quanto ao de seu debate/enquadramento jurídico, aqui abrangendo o quanto lhe diga respeito sob o enfoque do ordenamento jurídico, seja no de seu desenvolvimento prático/concreta execução;[69] daí

68 SCHIAVI, Iara. "As tendências neoliberais e dataficadas da incorporação tecnológica nas cidades". *In*: CASSINO, João Francisco; SOUZA, Joyce e SILVEIRA, Sérgio Amadeu da (org.). *Colonialismo de dados* – como opera a trincheira algorítmica na guerra neoliberal. São Paulo: Autonomia Literária, 2021, p. 152.

69 Nesse passo, antes de dar outro, imprescindível registrar que não estou aqui a afirmar, de modo algum, o que não seria correto, que, sempre e sempre, invariavelmente, um sentimento marcado pela colonialidade, oriente/determine o pensar e o agir de todos quantos atuem e/ou de algum modo participem da construção do Direito do Trabalho e/ou de uma relação de emprego, presidindo seu dia a dia, não, jamais! Apenas registro estudos desenvolvidos que, entendo, demonstram que há ainda uma, digamos assim, consequência/desdobramento da colonização, do colonialismo, adaptada/mais "elaborada"/transportada/mantida após a independência "formal" de diversos países, o Brasil inclusive,

interessante prosseguir mais um pedaço, com a palavra autorizada, de estudiosos que mais se voltaram/voltam ao seu exame/estudo, e para tanto arrancando com os ensinamentos do preclaro Marcelo Rodrigues Lemos que, muito claramente e ancorado em Fernando Coronil e Aníbal Quijano, dilucida, quanto ao colonialismo, que:

> "O colonialismo é um regime político que vigorou majoritariamente entre os séculos XV e XIX. Decorre da própria colonização e ressalta os impactos do processo histórico de formação de colônias pelo mundo, que aconteceu e se legitimou por meio do poder político, econômico e militar dos estados colonizadores, produzindo a dominação e a expropriação de nações localizadas em outras jurisdições territoriais",[70]

e já no que tange à colonialidade, forte em Quijano, esclarece que:

> "A colonialidade, por sua vez, entende que os processos coloniais, implementados pela Europa desde o século XV, foram decisivos no surgimento da própria modernidade. Além disso, o conceito ultrapassa a demarcação histórica da colonização e do colonialismo, reforçando as posteriores consequências políticas, sociais, econômicas e intelectuais de anos de dominação dos países centrais em suas antigas colônias. Assim, embora a colonização tenha acabado formalmente, a colonialidade revela que os impactos desse processo persistem até hoje, por meio de mecanismos de dependência e subalternização das sociedades que outrora foram colonizadas, inclusive no que diz respeito à produção intelectual".[71]

Como se vê, o ilustre peruano Aníbal Quijano é, de forma recorrente, citado, o que já deixa ver tratar-se de uma autoridade no tema e recomenda saber/inteirar-se de sua lição acerca da colonialidade, e ele ensina que:

---

fazendo-os ainda dependentes, sob diversos pontos, o que, se não devidamente observado, não permitirá que se apanhe, em sua integridade/totalidade, o que se passa, em seu múltiplos aspectos, no que pertine a uma relação que envolva um ser humano que vive do seu trabalho na condição de empregado, pois reconheço o esforço de um sem número de mentes e corações, cada qual em sua área de atuação, que procura superar esse estado de coisas/esse modo de ver (ou de não ver?!), quer no meio jurídico, quer no campo da sociologia, quer no legislativo, quer no empresarial e no sindical, quer patronal, quer profissional, entre outros, mas como algo que ainda está presente, e atua fortemente/intensamente, e que, portanto, não pode ser, simplesmente, ignorado, é isso, é disso que se trata.

70 LEMOS, Marcelo Rodrigues. *Modernidade & colonialidade* – uma crítica ao discurso científico hegemônico. Curitiba: Appris, 2009, p. 27.

71 Idem. Ibidem.

> "Sustenta-se na imposição de uma classificação racial/étnica da população do mundo como pedra angular do referido padrão de poder e opera em cada um dos seus planos, meios e dimensões, materiais e subjetivos, da existência social quotidiana e da escala societal. Origina-se e mundializa-se a partir da América".[72,73]

Há ter em mente que a história, o passado, embora não seja o presente, marca-o, de certa forma e intensamente, ou mesmo está/convive com este, ao menos não o abandona de imediato, apenas por se pretender mudar a senda que, em dados momentos, se pretendia trilhar, e se ou quanto mais longo/duradouro/demorado tenha sido o tempo vivido sob certas condições, mais suas visões, modos de ser e estar, marcando a existência de uma sociedade, nela como que se incrustam/incrustarão, não sendo tarefa simples a mudança de mentalidade/de olhar, máxime de quantos, pelo sistema anterior, que se anela mudar, dele beneficiaram. Como observa James Hermínio Porto da Silva, *verbis*:

> "Um novo regime político, seja qual for, não surge a-historicamente em uma sociedade, mas é consequência das relações de forças operantes no regime

---

72 QUIJANO, Aníbal. "Colonialidade do poder e classificação social". *In*: SANTOS, Boaventura de Sousa e MENESES, Maria Paula (org.). *Epistemologias do Sul*. São Paulo: Cortez Editora, 2010, p. 84. Dilucida, ainda, o notável pesquisador, em nota de rodapé, que: "*Colonialidade é um conceito diferente de, ainda que vinculado a, Colonialismo. Este último refere-se estritamente a uma estrutura de dominação/exploração onde o controle da autoridade política, dos recursos de produção e do trabalho de uma população determinada domina outra de diferente identidade e cujas sedes centrais estão, além disso, localizadas em outra jurisdição territorial. Mas nem sempre, nem necessariamente, implica relações racistas de poder. O colonialismo é, obviamente, mais antigo, enquanto a Colonialidade tem vindo a provar, nos últimos 500 anos, ser mais profunda e duradoira que o colonialismo. Mas foi, sem dúvida, engendrada dentro daquele e, mais ainda, sem ele não poderia ser imposta na intersubjetividade do mundo tão enraizado e prolongado*". QUIJANO, Aníbal. "Colonialidade do poder e classificação social". *In*: SANTOS, Boaventura de Sousa e MENESES, Maria Paula (org.). *Epistemologias do Sul*. São Paulo: Cortez Editora, 2010, p. 84.

73 Fique desde logo claro que se não desconhece não ser função do Direito do Trabalho substituir o povo (o que seria rematado absurdo), tampouco interferir/invadir searas de outras ciências, no que lhes diz respeito, quanto ao modo em que construída e o futuro de nossa sociedade, como se desenvolve e por que se movimenta em certo sentido, o que, vale frisar, nem de longe se anela/tem em vista em tão singelo escrito, já à partida, ciente das minhas sérias limitações, mas, sim e tão somente, se entende que cabe, sim, a este ramo do Direito, contribuir para remover os obstáculos para que eles as construam, edificando-as observando a Magna Carta e a centralidade que conferiu ao trabalho, de modo que a construção possa resultar sólida, não ruindo/desmorando com facilidade; com as adaptações devidas, dá-se o mesmo com o nosso Direito do Trabalho, ao que já observado pelo mestre Zaffaroni, relativamente a criminologia e ao Direito Penal, *verbis*: "*Não é tarefa da criminologia – nem do direito penal – substituir os povos na construção de suas sociedades futuras, mas contribuir para remover os obstáculos para que eles, os povos, as construam*". ZAFFARONI, Eugenio Raúl. *Colonização punitiva e totalitarismo financeiro* – A criminologia do ser-aqui. Rio de Janeiro: Da Vinci Livros, 2021, p. 123.

que o antecedeu. A transição de um regime para outro não elimina completamente os elementos do velho sobre as novas dinâmicas das relações sociais",[74]

o que, com as vistas voltadas ao sistema do colonialismo e da colonialidade, que lhe seguiu, atualizando-o, bem se ajusta ao que aqui importa: a influência que sempre exerceram e ainda exercem no que diz com as relações de emprego, mesmo porque, como ainda alerta o jurista que venho de referir:

> "*A violência colonial podia ser a exceção entre os proprietários, mas certamente era a regra sobre os negros explorados, seviciados e mortos.* Compreender essa relação social violenta, *que coexistia em paralelo à subjetividade jurídica dos proprietários privados,* aliada à compreensão do nosso desenvolvimento histórico pela via colonial, é indispensável para uma leitura jurídica precisa de nossa ordem constitucional."[75] (Grifei)

A lição que vem de ser transcrita, nas linhas imediatamente anteriores, avulta em relevância, se conjugada com a que segue, dos eminentes André Luis Callegari e Maiquel Ângelo Dezordi Wermuth, que dão conta dos efeitos do colonialismo e da colonialidade que o seguiu e suas marcas, presentes ainda entre nós, o que abre ensanchas, com maior facilidade ao manejo de medidas de exceção, que logo a seguir serão abordadas, e que é assim expressa:

> "*No que diz respeito à realidade brasileira, cumpre ressaltar, nesse contexto, o papel desempenhado pelo medo enquanto importante mecanismo de contenção e disciplinamento da clientela 'tradicional' do sistema punitivo nacional. De acordo com Batista (2003), no Brasil as classes dominantes sempre se utilizaram do medo como estratégia para a derrota das forças populares, associando suas vitórias ao caos e à desordem. Para a referida autora (...) a difusão do medo do caos e da desordem tem sempre servido para detonar estratégias de disciplinamento e controle das massas populares.* O tipo de ordenamento introduzido pela escravidão em nossa formação sócio-econômica não foi abalado *nem pelo fim*

74 SILVA, James Hermínio Porto da. "Colonialismo e Estado de Exceção". LOPES, Anderson Bezerra; FONSECA, Eduardo Samoel; MEIRELLES, João Victor Esteves; PACHANI, Leandro; MAGANE, Renata Possi e ABIB Sea (org.). *Democracia e crise, um olhar interdisciplinar na construção de perspectivas para o Estado brasileiro* – Estudos em homenagem ao Professor Pedro Estevam Alves Pinto Serrano. São Paulo/MG: Autonomia Literária, 2020, p. 198. Em um momento mais adiante, assevera o mesmo e insigne autor, que "*Tendo estabelecido que o desenvolvimento histórico do Brasil se deu pela égide colonial, não podemos negar que o colonialismo ainda exerce influência na presente ordenação democrática brasileira*". Idem. Ibidem, p. 203.

75 Idem. Ibidem, p. 205.

> *da escravidão, nem pela República, nem na 'transição-democrática' com o fim da ditadura militar implantada após o golpe de 1964.*
>
> *Neste panorama, a insurreição negra tem sido a grande categoria fantasmagórica, o grande zumbi das elites brasileiras: da Revolta dos Malês aos arrastões nas praias. A hegemonia conservadora trabalha a difusão do medo como indutor e justificador de políticas autoritárias de controle social.*" (Grifei)[76,77]

De forma clara, a insigne Yasmin Maria Rodrigues Madeira da Costa também deixa clara – e firme – a influência do passado colonial em nossa realidade hodierna, mantida, então, pela colonialidade, vale realçar, é ler:

> "Interesses econômicos e de poder, em seus vários aspectos, norteiam as práticas punitivas. No Brasil, todo esse processo assume feição ainda mais cruel em virtude de nosso passado de sociedade colonizada e escravista. Quem cai nas malhas do sistema retorna inevitavelmente ao convívio social para sempre lesado e estigmatizado". [78,79]

---

76 CALLEGARI, André Luis e WERMUTH, Maiquel Ângelo Dezordi. **"Sistema Penal e Política Criminal"**. Porto Alegre: Livraria do Advogado Editora, 2010, pp. 39-40.

77 O medo é um elemento que acompanha as práticas de colonialidade, reminiscências do colonialismo, utilizado em profusão, tanto lá, como nos dias atuais, como apontado pelos autores cujo ensinamento reproduzi aqui, embora, fique claro, com diversas técnicas, mais "modernas", o que aqui apenas registro, pois é algo que deve ser abordado em outro trabalho.

78 COSTA, Yasmin Maria Rodrigues Madeira da. *O significado ideológico do sistema punitivo brasileiro*. Rio de Janeiro: Revan, 2005, p. 11.

79 A autora Yasmin ainda acrescenta, sobre o que é interessante refletir, que: "*A classe dominante, por intermédio do Estado, estruturou uma aparelhagem de coerção e repressão social que lhe possibilitou exercer o poder sobre a integralidade do tecido social, de forma a submetê-lo às regras políticas. O forte instrumento utilizado pelo Estado é o Direito, que estabelece as normas que regulamentam as relações sociais em proveito da minoria pertencente aos estratos centrais. É pelo Direito que o Estado aparece como legal, como 'Estado de Direito', e o Direito Penal faz com que a dominação não seja vista como violência, mas como legal e legítima*". Idem. Ibidem, p. 12. Como superar esse crucial problema? Pela interpretação, calcada na Constituição Federal, mercê da proeminência que então se reconheceu/conferiu ao princípio da dignidade da pessoa humana (lembrando que, de regra – o que já exclui a ideia do "sempre" –, ao ensejo da promulgação de uma Constituição, há uma maior sensibilidade/preocupação com o povo, com a pessoa, do que no cotidiano da legislação ordinária, que possui objetivos mais restritos, imediatos e específicos) e aos direitos fundamentais, aliada à centralidade atribuída ao trabalho, bem como não permitir que se perca, nos escaninhos da mente e, pior ainda, nos dos sentimentos (pois que estes não atritam com o direito, já que o direito é humano, ou não? Claro que esses sentimentos dizem com o sentimento coletivo, do que se entende, não um segmento, mas a coletividade, vista de modo abrangente, como o que deva imperar/prevalecer) e outrossim, não relegando ao mais absoluto esquecimento, o passado colonial e como as relações foram construídas, pois esse passado, mormente nos países periféricos, ainda rondam as vidas dos mais vulneráveis, logo dos trabalhadores também, persistindo em manter, ainda hodiernamente, seus modos e meios de regê-las, claro, "dulcificando-os"/"adaptando-os"/"modernizando-os", mas sem querer substituí-los, de vez.

Essas transcrições, creio, são relevantes, porquanto, como lembra, firme na autorizada palavra de Recaséns Siches, o preclaro Virgílio Luiz Donnici,

> "Quando falo em história da criminalidade, seja ela política ou tradicional, tenho como base a afirmação de Recaséns Siches, filósofo e sociólogo jurídico, de nacionalidade espanhola, radicado no México e recentemente falecido, que dizia não se poder fazer sociologia sem história, pois seria cairmos num formalismo para considerar relações abstratas, num acúmulo de dados";[80]

e essa lição, me parece claro, há de ser observada também em relação ao Direito e, designadamente, ao Direito do Trabalho, pois se for desconsiderado o que já se passou na vida do nosso Brasil, não será possível bem apanhar o hoje e, como corolário, resolver o que ficou/está ainda por sê-lo, para que possamos rumar a um futuro mais humano e solidário, mormente com relação à vida dos trabalhadores, para que seja, efetivamente, vivida, e não apenas "passada"/"arrastada".

Estou em que, reitero, para se conseguir, efetivamente, lograr/ter/permanecer/manter uma exata compreensão das normas trabalhistas (sua razão de ser, necessidade e adequação), as disposições respeitantes no texto constitucional inclusive, sem se perder no canto da(s) sereia(s) que aparece(m) a cada comenos, das mais variadas formas, há entender/não olvidar/não relegar ao olvívio e muito menos olimpicamente ignorar, essa realidade que se fez/faz presente em nossa formação; poder-se-á mesmo asseverar que existe/paira sobre nosso País, tal qual se dá em vários outros, um espírito ou atmosfera de colonialidade, herdeira/sucessora do colonialismo, do mesmo modo que há em outros domínios, como *verbi gratia*, o da moda, do que dá conta, à sua maneira, o afamado costureiro Christian Dior, quando diz e sentencia:[81] "*Há uma mensagem da moda no ar. E se nos dermos o trabalho de procurar, ela aparece, se não como óbvia, ao menos como explícita*", e lembremos que o eminente lente José Afonso da Silva fala que, aquando da interpretação, há buscar a compreensão de seu espírito:

> "A hermenêutica do espírito procura a ideia fundante, a concepção básica que encontra sua expressão ou incorporação na Constituição. É nessa con-

80 DONNICI, Virgílio Luiz. *A criminalidade no Brasil (meio milênio de repressão)*. Rio de Janeiro: Forense, 1984, p. 71.

81 DIOR, Christian. *Conferências escritas por Christian Dior para a Sorbonne, 1955-1957*. São Paulo: Martins Fontes, 2011, p. 21.

cepção básica, por detrás da multiplicidade das normas constitucionais, que descobrimos a unidade de seu sentido".[82, 83, 84]

Avanço mesmo para afirmar que, a não ser assim, não se atingirá o que desenhou o legislador constituinte para a proteção/atenção daquele que moureja e que vive do seu "trabalho na condição de empregado", mesmo porque:

> "*Em uma sociedade que se desenvolveu e mantém suas relações de acordo com a vida colonial, duas perspectivas se colocam diante do Direito: a manutenção da ordem vigente, conciliando elementos do atraso e do progresso, sem permitir um desenvolvimento pleno e reforçando desigualdades, ou ser um instrumento de garantia dos direitos fundamentais e sociais conquistados ao longo da história e assumir um lado pela superação dos elementos coloniais. Mesmo nesta segunda hipótese, o Direito é ainda limitado, de modo que não se pode depositar nele a perspectiva de superação de todas as contradições sociais*",[85] mas terá cumprido sua parte e/ou fazendo o que lhe cabe, o que não é pouco, ao reverso, o que dele se pode/deve esperar, até para se justificar na respeitante sociedade! Com efeito, há um norte a seguir, traçado pela Carta Política: "*A Constituição Federal aponta politicamente para um horizonte de objetivos que não deve quedar em utopismo, pois está juridicamente positivado, de modo que a sua satisfação possa ser reivindicada pelos jurisdicionados e a plenitude de sua eficácia*

---

82 SILVA, José Afonso da Silva. *Comentário contextual à Constituição*, 9ª ed. São Paulo: Malheiros, 2014, p. 18.

83 Kazuo Watanabe, entre outros, também segue esse ensinamento, o que anima ainda mais a tese. Leia-se: "Esse alcance do princípio da proteção judiciária decorre da hermenêutica do espírito da Constituição, que, no magistério de José Afonso da Silva, 'procura a ideia fundante, a concepção básica que encontra sua expressão ou incorporação na Constituição' e 'é nessa concepção básica, por detrás da multiplicidade das normas constitucionais, que descobrimos a unidade do seu sentido". WATANABE, Kazuo. "Fundamentos constitucionais da solução pacífica das controvérsias: Mediação, conciliação e negociação". *In*: BIANCHI, José Flávio; PINHEIRO, Rodrigo Gomes de Mendonça e ALVIM, Teresa Arruda (org.). *Jurisdição e direito privado*: Estudos em homenagem aos 20 anos da Ministra Nancy Andrighy no STJ. São Paulo: Revista dos Tribunais, 2020, p. 421.

84 Ainda quanto ao aspecto ora em foco, embora atinente ao que se tornaria o novo Código Civil, leia-se, de Miguel Reale: "[...] o que importa numa codificação é o seu espírito; é um conjunto de ideias fundamentais em torno das quais as normas se entrelaçam, se ordenam e se sistematizam". USTÁRROZ, Daniel. "O solidarismo no direito contratual brasileiro". *In*: MARQUES, Cláudia Lima (org.). *Dialogo das fontes*: do conflito à coordenação de normas no direito brasileiro. São Paulo: Revista dos Tribunais, 2012, p. 261.

85 SILVA, James Hermínio Porto da. "Colonialismo e Estado de Exceção". *In*: LOPES, Anderson Bezerra; FONSECA, Eduardo Samoel; MEIRELLES, João Victor Esteves; PACHANI, Leandro; MAGANE, Renata Possi e ABIB Sea (org.). *Democracia e crise, um olhar interdisciplinar na construção de perspectivas para o Estado brasileiro* – Estudos em homenagem ao Professor Pedro Estevam Alves Pinto Serrano. São Paulo/MG: Autonomia Literária, 2020, p. 211. Algumas linhas antes, esse notável jurista havia já observado que: "*Novas perspectivas de desenvolvimento do constitucionalismo se abrem quando se tem a dimensão real dos problemas de uma sociedade, tendo em vista que o Direito, tal como nas relações sociais que lhe dão suporte, está em constante movimento*". Idem. Ibidem, pp. 206-207.

> *ser reconhecida pelo judiciário a fim de determinar ou interditar atos de agentes públicos, quando estes se conduzirem contrariamente aos limites legais.* A via colonial só leva para o caminho contrário a esse horizonte de *[art. 3º, caput, CF/88]* 'objetivos fundamentais da República."[86] (Grifei)

Passando, agora, a cuidar das medidas de exceção, para tanto e à saída, cabe consignar que, hodiernamente, por razões várias, no concerto das nações pode não ser interessante, ao menos até certo ponto, para determinada visão de mundo, com forte peso, e pela reprovação certamente resultante disso, com possíveis repercussões até econômicas (dentro de certos limites), apresentar-se e/ou ser tido/considerado como sendo/vivendo um Estado de Exceção, em alguns casos, e em outros porque não se quer mesmo vestir esse modelo, por isso que, melhor e/ou mais palatável e "melhor compreendido", para algumas vozes, valer-se de medidas de exceção, por serem, digamos assim, mais "pontuais", e por isso mesmo, com mais possibilidades de apoio dos meios de comunicação, e assim de serem repetidas o quanto se entender necessário e conveniente, de ceder o passo, novamente e nesse momento, para James Hermínio Porto da Silva, que dilucida:[87]

> "A vigência de uma Constituição Federal não é sinônimo de existência de uma ordem constitucional que faça frente a exceção... pois '[...] no século XXI, o Estado de exceção muda de natureza. Não há mais a interrupção do Estado democrático para a instauração de um Estado de Exceção, mas a inserção dos mecanismos do autoritarismo típicos de exceção no interior da rotina democrática, como uma verdadeira técnica de governo – frise-se."

Desse sentir não discrepa Rômulo Monteiro Gazillo, ao afirmar, *verbis*:[88]

---

86 SILVA, James Hermínio Porto da. "Colonialismo e Estado de Exceção". *In*: LOPES, Anderson Bezerra; FONSECA, Eduardo Samoel; MEIRELLES, João Victor Esteves; PACHANI, Leandro; MAGANE, Renata Possi e ABIB Sea (org.). *Democracia e crise, um olhar interdisciplinar na construção de perspectivas para o Estado brasileiro* – Estudos em homenagem ao Professor Pedro Estevam Alves Pinto Serrano. São Paulo/MG: Autonomia Literária, 2020, p. 210. Adiciona esse autor: "Compreendemos que, dentre as instituições públicas existentes, o Judiciário tem a enorme responsabilidade de aplicar o Direito dentro de uma perspectiva pós-colonial." (negritado). Idem. Ibidem, p. 211.

87 SILVA, James Hermínio Porto da. "Colonialismo e Estado de Exceção". *In*: LOPES, Anderson Bezerra; FONSECA, Eduardo Samoel; MEIRELLES, João Victor Esteves; PACHANI, Leandro; MAGANE, Renata Possi e ABIB Sea (org.). *Democracia e crise, um olhar interdisciplinar na construção de perspectivas para o Estado brasileiro* – Estudos em homenagem ao Professor Pedro Estevam Alves Pinto Serrano. São Paulo/MG: Autonomia Literária, 2020, p. 209.

88 GAZILLO, Rômulo Monteiro. "Pedro Serrano e as medidas de exceção na modernidade periférica: sistematização dos elementos conceituais". *In*: LOPES, Anderson Bezerra; FONSECA, Eduardo Samoel; MEIRELLES, João Victor Esteves; PACHANI, Leandro; MAGANE, Renata Possi e ABIB Sea (org.). *Democracia e crise, um olhar interdisciplinar na construção de perspectivas para o Estado brasileiro* –

> "As medidas de exceção, ao contrário dos estados de exceção, comuns no século XX, não se manifestam a partir de um ato centralizado visível de suspensão total das normas constitucionais – como, por exemplo, o AI-5 no Brasil. Isso porque, e característica das medidas de exceção sua incidência mediante um conjunto harmônico de decisões singulares inconstitucionais. Embora essas decisões sejam isoladas entre si – e daí vem o termo medida de exceção ao invés de Estado de Exceção – formam, quando proferidas em coesão, aquilo que Ferrajoli chama de uma patologia do sistema constitucional";[89]

pelas mesmas águas singra o culto Pedro Estevam Alves Pinto Serrano, como se pode notar, quando diz:

> "No século XXI, o Estado de exceção muda de natureza. Não há mais a interrupção do Estado democrático para a instauração de um Estado de exceção, mas a inserção dos mecanismos do autoritarismo típicos de exceção no interior da rotina democrática, como uma verdadeira técnica de governo – frise-se."[90]

A pena de dois ilustríssimos pensadores não pode, nesse ponto, deixar de ser mencionada, uma, a de Walter Benjamin, para quem, "*A tradição dos oprimidos nos ensina que 'o estado de exceção' em que vivemos é na verdade a regra geral*", [91] embora "oprimidos" sugira um conceito mais abrangente, estou em que os trabalhadores, aos quais nossa atenção aqui se volta, estão nele inseridos, mesmo porque, basta olhar as alterações na legislação, tanto trabalhista, quanto previdenciária, para ver quantas medidas de exceção às relações de trabalho se voltam! E uma

---

Estudos em homenagem ao Professor Pedro Estevam Alves Pinto Serrano. São Paulo/MG: Autonomia Literária, 2020, p. 364.

89 Vale a transcrição do excerto de Luigi Ferrajoli, mencionado na lição reproduzida, lembrando que se trata da Itália, para evitar alguma confusão: "O paradigma da democracia constitucional até aqui delineado é um modelo normativo caracterizado, em razão das inevitáveis lacunas e antinomias, por um grau mais ou menos elevado de inefetividade e ilegitimidade... Certo grau de inefetividade e de ilegitimidade é, contudo inevitável e, portanto, fisiológico em qualquer democracia constitucional. [...] Além de certo limite, todavia, o grau de inefetividade do paradigma constitucional pode tornar-se patológico. É o que está ocorrendo na Itália, onde o processo de desconstitucionalização do sistema político manifestou-se em um longo elenco de violações da carta constitucional... a redução das garantias jurisdicionais dos direitos dos trabalhadores... E ainda os cortes na despesa pública relativamente à saúde e à educação, a agressão aos sindicatos, a precarização do trabalho e, portanto, das condições de vida de milhões de pessoas". FERRAJOLI, Luigi. *Poderes selvagens – A crise da democracia italiana*. São Paulo: Saraiva, 2014, pp. 29-30.

90 SERRANO, Pedro Estevam Alves Pinto. *Autoritarismo e golpes na América Latina* – Breve ensaio sobre jurisdição e exceção. São Paulo: Alameda, 2016, p. 168.

91 BENJAMIN, Walter. *Magia e técnica, arte e política*, 3ª ed. São Paulo: Brasiliense, 1987, p. 226.

vez voltadas as vistas a essas alterações, que venho de mencionar, a advertência de Giorgio Agamben não pode ser obnubilada, e vai no sentido de que o estado de exceção "*se apresenta cada vez mais como uma técnica de governo*". [92]

Denival Francisco da Silva, tendo em conta o enfoque penal, mas que bem pode ser estendido a outros ramos do Direito, como o que aqui nos interessa, o do trabalho, manifesta forte preocupação com o fato de que "*O agigantamento do Estado punitivo tem sido uma constante, a tal ponto que até mesmo as garantias e direitos fundamentais, obra de fortes resistências e lutas políticas, têm sofrido sensíveis violações. Isso tudo tem ocorrido num ambiente de normalidade institucional e sob a égide da Constituição cidadã, ainda que ao seu arrepio. Esse fato torna-se mais grave e preocupante, porque os princípios fundamentais vão sendo corroídos como parte de um processo natural e de aparente aceno democrático*",[93] de indagar, não é esse o "mais indicado"/"mais utilizado" meio de atuação/prática das medidas de exceção, transpira-se ares de normalidade, sem se dar conta de que há na atmosfera algo que pode afetar os pulmões, fazendo mal ao organismo social (designadamente, aqui, os trabalhadores)?

Com as medidas de exceção, por vias transversas, embora, às vezes, nem tanto, pois a atual fragilidade da classe obreira permite "maiores liberdades", se vão restringindo direitos dos que vivem do seu trabalho na condição de empregados, alguns de estatura constitucional, "esvaziando" a Carta Política, sob os aspectos material e prático, do seu arcabouço de proteção aos trabalhadores e da centralidade que confere ao trabalho; enxergando nas medidas de exceção um autoritarismo líquido, observa Rômulo Monteiro Garzillo, o que bem veste as considerações anteriores, de Walter Benjamin e Giorgio Agamben, que, *litera ad literam*:[94]

> "O outro elemento que compõe o autoritarismo líquido é o esvaziamento material normativo das medidas de exceção. Esse elemento atine à capacidade que as medidas de exceção têm de se camuflarem no interior do sistema democrático. Isso porque, embora essas medidas sejam legais em sentido formal,

---

92 AGAMBEN, Giorgio. *Estado de Exceção*. Lisboa: Edições 70, 2010, p. 19.

93 SILVA, Denival Francisco da. "Apresentação". *In*: BIZZOTTO, Alexandre; SILVA, Denival Francisco da e OLIVEIRA, Tiago Felipe de. *Quotidianus*: a criminalização nossa de cada dia. São Paulo: Intelecto Editora, 2016, p. X.

94 GAZILLO, Rômulo Monteiro. "Pedro Serrano e as medidas de exceção na modernidade periférica: sistematização dos elementos conceituais". *In*: LOPES, Anderson Bezerra; FONSECA, Eduardo Samoel; MEIRELLES, João Victor Esteves; PACHANI, Leandro; MAGANE, Renata Possi e ABIB Sea (org.). *Democracia e crise, um olhar interdisciplinar na construção de perspectivas para o Estado brasileiro* – Estudos em homenagem ao Professor Pedro Estevam Alves Pinto Serrano. São Paulo/MG: Autonomia Literária, 2020, p. 365.

> sua essência autoritária – de suspensão às normas constitucionais – encontra-se no ventre de seu conteúdo materialmente ilegal. É por isso que Serrano as descreve como 'medidas de exceção no interior da democracia', no sentido de que, embora materialmente arbitrárias, tais medidas não necessitam romper com a ordem democrática formalmente estabelecida".[95]

Interessante ver de ensinamento do internacionalmente conhecido (e merecidamente) jurista argentino Eugenio Raúl Zaffaroni, sua lição acerca da "*distinção romana entre o* inimicus *e o* hostis, *mediante a qual o* inimicus *era o inimigo pessoal, ao passo que o verdadeiro inimigo político seria o* hostis, *em relação ao qual é sempre colocada a possibilidade de guerra como negação absoluta do outro ser ou realização extrema da hostilidade. O estrangeiro, o estranho, o inimigo, o* hostis *era quem carecia de direitos em termos absolutos, quem estava fora da comunidade*",[96] guardadas as devidas proporções e feitas as adaptações necessárias, para um tempo em que certos discursos devem conter um tempero de atenção/consideração às pessoas e daí com um verniz para "cobrir" certas camadas, digo, práticas que contêm o que se pretende, em função desse modo de pensar, parece que ou se está querendo que, ao menos sob certa perspectiva, que diz com a realização econômica e continuidade da vida e saúde das empresas e, por extensão, progresso do País, ao trabalhador, mais vulnerável e em larguíssima medida falto de recursos, que não seu próprio ser, para sua sobrevivência, seja impingido o trato de inimigo!!! Repiso, para que fique bem claro e espancar possíveis mal-entendidos, não se trata/equivale, em coincidência total, com o inimigo romano, mas, sim, sob certa visão, poucas palavras atrás mencionada, que a colonialidade favorece, recebe/se quer que receba olhar severo e que leve a restrições e que por isso, conquanto não tendo integralmente suspensos seus direitos (o que não se sustentaria, ao menos no momento histórico em que se vive), tem-nos, ainda que sutilmente, com elaborado engenho, em algumas situações, mas nem sempre/não em todas, diminuídos (e quanto!), quando não retirados, ignorando-se as lutas e sangue derramados nas páginas da história dos povos para serem reconhecidos, sem que motivos e/ou substituição por outros que mantivessem os níveis de centralidade constitucionalmente reconhecidos ao trabalho pela Magna Carta fossem con-

---

95 Como observa Pedro Estevam Alves Pinto Serrano: "As medidas de exceção atingem grande parte da população, como um verdadeiro 'modus operandi' político". SERRANO, Pedro Estevam Alves Pinto. *Autoritarismo e golpes na América Latina* – Breve ensaio sobre jurisdição e exceção. São Paulo: Alameda, 2016, p. 107, acrescentando que "Como não há negar a legitimidade axiológica dos direitos fundamentais, reconhecidos a partir das conquistas e lutas das revoluções burguesas e dos movimentos sociais que os ampliaram, é preciso suspendê-los, ao invés de declará-los extintos". Idem. Ibidem, p. 166.

96 ZAFFARONI, Eugenio Raúl. *O inimigo no Direito Penal*, 3ª ed. Rio de Janeiro: Revan, 2011, p. 22.

sistentemente oferecidos.[97] Declaro, de já, que alegações, como modernização das relações de trabalho, lançadas "meio soltas", não convencem, pois estou em que, para adquirirem alguma consistência, hão de proceder a uma distinção, a saber, entre a modernização dos meios de e para a realização dos trabalhos, que a tecnologia, irrecusavelmente, tanto propicia, da assimetria que sempre caracterizou uma relação de emprego, com a (normalmente gritante) dependência do obreiro para com/em relação ao seu dador de serviço, mesmo porque, se por modernização se abarca também esse ponto específico (e central), como se justificar/falar em modernização, quando uma das partes envolvidas nessa relação, e justamente a mais vulnerável, está ainda mais fragilizada e com possibilidades de que essa fragilidade vá se acentuando cada vez mais e a passos largos? Também não empresta vigor a alguma suposta demonstração, esgrimir-se com um ou outro dispositivo legal, de forma isolada, sem atender ao seu conjunto, que leve ao seu espírito (atrás já aludido, com base na lição do professor José Afonso da Silva) para sustentar que a lei é que determina essa ou aquela conduta, pois, da mesma maneira que uma palavra, retirada do seu contexto, pode enlouquecer,[98] um dispositivo legal, examinado fora do seu contexto e sem atenção ao espírito da Constituição, que cumpre ser sempre observado, também pode "variar"! Além disso, monto praça na ideia de que não pode corresponder aos fins que justificam a existência do Direito do Trabalho interpretações/aplicações que resultem em deixar o trabalhador mais vulnerável do que só o sê-lo já o deixa, mais desamparado pelo ordenamento, o que, por óbvio, não se aplica aos casos

---

97 Acaso se repute meio (ou totalmente) forte o emprego, aqui, do vocábulo inimigo, ainda que com as adaptações a que me referi, que lhe reduzem, acentuadamente, o alcance de sua significação, poder-se-á optar/preferir/acolher/pensar na distinção feita pelo afamado professor Roberto Da Matta, que diferencia indivíduo de pessoa, assim se expressando:

"No Brasil, distinguimos 'indivíduo' e 'pessoa'. Para nós, a palavra 'indivíduo' traz à mente a imagem negativa de um ser isolado, desorientado, perdido. Individualizar – tornar indivisível – significa enfraquecer. Nossos heróis não são indivíduos isolados, mas 'pessoas' que lideram grupos, times, bandos, partidos, famílias, cidades e até mesmo o país (...)

Mas quando nos referimos a alguém como 'indivíduo' estamos no limite da ofensa, porque o situamos fora dos limites das nossas relações...

São 'indivíduos os pretos, os índios, os meninos de rua, os imigrantes, os pobres, os abandonados e os 'desviantes' em geral. Nossos empregados, muitas vezes conhecidos apenas pelo apelido derrogatório ou pelo primeiro nome, são 'indivíduos" (no original não há negrito). DA MATTA , Roberto. *Torre de Babel*. Rio de Janeiro: Rocco, 1996, p. 51.

"Inimigo" ou "indivíduo", aqui, conduzem, de todo modo, aos que são vistos de uma maneira diferente, com repercussões desfavoráveis e/ou restritivas, ou tentativa de, relativamente aos seus direitos.

98 Como adverte, em nota de rodapé, com amparo em Chesterton e Moncada, o à época Juiz de Direito Vassanta Porobo Tambá, "É que as palavras e ideias, desligadas do seu contexto, por vezes 'enlouquecem' – Chesterton apud C. De Moncada", C.Vassanta Porobo, "A Jurisprudência – Seu Sentido e Limites – I Do problema da 'injustiça' da lei e da 'certeza' do direito", Livraria Almedina, Coimbra, 1971, página 19, ou seja, um dispositivo legal, examinado fora do seu contexto e sem atenção ao espírito da Constituição, pode "enlouquecer" também!

em que tenha este cometido/praticado algo que aquele não tolere/repudie, sancione ou postule algo que não contemple/não regule/não estipule/proíba.

Após discorrer sobre a figura do inimigo, tendo, a certa altura asseverado que "*Por essas razões afirmamos que o Estado de Exceção e a fabricação de inimigos são, nesta nova roupagem assumida principalmente a partir do século XXI, instrumentos políticos de contenção democrática e de avanços sociais*",[99,100] o professor Pedro Estevam Alves Pinto Serrano acaba por afirmar: "*Esse fenômeno se justifica na medida em que o inimigo a ser combatido e que ameaça a sociedade não se identifica mais com a figura do comunista das ditaduras militares, por exemplo, que estava disperso por toda sociedade e sem identidade física específica, mas sim com a figura do bandido, impreterivelmente associado com uma condição social de pobreza. O inimigo das sociedades menos desenvolvidas do ocidente, sobretudo na América Latina, é o pobre*".[101] Aporofobia! Isso declaradamente, mas, ao ver/ouvir/ler certas declarações/posições defendidas, poder-se-á lobrigar que, para alguns, também o empregado é um inimigo?! Pois, não leva a incluir o trabalhador mais vulnerável, o qual, além de "atender" ao quesito pobreza, ainda tem seus braços, seu trabalho a oferecer? Olha mais um reflexo da colonialidade aqui!

Talvez essa rude (insensível?!) postura para com os trabalhadores seja decorrência e/ou especificação de uma realidade/drama maior, de uma nova, ou não tão nova, mas agora mais visivelmente assumida fobia, que se junta às tantas já existentes (e todas igualmente absurdas e altamente censuráveis), como xenofobia, homofobia, aversão aos islâmicos, aversão aos judeus, aos cristãos,[102] a A-P-O-

---

99 SERRANO, Pedro Estevam Alves Pinto. *Autoritarismo e golpes na América Latina* – Breve ensaio sobre jurisdição e exceção. São Paulo: Alameda, 2016, p. 146.

100 Antes, esse ilustrado jurista havia já feito o seguinte asserto: "*Nas ditaduras e Estados de Exceção, há um Estado autoritário claro, um Estado de polícia inequívoco, um poder político exercido de forma bruta – a exemplo dos regimes nazifascistas das ditaduras da América Latina, em que os direitos dos cidadãos foram suspensos a pretexto de se combater o inimigo e preservar a sobrevivência da sociedade e do Estado –, cujas marcas são identificáveis inequivocamente. Muito mais difícil, no entanto, é identificar medidas de exceção e Estado de polícia funcionando dentro dos Estados democráticos, mas elas seguramente existem*". Idem. Ibidem, p. 145.

101 SERRANO, Pedro Estevam Alves Pinto. *Autoritarismo e golpes na América Latina* – Breve ensaio sobre jurisdição e exceção. São Paulo: Alameda, 2016, pp. 150-151.

102 Diz a ilustre professora Adela Cortina: "*Sem dúvidas, existem a xenofobia e o racismo, o receio perante o estrangeiro, perante as pessoas de outras raças, etnia e cultura, a prevenção frente ao diferente. Infelizmente, sua realidade está mais do que comprovada com dados, assim como existem a misoginia, a cristianofobia, a islamofobia ou a homofobia. Ainda que algumas pessoas se queixem de que, na vida cotidiana, falamos em excesso sobre fobias, é certo que, infelizmente, existem e são patologias sociais que precisam de diagnóstico e terapia, porque acabar com essas fobias é uma exigência do respeito, não à 'dignidade da pessoa humana', uma abstração sem rosto visível, mas às pessoas concretas, que são as que têm dignidade e não um simples preço*". CORTINA, Adela. *Aporofobia – A aversão ao pobre* – Um desafio para a democracia. São Paulo: Contracorrente, 2020, pp. 18-19.

-R-O-F-O-B-I-A, a aversão ao pobre, ao desamparado, que a professora Adela Cortina bem descortina, donde o interesse em conhecer o que diz a respeito:

> "O problema não é, então, a raça, a etnia e nem mesmo o estrangeiro. O problema é a pobreza. O mais impressionante nesse caso é que há muitos racistas e xenófobos, mas quase todos são aporófobos.
>
> É o pobre, o áporos que incomoda, inclusive o da própria família, porque se considera o parente pobre como uma vergonha que convém deixar de lado, ao passo que é um prazer ter o parente triunfante, bem situado no mundo acadêmico, político, artístico ou no de negócios. É a fobia do pobre que leva à rejeição às pessoas, raças e etnias que habitualmente não têm recursos e, portanto, não podem oferecer nada ou parecem não poder fazê-lo.
>
> [...]
>
> Convencida de que não se rejeita tanto os estrangeiros quanto os pobres, busquei em meu dicionário grego dos tempos do bacharelado um termo para designar o pobre, o sem recursos, e encontrei o vocábulo áporos. Contando com ele, me permiti construir o termo 'aporofobia', por analogia com 'xenofobia' e com 'homofobia."[103]

Bem de ver, que não só por aqui esses sucessos se verificam, mas em nosso continente, há a agravante da colonialidade, a ponto de, tendo em vista o que está acontecendo nas relações de trabalho, possível inferir que a aporofobia também chegou e/ou atinge aos trabalhadores, alcançando, como era de se esperar, os sindicatos também, de modo que se quisermos uma subdivisão da aporofobia, "especializando-a" para o nosso meio, poderíamos falar em trabalhadorfobia e sindicatofobia, e se somados, teríamos: trabalhadorfobia + sindicatofobia = direitodotrabalhofobia! Isso é preocupante!

Tudo isso, essas circunstâncias todas, pesando, esmagadoramente, sobre os ombros dos trabalhadores, só podem ser, já não digo integralmente retiradas, mas substancialmente diminuídas, pela atuação decidida/determinada/deliberada do Estado que, para empregar um vocábulo muito utilizado ultimamente, mormente por conta das relações de consumo e do direito do consumidor, está "*superendividado*", nesse ponto, com a classe trabalhadora, e demais segmentos que podem e mesmo devem fazê-lo, o que não significa ignorar as necessidades/dificuldades/interesses empresariais, apenas um pungente reconhecimento de que os trabalha-

103 Idem. Ibidem, pp. 26-27.

dores brasileiros, bem como, em geral, os da América do Sul, estão numa situação de *hipossuficiência "qualificada"*, o que não pode deixar de ser tido em linha de consideração, por ocasião de atividade legislativa, e também ao ensejo da interpretação do resultado da dita atividade,[104] bem como de tudo o mais que diga com a relação de emprego, sob pena de se ter uma caricatura de legislação trabalhista e, outrossim, de interpretação, na seara do Direito, do quanto se refira, como dito, a um vínculo empregatício, com que não se alcançará a (presumivelmente) tão desejada harmonia na relação capital/trabalho, com enorme repercussão na paz social e criação de ambiente favorável ao desenvolvimento das empresas e, como corolário, o progresso nacional. Renova-se, como sempre se dá, diante desse quadro – e de tantos outros – a necessidade e a força do princípio protetor, revigorado pelas "técnicas" atuais, empregadas para restringir, em alguns casos, retirar em outros, os direitos dos trabalhadores.

Finalizo, meu paciente amigo, com a seguinte indagação: Deve-se interpretar o direito de acordo com a realidade, certo, mas... a vivida efetivamente, ou a que se desenha/interessa/pretende impor, querendo que se pense sê-la, sem atenção para que seja realmente?

---

104 Como observou Roger Plant, em artigo inserto em obra coletiva há pouco mais de duas décadas, quando consultor independente, ex-chefe da Área Socioeconômica e assessor para Assuntos Indígenas da Missão Guatemalteca das Nações Unidas, embora com as vistas voltadas para o meio rural, mas em asserto que comporta/pede mesmo uma maior abrangência, *"A 'função social da propriedade' era um aspecto chave do constitucionalismo social da América Latina. Desse modo, uma parte importante da tradição legal recente da América Latina tem sido que a lei pode ser um instrumento de justiça social, afetando a redistribuição da riqueza e dos bens de acordo com a necessidade social. Isso não significa que a lei será implementada a favor dos pobres. Em muitos casos ocorreu o inverso, em consequência do conservadorismo básico dos juízes locais e de outros funcionários responsáveis pelo cumprimento das leis, e suas alianças típicas com as oligarquias agrárias"*. PLANT, Roger. "O Estado de Direito e os não-privilegiados na América Latina: Uma perspectiva rural".*In*: MÉNDEZ, Juan E., O'DONNEL, Guillermo e PINHEIRO, Paulo Sérgio (org.). *Democracia, violência e injustiça* – O não-Estado de Direito na América Latina. São Paulo: Paz e Terra, 2000, p. 109; certamente, não haveremos de querer, nós outros, operadores do Direito do Trabalho, passados tantos lustros, ser vistos como foram os da época em que escrito o aludido artigo, em visão que o autor não tinha em alta conta, como facilmente se percebe do texto, vestindo um "conservadorismo básico", em desarmonia com o que se espera de um ramo do Direito do qual a vida em sociedade, a vida vivida mesmo, tanta confiança depositou e tanto espera, como também a Magna Carta espera, como se vê da centralidade conferida ao trabalho e dos direitos fundamentais sociais aos trabalhadores conferidos.

III - *Compliance* no desporto

Para os menos avisados...

"A humanidade é constituída por uma massa humana desejosa (inconscientemente) de corromper e estragar tudo, principalmente a existência – mesmo que seja a própria. É por essa razão que os pesquisadores falam que a humanidade solta é perigosa, porém, de nada adianta organizar um sistema às vezes violento de repressão (como nas ditaduras), pois essa atitude impede que se veja o motivo de tanta devastação. Estou dizendo que o único caminho para impedir a destruição deste planeta é o conhecimento de tal corrupção [...] Se eu minto, se não falo a verdade, ou me omito, estou me corrompendo, e quanto mais ajo assim, mais e mais deterioro a mente, o corpo e o meio ambiente em que vivo. [...] Você quer ser admirado desde a infância, passando pela adolescência, mocidade, maturidade, e chegando à velhice dotado de uma 'aura' de homem esperto? Seja então bem corrupto, deteriorado e decomposto – mas sempre usando uma enorme máscara de credibilidade. Você será sempre detestado e todos irão com prazer ao seu enterro – mas deixará uma aura de corrupção que jamais lhe será tirada".[105]

O *compliance* está no ar![106] Por isso, não será um exagero e/ou equívoco asseverar que o *compliance* está na moda! A respeito, assim se expressa Giovani

105 "A corrupção dá muita glória e principalmente o perecimento total (Psicofísico) – Extraído do livro: A libertação pelo conhecimento, de Norberto Keppe", apud Revista O Pensamento, ano 107, nº 2, mar/abr 2015, p. 11.

106 Recorro a essa forma de me expressar, por reputar interessante e bem colocada a explicação dada pelo famoso costureiro Christian Dior, para esclarecer por que, apesar dos cuidados dos costureiros, na criação, em sigilo, de novos modelos, há semelhanças entre as diversas criações; disse ele então: "Mudar de silhueta, para o costureiro, é uma questão delicada. Ele tem de separar o que 'ainda agrada' daquilo que 'não agrada mais' e do que 'em breve agradará'. A moda nova está aí, nessa encruzilhada do mapa da ternura, e em mais nenhuma outra parte. Se fosse assim, como vocês explicariam o fato de que os costureiros, todos criando em sigilo absoluto, tenham tantos pontos em comum a cada

Agostini Saavedra[107]: "Compliance *virou moda. Não é exagero. De fato, essa área nova do conhecimento está se desenvolvendo a passos largos no Brasil. Porém, em que pese* Compliance *exista no Brasil desde a década de noventa, somente nos últimos dois anos ele passou a chamar a atenção da vida acadêmica e do mundo empresarial de forma mais consistente*".

Por muitas vozes, isso é asseverado como um alívio e/ou renovada esperança de que abusos inomináveis, ligados à corrupção, estejam, no sentido inverso, fora de moda, projetados para longe do cotidiano brasileiro, com o auxílio, dentre outros, do braço forte e da penetrante visão do *compliance*, o qual se tornaria/torna, portanto, de observância e prática indispensável!

Disse "projetado para longe"? Certamente que uma tal afirmação pode provocar incontidos acessos de riso/incredulidade, por parte de espíritos que entendem que a corrupção é algo crônico e indissoluvelmente ligado/incrustado no dia a dia de nosso País, como se em nossa terra, pelos mais diversos motivos, tivesse a corrupção nascido e encontrado solo fértil para o mais robusto e amplo desenvolvimento, a ponto de tornar inútil/ingênuo qualquer tentame de extirpá-la de nossos campos, da nossa vida, vaticinando que é eterna sua presença, tão arraigada e bem acolhida que sempre foi entre nós, afinal, não é pacífico e sempre alardeado o espírito acolhedor/hospitaleiro do brasileiro?

Realmente, o espírito acolhedor/hospitaleiro que nos caracteriza esteve/está presente na calorosa recepção dada à corrupção, fazendo-a sentir-se tão à vontade, que vicejou e se desenvolveu solidamente em nossos prados, mas não se pode, por conta disso, tê-la como algo já incrustado, de forma indelével, no espírito do brasileiro, o que traduziria/traduz uma visão reducionista, resignada e,

---

estação? Há uma mensagem da moda no ar. E se nos dermos ao trabalho de procurar, ela aparece, se não como óbvia, ao menos como explícita". Christian Dior, Conferências escritas por Christian Dior para a Sorbonne, 1955-1957, Martins Fontes, 2011, p. 19-21 (há uma foto de um desenho à p. 20, por isso que "pula" da p. 19 para a 21). Assim não está se dando, hodiernamente, com o compliance, cabendo-nos, a todos, ver que as condutas reprováveis não agradam mais, e o que já agrada, o que está no ar e mais ainda agradará, quanto mais observado e for se densificando, uma conduta, uma postura/programa de integridade? E a respeito do vocábulo integridade esclarece Diogo Oliveira Guia, em nota de rodapé de nº 31, de artigo de sua lavra, que: "A palavra integridade evoluiu do adjectivo em latim 'integritate', querendo significar 'o facto de estar intacto, na totalidade; o todo; solidez (de espírito), estado são; inocência, honestidade, probidade; castidade, virtude; pureza, correcção (de linguagem)' – Dicionário Etimológico da Língua Portuguesa, de José Pedro Machado, Livros Horizonte (2003)", Diogo Oliveira Guia, "Apostas desportivas online – Regime jurídico do jogo online (RJO) & Manipulação de competições desportivas". Revista de Direito do Desporto, nº 1, AAFDL Editora, janeiro-abril/2019, p. 11.

107 SAAVEDRA, Giovani Agostini. "Panorama do compliance no Brasil: Avanços e novidades". In: NOHARA, Irene Patrícia e PEREIRA, Flávio de Leão Bastos (coord.). Governança, compliance e cidadania. São Paulo: Thomson Reuters Brasil, 2018, p. 36.

no limite, tíbia/conformada com a corrupção, quase a justificando/naturalizando, como prática, embora não elevada, em verdade censurável, mas tolerada!

Como disse o afamado Boris Fausto, acreditar na eternidade da corrupção em nosso País, invocando-se diversos argumentos para isso, e sem considerar inúmeros outros, gera que: "*Uma decorrência dessa perspectiva é o fatalismo que tende a acompanhá-la. Se esse e outros problemas graves do País estão inscritos no seu DNA, as possibilidades de superá-los seriam remotas, na melhor das hipóteses*".[108]

Bem é de ver que, semelhante sentir, leva a um olhar brando, resignado, que naturaliza a corrupção, como se fosse algo inseparável do brasileiro! Monto praça, entretanto, na convicção de que isso não é assim, o brasileiro não se "notabiliza"/ diferencia por um tal modo de ver a corrupção, isso não está no nosso DNA, sendo, isso sim, consequência de vicissitudes históricas – e não só sua, mas do nosso continente, visto sempre como fonte de riquezas, a serem extraídas/exploradas/levadas, sem quaisquer limites e/ou preocupações, e não como moradia de almas, de seres vivos, com menoscabo/desprezo e mesmo extermínio de culturas que tinham outra visão de mundo e que respeitavam, a seu modo, determinados e diferentes valores que foram sufocados –, e com o passar do tempo, novos ares, nem tão puros de pensamento e objetivos, atingiram nossos céus, da América do Sul, fazendo com que muitos de nossos maiores, como se deu, em maior ou menor medida em todo orbe, se curvassem a outros interesses, não recomendáveis, reprováveis mesmo, em que as vantagens pessoais contavam (*rectius*: contam) mais do que um comportamento probo e com atenção/respeito/consideração ao próximo: o importante passou então a ser "se sair bem! Lucrar", os meios, se legítimos ou não, isso não importava/importa! Tanto que leis, em diversos países, tidos como mais desenvolvidos inclusive, e tratados internacionais visando ao combate, duro/ severo e sem tréguas, à corrupção foram publicados, existem e são, na adoção e práticas de políticas sociais, dentre tantas outras, concertados; para "reforçar" o quanto venho de asseverar, de muito valor o que a seguir se reproduz: "*Inegavelmente a corrupção tem marcado a história da humanidade e comprometido, através dos tempos, a aplicação e a evolução do que se pode compreender como crescimento sustentável que exista de maneira pulverizada e em benefício de todas as esferas da vida humana.*

> [...]
>
> Com a Globalização econômica acirrada, principalmente nas últimas décadas do Século passado, a questão da corrupção tomou monta mundial, fazendo com que seus efeitos – atos de corrupção praticados em um

108 FAUSTO, Boris. "A corrupção na perspectiva histórica". O Estado de São Paulo, 19.7.2009, p. 42.

determinado País/Estado – se estendem [sic] a diversos Estados colocando em cheque a legitimidade de governos e pondo em risco a segurança de todo sistema financeiro e econômico mundial, como se viu na crise provocada pelo escândalo subprime.

[...]

A corrupção, deste modo, se constitui num fenômeno social que tem efeitos funestos sobre a Sociedade em geral. Quando sistêmica e não combatida, ela se impõe como um 'imposto a ser pago' tanto pelos agentes privados quanto pelos públicos na administração e no governo em geral, no comércio internacional, no recolhimento de impostos, dentre tantas outras.

Para combater os funestos aspectos da corrupção, nos últimos anos – diga-se, principalmente, a partir dos anos finais da primeira década do Século atual – medidas têm sido adotadas em nível mundial para assegurar que o mundo não seja novamente submergido numa grave crise devido à falta de ética e do comprometimento de corporações que tendo suas vistas entorpecidas pelo acúmulo de capital, abandonam a prática da boa governança seguindo os preceitos legais e as regras estabelecidas ao seu ramo de atuação que objetivam um ganho maior, pulverizado, e que garante a sua própria subsistência.

Assim, seguindo o preceituado no 10º Princípio do Pacto Global das Nações Unidas, as corporações mundiais têm sido levadas a implantação de programas de integridade – diga-se, Programa de Compliance – que coordena ações, numa efetiva melhora nas relações entre as empresas, governos e a sociedade civil no combate a corrupção e no seguimento das regras legais estabelecidas".[109, 110]

---

109 TOMAZ, Roberto Epifanio. "O que é compliance? Histórico, conceito e objetivos". In: TOMAZ, Roberto Epifanio (org.). Descomplicando o compliance. São Paulo: Tirant lo Blanch, 2018, p.19-21.

110 Por seu turno e nessa linha, afirma Irene Patrícia Nohara: "As ações no sentido de intensificar os mecanismos de combate à corrupção no Brasil são reflexos dos compromissos internacionais assumidos pelo país em convenções assinadas e incorporadas ao cenário nacional por meio de Decretos Presidenciais.

São convenções que contribuíram para fortalecer as medidas de combate à corrupção: (1) a Convenção sobre o Combate da Corrupção de Funcionários Públicos Estrangeiros em Transações Internacionais da OCDE (Organização para a Cooperação e Desenvolvimento Econômico), concluída em Paris no dia 17 de dezembro de 1997, ratificada em 24 de agosto de 2000 e promulgada pelo Decreto 3.678, de 30 de novembro de 2000; (2) a Convenção Interamericana contra a Corrupção, aprovada no âmbito da OEA (Organização dos Estados Americanos), firmada no dia 29 de março de 1996, em Caracas, e promulgada no Brasil pelo Decreto 4.410, de 7 de outubro de 2002; e (3) a Convenção das Nações Unidas contra a Corrupção, adotada pela Assembléia Geral das Nações Unidas, assinada pelo Brasil em 9 de dezembro de 2003 e promulgada pelo Decreto 5.687, de 31 de janeiro de 2006.

[...]

Também como reforço (ou consolo?), vale a transcrição do seguinte excerto: "*Aliás, nesse ponto deve-se ressaltar que não se trata apenas de questão exclusivamente brasileira, pois também outros países, inclusive desenvolvidos, criaram leis mais rígidas de combate à corrupção a partir de escândalos noticiados na mídia e que expuseram inúmeros agentes e integrantes de organizações em suas fraudes...*".[111,112]

Com o paulatino comprometimento internacional, o Brasil caminhou, portanto, rumo à criação de uma Lei Anticorrupção no Brasil, qual seja: a Lei 12.846/2013, regulamentada pelo Decreto 8.420, de 18 de março de 2015. Diferentemente da Lei de Improbidade Administrativa (Lei 8.429/1992), que se volta a punir o sujeito ativo ou o terceiro que induza ou concorra para o ato de improbidade, a Lei Anticorrupção, que pode ser considerada também um ganho significativo ao Sistema Brasileiro de Combate à Corrupção, aborda atos contra a administração praticados por pessoas jurídicas, daí porque também é conhecida como Lei Anticorrupção Empresarial.

A Lei foi inspirada na percepção da necessidade de se conjugar esforços não apenas do governo, mas sobretudo das empresas, para que houvesse a formação de um ambiente de integridade no relacionamento entre público e particular. Foi diploma em parte inspirado na existência do Foreign Corrupt Practices Act – FCPA dos Estados Unidos, de 1977, após as emendas do ano de 1998, em que as disposições antissuborno passaram a ser direcionadas a empresas e pessoas estrangeiras que causarem, direta ou por meio de seus agentes, ato de promoção de pagamento de corrupção dentro do território dos Estados Unidos". NOHARA, Irene Patrícia. "Lei Anticorrupção empresarial e *compliance*: um programa de *compliance* efetivo e cultura de integridade". *In*: NOHARA, Irene Patrícia e PEREIRA, Flávio de Leão Bastos (coord.). *Governança,* compliance *e cidadania*. São Paulo: RT/Thomson Reuters Brasil, 2018, p. 23-24. Vale, outrossim, no ponto, ver das palavras de Flavia Safadi Ubaldo: "*A celebração desses compromissos internacionais corrobora o argumento de que a corrupção não é um problema local, mas sim mundial*". UBALDO, Flavia Safadi. "Lei Anticorrupção: a importância do programa de *compliance* no cenário atual". *In*: PORTO, Vinicius e MARQUES, Jader (org.) *O* compliance *como instrumento de prevenção e combate à corrupção*. Porto Alegre: Livraria do Advogado, 2017, p. 120.

111 NOHARA, Irene Patrícia. "Lei Anticorrupção empresarial e compliance: Programa de compliance efetivo e cultura de integridade". In: NOHARA, Irene Patrícia e PEREIRA, Flávio de Leão Bastos (coord.). Governança, compliance e cidadania. São Paulo: Thomson Reuters Brasil, 2018, p. 32-33.

112 Ainda na linha do reforço (ou consolo?), de salientar que a Roma antiga se deparou e teve de enfrentar esse mal: "Como ficou patente, a periodização por nós adoptada demonstra de que forma o problema da corrupção foi encarado em Roma, e que procedimentos característicos, normas, mecanismos e instrumentos próprios estiveram na base daquilo a que chamamos Direito Romano da Corrupção.

Assim, sabemos que a luta contra a corrupção em Roma se inicia com a criação de tribunais ad hoc, *na discricionariedade do Senado, sem intenção de punir os infratores e fazendo-os apenas repetir o indevidamente obtido.*

Com a lex Calpurnia *estabeleceu-se o primeiro tribunal permanente, perante um júri, para o crime de* repetundae, *configurando a base legal sobre a qual se viriam elaborar as posteriores medidas de combate à corrupção, embora mantendo a natureza privada, pelo processo e pela sanção atribuída.*

O período que se seguiu, até às leges *de César Augusto, é um período de grande intensidade legislativa, em que os vários comportamentos que consubstanciavam corrupção, no sentido amplo, que temos vindo a adoptar, adquiriram natureza criminal, sendo-lhes atribuídas penas, mais ou menos severas, alterando-se o procedimento em tribunal, e definindo-se por lei que tipo de comportamentos correspondiam a esses ilícitos (a saber:* repetundae, ambitus, peculatus e falsum*). Podemos, assim, encontrar neste período de final da* res publica, *antecedentes de um verdadeiro princípio da legalidade.*

Esta tendência acaba por se inverter com o início do período imperial, que caracterizámos como 'fuga à tipicidade', embora se persista no combate à corrupção, alargando ao máximo os tipos e as categorias de crimen.

Note-se que a evolução de um 'Direito da Corrupção' antecede e acompanha a evolução do próprio Direito Penal Romano, apontando-se algumas das alterações na forma de lidar, processar e reagir a actos de

O que há, ao fim e ao cabo, é que a ganância, a vontade de se sair bem, de tirar vantagem de outro, de explorar, de lucrar, de poder, de mandar, de dominar, faz com que alguns espíritos, desde sempre, recorram a meios menores, desonrosos, à corrupção, ignorando os males que isso pode produzir (*rectius*: produz);[113] a corrupção não é, enfim, marca de um ou outro país e/ou povo, ela encontra campo para medrar em qualquer país e entre qualquer povo, embora, de acordo com certas condições, acabe por incidir, de forma mais acentuada, aqui ou acolá, o que se verifica mais em países menos desenvolvidos, por uma longa série de motivos que não cabe aqui tentar desfiar mais, pois o que está em sua essência são sentimentos/fraquezas do espírito humano, ao que se agrega, mais acentuadamente, em dadas épocas, determinadas visões do mundo e dos negócios, das relações entre os homens e entre empresas, chego mesmo a pensar que seja possível uma relação entre corrupção e valor que se confere à pessoa humana e sua dignidade, sendo inversamente proporcional: quanto menos valor se confere à pessoa humana, maior o campo que se desenha à atuação da corrupção, é dizer: menos peso à dignidade da pessoa humana, maior peso (podendo chegar à mórbida obesidade) da corrupção!

Há, destarte, que mudar a mentalidade, o modo de ver dos que agasalham em sua mente aqueles sentimentos apontados nas linhas transatas, e fazê-los enxergar a responsabilidade que carrega todo homem para com o outro, a alteridade, a convicção de que o humano de cada qual só se realiza no humano do outro (o *ubuntu* africano), e que a corrupção, ao provocar vantagens indevidas/ilícitas, deixa atrás de si um rastro de infrações/sofrimentos/injustiças/desequilíbrios que, se num primeiro e visível momento atingem as empresas, em visão maior, mais alargada, social e humana, corta rente as possibilidades de um viver melhor e mais digno das pessoas ligadas às empresas prejudicadas e, não raro, a toda uma coletividade, com a qual cada uma das empresas prejudicadas se relaciona!

De há um tempo já, esse olhar começa a ser mais penetrante, mais agudo, pois se entende que a corrupção prejudica as empresas que agem corretamente, que seguem as normas que lhe cabem observar, e daí decorrem vantagens indevidas/ilícitas para as que se valem da corrupção, e que isso prejudica não só o

---

corrupção como momentos no desenvolvimento (e autonomização) de autênticas normas de Direito penal, e um afastamento do Direito civil, que ainda hoje influencia o Direito privado por todo o mundo ocidental". MACHADO, Miguel da Câmara. *Meios de combate à corrupção no Direito Romano e na atualidade* – um regresso ao futuro. Lisboa: AAFDL Editora, 2018, p. 61; de indagar, seria/é lícito duvidar do quanto os antigos romanos tiveram de problemas com a corrupção, a qual desde sempre provoca preocupações e estragos em diferentes sociedades, em diversas épocas, bem atualmente inclusive?

113 Talvez o fruto do medo de existir e do fracasso, em algumas mentes, também levem a que se aceite a corrupção, é algo que outras áreas poderão melhor estabelecer...

mercado[114] (o que não é pouco, ao reverso, é para lá de muito, atento ao valor/peso/influência que o mercado possui no orbe nos dias atuais), mas também as empresas cumpridoras de suas obrigações, bem como todos os que com elas se relacionam, cujos efeitos se estendem à sociedade, o que, obviamente, como uma sociedade existe por conta e em função das pessoas que a compõem, se dá em prejuízo dessas mesmas pessoas, situação que, conquanto ainda a passos meio vagarosos, mas passando para mais rápidos e decididos, não se aceita mais, por conta da responsabilidade que as empresas possuem no mundo hodierno, como já referido, não valendo mais ter como objetivo único o lucro e o retorno aos seus titulares, sendo imperioso atuem em conformidade com as normas, princípios e valores que norteiam a sociedade em que se inserem, daí leis, contra lavagem de dinheiro/capitais e leis anticorrupção, no Brasil as Leis nº 9.613/1998 e 12.846/2013[115], e o Decreto nº 11.129/2022, de 12.07.2022, que altera sua regulamentação, e os tratados internacionais celebrados com esse fim, em relação aos quais o compliance avulta em relevância, para a consecução dos objetivos então visados. Vale lembrar que "*a corrupção passou a ser mais facilmente detectada na atualidade, o que gera na empresa a necessidade de estabelecer um sistema de integridade corporativa que tem por missão articular as seguintes áreas: auditoria, compliance, controles internos, ética empresarial e gestão de riscos*"[116].

Em verdade, ainda que se tenha que o "pontapé" inicial para que o Brasil adotasse, de maneira mais efetiva, medidas anticorrupção tenha vindo, o que já foi mencionado nas linhas transatas, de tratados internacionais dos quais o nosso País é signatário, o que leva e empresta consistência ao argumento de que tal não teria se dado por pensamentos mais sociais e elevados, há considerar que, conquanto isso não seja falso, havia já, entre nós, um sentimento de repulsa à corrupção, entre os homens comuns, em cujo seio, como é palmar, não estavam os que se benefi-

---

114 Argutamente, já foi observado e explica muito do interesse pelo *compliance*, que: "*Respeitar e cumprir a Lei são formas de assegurar a competição nos mercados, afastando-se as práticas anticompetitivas e de corrupção que distorcem o funcionamento do mercado e geram ineficiência, comprometendo o desenvolvimento socioeconomico. O mercado competitivo é, portanto, eficiente, promotor da equidade e do bem-estar social*". BAGNOLI, Vicente. "A efetividade do *compliance* para o combate à corrupção". In: NOHARA, Irene Patrícia e PERFEIRA, Flávio de Leão Bastos (coord.). *Governança,* compliance *e cidadania*. São Paulo: RT/Thomson Reuters Brasil, 2018, p. 78.

115 "A Lei Anticorrupção foi promulgada em 1º de agosto de 2013, quando o Brasil se viu pressionado externamente a aplicar os tratados internacionais contra a corrupção dos quais é signatário e internamente diante das investigações em 2013 desencadeadas com as construções para a Copa do Mundo", UBALDO, Flavia Safadi. "Lei Anticorrupção: a importância do programa de compliance no cenário atual". In: PORTO, Vinicius e MARQUES, Jader (org.). O compliance como instrumento de prevenção e combate à corrupção. Porto Alegre: Livraria do Advogado, 2017, p. 122.

116 NOHARA, Irene Patrícia. "Lei Anticorrupção empresarial e compliance: Programa de compliance efetivo e cultura de integridade". NOHARA, Irene Patrícia e PEREIRA, Flávio de Leão Bastos (coord.). Governança, compliance e cidadania. São Paulo: Thomson Reuters Brasil, 2018, p. 25.

ciavam do produto da corrupção, segmentos cujos componentes, como em outras plagas também existiam/existem, como também já aqui observado, têm outros menores e abomináveis interesses e objetivos que interditam quaisquer considerações/preocupações para com o próximo, com a sociedade e com o País!

O *compliance*, como disse, é fundamental para que os fins perseguidos com as iniciativas visando conter a corrupção conheçam êxito, bem assim a excelência, lisura e transparência na condução das mais variadas atividades, o que, fácil perceber, inclui o desporto, suas entidades de administração e as de prática esportiva.

Sob certo aspecto, vejo que o *compliance* também pode atuar/atua realmente em auxílio ao Estado, socorre-o mesmo, para que este consiga, melhor e mais largamente, cumprir suas múltiplas funções/atribuições, já que, de tão complexos o mundo atual e as relações travadas entre as pessoas/as relações empresariais, o mundo dos negócios, um Estado, "sozinho", sem o apoio e maior comprometimento da sociedade como um todo, mas de certos setores/segmentos mais especificamente, já não mais dá conta de olhá-las devidamente, de ver se as disposições legais estão sendo, efetiva e adequadamente cumpridas/observadas, se o "jogo limpo" das inúmeras atividades/negócios concertados em seus domínios seguem as pertinentes legislações e caso não estejam sendo, de exigir o seu cumprimento; assim visto, o *compliance* não deixa de ser um melancólico reconhecimento de que não há um efetivo cumprimento da legislação posta pelo Estado,[117,118] mas também um radioso e decisivo motivo a iluminar a esperança, não mais a convicção de que comece a ser integralmente cumprida (*rectius*: venha a sê-lo efetivamente!), para o que, desde logo, "conspira" a própria etimologia do vocábulo *compliance*.[119]

117 "A existência da Lei [Anticorrupção], por si só, já é sintoma de falha estatal: inexistindo a eficiência concreta no combate à corrupção, através da aplicação das leis – sobretudo as penais – já existentes, veio mais uma norma que facilita a punição estatal". PASOLD JÚNIOR, Cesar Luiz. "Corrupção: um dos pilares da insegurança jurídica no desenvolvimento empresarial nacional". In: PORTO, Vinicius e MARQUES, Jader (org.). O compliance como instrumento de prevenção e combate à corrupção. Porto Alegre: Livraria do Advogado, 2017, p. 102.

118 *Empresas, associações e sindicatos são fundamentais para a criação de um ambiente íntegro e competitivo. A compreensão de que a responsabilidade pela criação desse ambiente era apenas do Estado está hoje ultrapassada. Há um reconhecimento internacional de que a atuação das empresas e de outros agentes privados também é essencial para o desenvolvimento de mercados livres de más práticas, como a corrupção de autoridades públicas e formação de cartéis. Programas de* compliance *são instrumentos relevantes nesse contexto, pois permitem que agentes econômicos contribuam para o combate à corrupção e ao abuso do poder econômico".* UBALDO, Flavia Safadi. "Lei Anticorrupção: a importância do programa de *compliance* no cenário atual". *In*: PORTO, Vinicius e MARQUES, Jader Marques (org.). O compliance *como instrumento de prevenção e combate à corrupção*. Porto Alegre: Livraria do Advogado, 2017, p. 121-122.

119 "A palavra compliance vem do verbo inglês 'to comply', que significa 'cumprir, executar, satisfazer, realizar o que foi imposto, assim, compliance é estar em conformidade, consiste no dever de cumprir e fazer cumprir regulamentos internos e externos impostos às atividades de determinada instituição".

Não se desconhece que os ventos que o trazem, dizem que *compliance* é mais do que o mero cumprimento das leis, é a atuação/vontade de fazer melhor, buscando excelência/transparência e também perseguindo princípios e valores para além do cumprimento de leis,[120] desenho esse que não invalida, *permissa venia*, o asserto feito, de que, à raiz de seu surgimento, depois aperfeiçoado, até para levar a que fosse aceito de forma mais justificada, entusiasmada mesmo, tornando isso mais natural, estaria/está a deficiente observância do quadro de leis pertinentes, desrespeitado pelos que pretendessem/pretendem tirar proveitos/vantagens assim agindo, é dizer, em desacordo com a legislação existente e prejudicando outros,

---

BARBOSA, Narciso Fernandes. "A Importância do compliance na campanha eleitoral". In PORTO, Vinicius e MARQUES, Jader Marques (org.). O compliance como instrumento de prevenção e combate à corrupção. Porto Alegre: Livraria do Advogado, 2017, p. 24. Ainda: "A etimologia da palavra compliance deriva do verbo inglês to comply, que significa cumprir, executar, obedecer, observas, satisfazer o que lhe foi imposto. Sendo assim, compliance é o dever de cumprir, de estar em conformidade e fazer cumprir leis, diretrizes, regulamentos internos e externos, buscando mitigar o risco atrelado à reputação e o risco legal/regulatório". LIMA, Danielle Pinheiro Diógenes. "A evolução do compliance: de sistema de gestão empresarial a instituto jurídico". In: ARAUJO, Raul, NOBRE JUNIOR, Edilson Pereira e CARRÁ, Bruno Leonardo Câmara. Estudos sobre a administração pública e o combate à corrupção: Desafios em torno da Lei nº 12.846/2013. Conselho da Justiça Federal, Centro de Estudos Judiciários, 2018, p. 61. Fábio Ramazzini Bechara e Samara Schuch Bueno expõem que: "A palavra compliance tem origem da expressão inglesa to comply with, que significa 'agir de acordo com' a lei, normas, regulamentos e políticas internas de uma empresa. Portanto, uma política de compliance está diretamente relacionada com a construção de uma cultura empresarial ética e de conformidade, capaz de estimular todos os integrantes da organização a se comportarem corretamente, moralizando as práticas comerciais e cumprindo regras de forma habitual e natural". BECHARA, Fábio Ramazzini e BUENO, Samara Schuch . "Programas de compliance: Compartilhamento de informações entre investigação privada e oficial". In: NOHARA, Irene Patrícia e PEREIRA, Flávio de Leão Bastos (coord.). Governança, compliance e cidadania. São Paulo: RT/Thomson Reuters Brasil, 2018, p. 159-160.

120 Roberto Epifanio Tomaz explana que: "A abordagem etimológica conduz a origem do termo compliance ao verbo inglês to comply que significa, basicamente, agir de acordo com um comando ou uma regra, obediência a uma ação determinada. Segundo o Dicionário Inglês Oxford o verbo to comply deriva de termos utilizados no final do século XVI como do italiano complire, catalão complir, espanhol cumplir, do latim complere 'encher, atender', mais tarde toando sentido de 'cumprir os requisitos de cortesia, obedecer'.
A origem etimológica aponta, portanto, ao termo compliance *o sentido de realização de uma ação que siga determinado comando ou ordem. Ocorre, entretanto, que o ato de realizar uma ação de acordo com um determinado comando ou em obediência a uma determinada ordem não a liga, necessariamente, ao sentido ético ou legal, por essa razão o termo* compliance *teve que evoluir ao seu significado corporativo ou institucional que acabou por se tornar o significado mais usual.*
Corporativamente compliance *passou a identificar as ações, atitudes tomadas pela corporação, que são realizadas de acordo com as regras, éticas, legais e procedimentais, estabelecidas pela regulação de suas atividades, tornando-se, portanto, sinônimo de postura correta na condução dos negócios.*
Esta postura se exterioriza pela corporação com a efetiva implantação de um programa de compliance *de caráter ativo na condução de todos os relacionamentos, consultivo na prática de cada ação, permanente e independente que basicamente prevê a adoção de um conjunto de ações que fundamentalmente procurarão prevenir, detectar e eliminar práticas e desvios de condutas realizadas por colaboradores, terceiros, enfim todos os stakeholders*". TOMAZ, Roberto Epifanio. "O que é *compliance*? Histórico, conceitos e objetivos". *In*: TOMAZ, Roberto Epifanio (org.). *Descomplicando o* compliance. São Paulo: Tirant Lo Blanch, 2018, p. 25.

que não se comportariam dessa maneira censurável, o que afetaria/afeta as relações humanas/relações empresariais/os negócios feitos, com evidentes prejuízos à sociedade, como um todo. Claro está que essa visão não tira o mérito, nem a utilidade/necessidade e forte entusiasmo e adesão pelo *compliance*, mas apenas, e isso não é pouco, ao reverso, arranca das suas verdadeiras origem e finalidade, o que, como sempre se dá quando melhor se conhece com o que se lida, propicia/propiciará um mais adequado/proveitoso/fecundo manejo de suas potencialidades, que aqui não se deixa de reconhecer e enaltecer, ou não?

Nesse sentido, bem observa Flavia Safadi Ubaldo:

> "Um programa de compliance visa a estabelecer mecanismos e procedimentos que tornem o cumprimento da legislação parte da cultura corporativa. Ele não pretende, no entanto, eliminar completamente a chance de ocorrência de um ilícito, mas sim minimizar as possibilidades de que ele ocorra, e criar ferramentas para que a empresa rapidamente identifique sua ocorrência e lide da forma mais adequada possível com o problema".[121]

Destarte, o *compliance* pode ser visualizado/tem como objetivo, um fazer bem e fazer direito.

Claro que esse fazer bem e fazer direito o aproxima/identifica, com o *fair play* (aqui pontuo que, em parágrafo anterior, referi ao "jogo limpo" das inúmeras atividades/negócios) em visão clássica, porquanto, como já superiormente dito por Eduardo Caminati Anders e Guilherme Teno Castilho Missali: "*A mensagem que se objetiva transmitir com o* compliance *é direta: cumprir as leis é o certo a se fazer, na esteira do* 'compliance *importa'. Tal é a síntese. Aos agentes cabe zelar pelo jogo limpo/justo (*fair play*), vez que estarão se autobeneficiando com essa postura*",[122] o que passa pela observação/consideração de que se há de "caminhar", atentando para que os passos dados em direção das atividades/comportamentos/negócios realizados em sociedade sejam-no com o devido/indeclinável cumprimento e respeito às regras estabelecidas/vigentes.[123]

---

121 UBALDO, Flavia Safadi. "Lei Anticorrupção: a importância do programa de compliance no cenário atual". In: PORTO, Vinicius e MARQUES, Jader (org.). O compliance como instrumento de prevenção e combate à corrupção. Porto Alegre: Livraria do Advogado, 2017, p. 121.

122 ANDERS, Eduardo Caminati e MISSALI, Guilherme Teno Castilho. "*Compliance* antitruste e anticorrupção: Moldura Geral". In: ROSSETTI, Maristela Abla e PITTA, André Grüspun (coord.). *Governança corporativa* – Avanços e retrocessos". São Paulo: Quartier Latin, 2017, p. 226.

123 Aqui não se discutirão/abordarão as possíveis variações no conceito clássico de *fair play*, que as mudanças provocadas por interesses profissionais e econômicos/financeiros trouxeram ao desporto, quanto a isso, seja consentido remeter a Francisco Alberto da Motta Peixoto Giordani, "Fair play: Perda

Além do *fair play*, o *compliance* em muito se aproxima da visão e do papel da Igreja no mundo de desporto (o que, para nosso estudo tem particular interesse, já que voltado ao *compliance* no desporto!), como acentuado pelo Papa Francisco, em sua mensagem ao Dicastério para os Leigos, a Família e a Vida, por ocasião da publicação da obra "Dar o melhor de si", ocasião em que afirmou o Santo Padre:

> *"Recebi com alegria a notícia da publicação do documento Dar o melhor de si, sobre a perspectiva cristã do desporto e a pessoa humana, que o Dicastério para os Leigos, a Família e a Vida preparou com o objetivo de salientar o papel da Igreja no mundo do desporto, e de como este pode ser um meio de encontro, de formação, de missão e de santificação.*
>
> *O desporto é um lugar de encontro em que as pessoas de todos os níveis e condições sociais se unem para alcançar um objetivo comum. Numa cultura dominada pelo individualismo e pelo descarte das gerações mais jovens e dos mais idosos, o desporto é um âmbito privilegiado em torno do qual as pessoas se encontram sem distinção de raça, sexo, religião ou ideologia, e onde podemos experimentar a alegria de competir para alcançar juntos uma meta, fazendo parte de uma equipa em que o êxito ou a derrota são partilhados e superados; isto ajuda-nos a pôr de parte a ideia de conquistar sozinho um objetivo, centrando-se em si mesmo. A necessidade do outro envolve não apenas os colegas de equipa, mas também o treinador, os adeptos, a família, em suma, todas as pessoas que com a sua entrega e dedicação tornam possível chegar a 'dar o melhor de si'. Tudo isto torna o desporto num catalisador de experiências de comunidade, de família humana. Quando um pai brinca ou joga com o seu filho, quando os jovens jogam juntos no parque ou na escola, quando o atleta ou desportista celebra a vitória com os seus adeptos, em todas estas situações é possível ver o valor do desporto como lugar de união e encontro entre as pessoas.* Os grandes objetivos, tanto no desporto como na vida, conseguem-se juntos, como equipa!"(não há destaques no original).[124]

Que santas palavras e reflexão! Ia até justificar a transcrição ter sido "meio" longa, mas o que nela se contém, os santos ensinamentos que passa, a luz que traz, falam por si, nada mais havendo explicar quanto à sua reprodução aqui!

É preciso ver, mas enxergando, que um programa de *compliance*, tal qual o desporto, na lição do Papa Francisco, mas no seu "campo de jogo", deve, também,

---

de pontos e descenso". *Revista da Academia Nacional de Direito Desportivo*, ano 2, nº 3, jan-jun/2017, p. 53 e seguintes.

124 Dicastério para os leigos, a Família e a Vida, "Dar o melhor de si – documento sobre a perspectiva cristã do desporto e da pessoa humana", Paulinas Editora, Portugal, 2018, p. 3-4.

- "*ser um lugar de encontro*", a empresa;
- envolvendo "*pessoas de todos os níveis e condições sociais*", que "*se unem para alcançar um objetivo comum*", no caso, todos os de uma empresa e de uma organização esportiva, da mais alta jerarquia, que hão de observá-lo rigorosamente e fazê-lo observar, pois não se concebe um *compliance* cosmético ou de fachada, ao mais humilde trabalhador, passando pelos fornecedores, prestadores de serviços, representantes e todos os que com ela contratam e que com ela se envolvem de alguma maneira;
- "*numa cultura dominada pelo individualismo*", o que, de per si, já provoca/causa conflitos de interesses, muitas vezes dos gestores contra os da empresa e/ou da organização esportiva, devendo estes últimos prevalecer, e entre os vários setores e almas da empresa e/ou da organização esportiva, que deverão atuar pensando/objetivando os interesses da empresa e/ou da organização esportiva, o que passa pelo atendimento das normas legais a serem observadas e pelos valores que a empresa possui e quer manter, o que leva a que tenha seu Código de Conduta e Ética, que bem defina o que se espera seja (*rectius*: deve ser) atendido/cumprido por cada qual, o que, com as adaptações devidas, também cabe quanto à organização esportiva;
- "*a necessidade do outro*" e que "*envolve não apenas os colegas de equipa, mas também o treinador, os adeptos, a família, em suma, todas as pessoas que com a sua entrega e dedicação tornam possível chegar a 'dar o melhor de si'*", o que reforça o quão imprescindível o envolvimento de todos quantos com a empresa e/ou da organização esportiva se relacionam, numa engrenagem que só funcionará efetivamente, com a união então decorrente, levando a uma "*entrega e dedicação*" que "*tornam possível chegar*" cada um "*a 'dar o melhor de si*'";
- "*em todas essas situações é possível ver o valor do desporto como lugar de união e encontro entre pessoas*", ou seja, havendo o propósito comum de fazer o que é certo, "*jogar o jogo limpo*", priorizando o legítimo interesse da empresa e/ou da organização esportiva, o envolvimento de todos, levando a uma "*entrega e dedicação*", que possibilitem "*dar o melhor de si*", para que esse propósito seja atingido, fará/tornará a empresa e/ou a organização esportiva "*lugar de união e encontro de pessoas*"; fazendo ver, por fim, que
- "*os grandes objetivos, tanto no desporto como na vida*", na empresa e na organização esportiva também, "*conseguem-se juntos, como equipa!*".

Todavia, o que se busca com o *compliance* deve ser tido como indo muito mais além do que intensa fiscalização/vigilância, é dizer, que não se reduza, sua prática e fins, a mera e aguda vigilância, sob pena de se transformar em uma versão dos tempos mais atuais e/ou uma nova espécie de panoptismo, um "panoptismo das relações humanas/das relações empresariais/dos negócios", o que, conquanto, em certa medida, diz, sim, com seus desideratos, não pode ser sua função única, sob pena de amesquinhar suas funções/objetivos maiores.[125]

Registro que, ao falar em panoptismo, aqui, não o faço com um sabor acre, e sim como mera constatação, até porque, no cenário moderno, "rico" em possibilidades de prática de ilícitos, para o que, aliás, a mente humana, quando quis, sempre foi prodigiosa, talvez ou mesmo certamente, seja/é o *compliance* uma das maneiras válidas/eficazes/valiosas e com grandes possibilidades de, se realmente (*rectius*: com sinceridade de propósitos) praticado, com o envolvimento de todos dentro de uma empresa/instituição (aqui, por óbvio, a organização esportiva), se não extinguir, ao menos minimizar, em grande medida, a verificação de condutas contrárias ao ordenamento jurídico, e também à ética.

De fato, nos dias que correm – e com que velocidade! – percebe-se e/ou se vê erguer uma pletora de normas, necessidade que se explica, em boa medida, pela crescente complexidade das relações sociais/empresariais/dos negócios, por todos os cantos e setores/segmentos, muitas das quais, como se sabe, voltadas/dirigidas para as empresas (aqui, entidades de organização esportiva), e cujo descumpri-

125 Tratando da sociedade de vigilância e abordando o panóptico de Bentham, dilucida o grande pensador francês Michel Foucault: "O Panóptico de Bentham é a figura arquitetural dessa composição. O princípio é conhecido: na periferia uma construção em anel; no centro, uma torre; esta é vazada de largas janelas que se abrem sobre a face interna do anel; a construção periférica é dividida em celas, cada uma atravessando toda a espessura da construção: elas têm duas janelas, uma para o interior, correspondendo às janelas da torre; outra dá para o exterior, permite que a luz atravesse a cela de lado a lado. Basta então colocar um vigia na torre central, e em cada cela trancar um louco, um doente, um condenado, um operário ou um escolar. Pelo efeito da contraluz, pode-se perceber da torre, recortando-se exatamente sobre a claridade, as pequenas silhuetas cativas nas celas da periferia. Tantas jaulas, tantos pequenos teatros, em que cada ator está sozinho, perfeitamente individualizado e constantemente visível. O dispositivo panóptico organiza unidades espaciais que permitem ver sem parar e reconhecer imediatamente. Em suma, o princípio da masmorra é invertido; ou antes, de suas três funções – trancar, privar de luz e esconder – só se conserva a primeira e suprimem-se as outras duas. A plena luz e o olhar de um vigia captam melhor que a sombra, que finalmente protegia. A visibilidade é uma armadilha". FOUCAULT, Michel. Vigiar e punir, 27ª ed. Petrópolis: Vozes, p. 165-166, valendo acrescentar que, prosseguindo, afirma o eminente pensador que:
"*O Panóptico é uma máquina maravilhosa que, a partir dos desejos mais diversos, fabrica efeitos homogêneos de poder.*
Uma sujeição real nasce mecanicamente de uma relação fictícia. De modo que não é necessário recorrer à força para obrigar o condenado ao bom comportamento, o louco à calma, o operário ao trabalho, o escolar à aplicação, o doente à observância das receitas", bem como que "*É polivalente em suas aplicações: serve para emendar os prisioneiros, mas também para cuidar dos doentes, instruir os escolares, guardar os loucos, fiscalizar os operários, fazer trabalhar os mendigos e ociosos*". Idem. Ibidem, p. 167 e 170, respectivamente.

mento pode gerar sérias consequências em diversas áreas, sendo que, para evitá--las, com o devido respeito às disposições legais, inegável o valor/utilidade de um *compliance*, desde que, sempre vale insistir, praticado de modo efetivo/sincero, com vistas à melhor maneira de agir (e não apenas uma mera fiscalização, o que não significa que essa seja dispensável, mas sim que insuficiente e ineficiente, podendo mesmo, em dadas situações, descaracterizar um *compliance*, indo muito além do que, razoavelmente, se poderia/pode esperar/admitir), mas com sabor de vida e/ou qualidade humana e não só na aparência, o que passa pelo respeito à dignidade da pessoa humana e seus direitos fundamentais, que sua adoção não pode magoar/ignorar, sendo inadmissível algo apenas de fachada/cosmético, visando "driblar" e/ou "suavizar" o peso das consequências decorrentes da prática de algum reprovável/inadmissível/intolerável abuso em sua utilização.

É dizer, necessária uma postura proativa, que não se contenta/não se limita/não se reduz/ não se satisfaz com vigilância/fiscalização: conquanto faça parte do "processo", não pode "ficar só nisso", porquanto, então, não iria além de uma forma "disfarçada" (ou nem tanto) de controle de pessoas, somente! Há existir, é imperioso que exista, o espírito, sincero e por convicção, "de dar o melhor de si", o que é bem diferente de fazer para vigiar/fiscalizar ou porque vigiado/fiscalizado!

Como já referido em alguns momentos deste singelo estudo e é extremamente fácil de inferir, o *compliance* pode ser/efetivamente é, da máxima importância para o esporte, no nosso País então, já que:

> "O esporte, em especial o futebol, está enraizado no DNA do brasileiro e faz parte da cultura nacional, impregnando-se no dia-a-dia do povo, na música, na literatura, no cinema e nas artes em geral".[126]

Mas, ao tempo em que é assim e por ser assim, ou seja, pela paixão que suscita, o desporto e especificamente o futebol, no mundo em que vivemos, não poderia/não pode/ não tem como ficar alheio/distante/"fora" do campo/do olhar/do interesse de uma parte, fundamental, desse mesmo mundo: a que diz com os negócios, daí já ter sido observado que: "*O Desporto em geral, mas principalmente o futebol, é um segmento da economia que o Brasil não pode deixar inerte. É paixão, emoção, mas também é negócio*".[127]

---

126 MONFARDINI, Fernando. "Compliance no Futebol". Drible de Letra, RJ, 2018, p. 17.

127 MASSON, Aloisio. "É salutar a implantação de programas efetivos de compliance no desporto". Revista Consultor Jurídico, 11 de março de 2015. Disponível em www.conjur.com.br, capturado em março/2019.

Quantas são as vozes, autorizadas, que, em alto e bom tom, rogando/querendo se fazer ouvidas/se possível, bem ouvidas, insistem nas necessidades e vantagens da adoção do *compliance* no esporte, atentas tanto ao modo de gestão de várias das entidades de administração do esporte e das entidades de organização esportiva, que enxergam ainda não terem alcançado o grau de profissionalismo que deveriam já ter atingido/estarem praticando, e que muito beneficiariam/beneficiarão adotando-o, seja quanto ao preciso e maior/mais amplo/efetivo controle do que se passa em seus domínios, não apenas no sentido menor de pura fiscalização de pessoas, mas com as vistas voltadas para algo mais elevado, é dizer, procurando a melhor e mais salutar/competente maneira de cuidar/enfrentar e resolver as mais variadas situações/problemas que se apresentam em seus cotidianos, podendo ser citadas, à guisa de exemplo, questões atinentes aos campeonatos e resultados, com o escopo de que sejam evitadas/desencorajadas manobras extracampo, e mesmo dúvidas quanto a isso, tão fáceis de povoar/medrar no imaginário popular, dos aficionados pelo esporte, mesmo que na prática não se verifiquem, o que, de qualquer modo, poderia/pode afetar a credibilidade de uma competição, e como se não desconhece, sem credibilidade, não há competição que se sustente/mantenha direitos de transmissão/comercialização de jogos, valores de transferências de atletas, patrocínios, que podem ser dura e substancialmente afetados se o conceito e a imagem de uma organização esportiva forem atingidas, por algo que possa arranhá-las/denegri-las, os direitos e garantias dos e para os torcedores, responsabilização dos dirigentes/responsáveis, dentre outros! Sempre em busca de transparência, "otimização" (palavra tão a gosto de certos segmentos da sociedade) e excelência da gestão, de umas e de outras.

Muito consistentemente, observa o preclaro Mauricio de Figueiredo Corrêa da Veiga, um dos grandes nomes do Direito Esportivo pátrio, que "*A implementação de normas de* compliance *é uma realidade e um caminho sem volta. Para as entidades de práticas desportivas, inúmeros são os benefícios que esta nova modalidade de administração pode trazer*",[128] sentir do qual não destoa, ao reverso, já que singra pelas mesmas águas, o também afamado Gustavo Lopes, ao vaticinar:[129] "*O* compliance *e a integridade são ainda novidade no mundo corporativo e, mais ainda, na gestão esportiva, mas trata-se de um caminho sem volta e quem não se adaptar a essa nova realidade estará fadado à derrota*".

128 Maurício de Figueiredo Corrêa da Veiga, "Aplicação de regras de Compliance no Desporto", ibdd.com.br, capturado em março/2019.

129 Gustavo Lopes, "Compliance e integridade também na gestão esportiva", www.itatiaia.com.br/blog/gustavo-lopes, 20.07.2018, às 12:42 h, capturado em março/2019.

Como disse no início deste singelo estudo, o *compliance* está no ar, está na moda, sendo que estudiosos de escol têm-no como extremamente relevante para a maior transparência/lisura/excelência da gestão no desporto, que é o que agora está em foco, o que leva ao seu acolhimento; vamos, todos, então, acolhê-lo! Mãos à obra, digo, *compliance* é a obra!

IV - O medo e o Direito do Trabalho: algumas reflexões

"A emoção do medo é ancestral e traz consigo derivações quase infinitas."[130]

"Têm medo de desagradar aos patrões; tem medo de ser despedidos; têm medo de ficar desempregados. O espectro do desemprego é, para eles, um dos mais assustadores, principalmente quando têm um lar."[131]

"Quem não têm comida padece do medo mais antigo que a humanidade conhece: o medo de morrer de fome, causado pelo desejo de poder e de controle sobre outros seres humanos."[132]

"Há lares – aparentemente medianos – onde se tem tanto receio da doença, como da saúde! Conhecemos, em tempos, um lar remediado, cuja mãe nos confessava: – Quando vejo os meus filhos com saúde, fico amedrontada, porque tenho medo que eles tenham apetite, e que eu não tenha comida para lhes dar!"[133]

"A instalação do medo é coisa rápida. Antes que se dê por isso, já ele está instalado. Antigamente levava anos. Agora, com as novas tecnologias, é apenas uma questão de minutos."[134]

"O medo corrói a alma."[135]

"Nenhuma paixão priva a mente de todos os seus poderes de acção e de raciocínio com tanta eficiência como o medo."[136]

---

130 PEREIRA, Gabriela A. M. "Prefácio". *In*: SAMPAIO, Italo Abrantes. *Medo – Fronteira entre o sobreviver e o viver*, 4ª ed. Porto Alegre: Livraria do Advogado, 2013, p. 19.

131 VIANA, Mário Gonçalves. *Psicologia do medo*. Porto: Editorial Domingos Barreira, s/d (mas com certeza, é edição de décadas já), p. 414.

132 AZEVEDO, Elaine. "Colonialidade alimentar". CAMPELLO, Tereza e BORTOLETTO, Ana Paula. *Da fome à fome* – diálogos com Josué de Castro. São Paulo: Elefante, 2022, p. 312.

133 VIANA, Mário Gonçalves. *Psicologia do medo*. Porto: Editorial Domingos Barreira, s/d (mas com certeza, é edição de décadas já), p. 415.

134 ZINK, Rui. *A instalação do medo*. Porto: Porto Editora, 2021, p. 18.

135 BATISTA, Vera Malaguti. *O medo na cidade do Rio de Janeiro* – Dois tempos de uma história. Rio de Janeiro: Revan, 2003, p. 20.

136 BURKE, Edmund, *apud* NEWMAN, Paul. *História do terror* – O medo e a angústia através dos tempos. Lisboa: Século XXI, 2004, p. 11.

"O medo herda-se. Porque interiorizado, mais inconsciente do que consciente."[137]

"Como toda ameaça se utiliza do medo do ameaçado."[138]

Estou em que, de algum modo, as frases retrorreproduzidas, embora apresentadas/tiradas de autores e obras diversas, oferecidas isoladamente e não em uma sequência de parágrafos, integrando o desenvolvimento de um texto, uma exposição, bem apanhem, o que, para além de curioso, é bem significativo, a história e mesmo o momento atual, sobre o medo, designadamente em termos do que produz na alma/na vida/no cotidiano de milhões e milhões de trabalhadores; utiliza-se o medo desde sempre, para se submeter o próximo, das mais diversas maneiras e com as finalidades as mais variadas! O medo tem seu lugar de "*destaque*", na história da humanidade (triste e dolorosa ironia), e o que traz/carrega de sofrimento/dores/desilusões e de vidas "contidas", quando não destruídas, é algo que precisa ser sempre considerado, para que ele, sim, seja contido, e não as vidas que "contém"/"detém", o que vale – e muito – aquando da interpretação e aplicação do Direito, em geral e muito especialmente, do Direito do Trabalho, juntamente ao fator colonialidade, face atual e que permaneceu da colonização/colonialismo, e que também será referida no corpo deste singelo escrito, embora sucintamente.

Sobre esse tema, participo, muito singelamente, mas com grande honra e muita alegria, de obra coletiva em homenagem ao eminente professor Jair Cardoso, homenagem de fato merecida, pelas luzes que seu conhecimento propiciam às letras jurídicas e que tanto alumiam os que têm a felicidade de o terem como lente; sem dúvida que seu saber jurídico, conquanto imenso, como dito, não pode ser referido, de maneira isolada, porquanto há sempre de registrar a grande pessoa humana que é o homenageado, cuja disposição para atender os que o procuram é sempre instantânea, sincera, o que demonstra sua preocupação/atenção para com o próximo, algo que, assim, aproxima, humanizando! Parabéns, mestre!

Como se sabe – e se sabe tanto que sempre dele se utiliza – e isso desde priscas eras,[139] a ideia de se valer do medo para conter pessoas, milhares/milhões, foi sempre praticada e tem se mostrado eficiente/exitosa para os que o manejam,

137 GIL, José. *Portugal, hoje* – O medo de existir, 3ª ed. Lisboa: Relógio D'Água Editores, 2012, p. 68.

138 SCHMIDBAUER, Wolfgang. *Sensação de medo* – Qualquer um tem. Ninguém quer. O que fazer?. Vargem Grande Paulista: Cidade Nova, 2008, p. 151.

139 *"O medo é tão velho quanto o homem. Carregamos conosco o peso do medo e dos medos da cultura e da civilização judaico-cristã. É certo que foram eles que no decurso da História nos refrearam e nos balizaram o pensamento e a acção, proporcionando-nos ao fim e ao cabo aquilo que somos e o que fizemos – a nossa civilização".* DIAS, Fernando Nogueira. *O medo social e os vigilantes da ordem emocional*. Lisboa: Instituto Piaget, 2007, p. 42.

o que há inferir pela sua constante e sempre renovada utilização pelos séculos afora, impregnando tanto as nossas sociedades, que passa um sabor de eternidade,[140] conquanto amargo, bem ou cada vez mais, para aqueles em que incutido, ao menos em alguns contextos, como o que agora nos ocupa, em que se vê a cultura do medo, cada vez mais aprimorada, sempre e mais – para torná-la mais "*produtiva*" – no espírito dos trabalhadores,[141]para que, assim, não se permitam/evitem/fujam mesmo de maiores reivindicações e agradeçam o que quer que recebam, e mesmo o que deixem de receber! "*Tem-se a sensação de que estamos perante uma fatalidade das leis económicas. A modernização e o desenvolvimento têm de fazer-se a custa do sacrifício humano, excluindo os não produtivos e aqueles que não querem ou não podem sujeitar-se à ditadura da padronização produtiva e à homogeneidade atitudinal e comportamental.*"[142]

Desde logo, entretanto, cumpre deixar claro que, algum medo não é reprovável, pois ajuda a "viver"/sobreviver nesse mundo cercado de obstáculos por todos os lados,[143] para o que o medo mesmo contribui – e quanto! – mas esse é um medo, digamos assim, humano e, por isso, até natural, que nasce conosco e nos acompanha em nosso desenvolvimento, que tem por fim/visa/auxilia na conservação de cada qual, por isso que humano, o que não deve ser tolerado/aceito é o medo condicionado, usado para submeter/subjugar/dominar/deter o outro, contendo seus passos e com isso detendo sua vida; destarte, creio seja interessante fixar que não deve, cada um de nós, se e quando sentir medo, censurar-se por senti-lo (ufa! Que alívio!), mas sim compreender que é algo que pode perfeitamente se dar com um ser vivo, humano e não humano, e a partir daí, procurar entender o porquê de determinada situação provocá-lo; o insigne Italo Abrantes Sampaio, a respeito, tem palavras tranquilizadoras, ei-las: "*Antes de qualquer outra coisa, ter medo não é bom*

140 "*Por conseguinte, o medo, sobretudo o medo social, é algo que ao longo dos tempos se desenvolveu e se foi aperfeiçoando como forma de dirigir povos, grupos e organizações. Quase poderíamos dizer que o medo é* eterno, *as formas de sua utilização e de expressão é que vão variando no espaço e no tempo*". (Grifei) Idem. Ibidem, p. 43.

141 Também aqui interessante recorrer à lição do preclaro Fernando Nogueira Dias, quando assevera: "*E é por isso que, conhecendo muito bem o medo também fazemos dele uma arte na condução das nossas vidas. Os diferentes poderes públicos e privados não deixam de lhe tirar o respectivo partido, quer para balizar comportamentos, quer para obrigar os indivíduos a atingir determinadas finalidades ou objectivos*". Idem. Ibidem, p. 43.

142 DIAS, Fernando Nogueira. *O medo social e os vigilantes da ordem emocional*. Lisboa: Instituto Piaget, 2007, p. 46.

143 Essa definição "tirei" da que aprendi sobre ilha, nos primeiros anos dos bancos escolares, bem simples e mais ou menos assim enunciada: "*ilha é a porção de terra cercada de água por todos os lados*"; desculpem a referência, mas quanto mais a idade se aproxima, mais próximas ficam as lembranças de tempos passados...

nem é ruim; é humano e é algo que partilhamos com todos os outros animais".[144,145,146] Esse ilustre biólogo havia já, em linhas anteriores, salientado que:[147]

> "Historicamente, o estudo do medo e seus análogos, como ansiedade, raiva, fobia, estresse, entre outros, tem início a partir dos relatos de Darwin (1872) no livro A expressão das emoções no homem e nos animais. Segundo ele, a compreensão do comportamento dos animais era o caminho para a compreensão das emoções humanas. Desse modo, Darwin inferiu que as emoções, presentes em nós e em todos os animais, inclusive as de medo, eram inatas, ou seja, herdadas do mesmo modo que as características morfológicas.
>
> Assim, todos nós trazemos, ao nascer, a emoção de medo. Ao vivenciá-la, somos tomados por uma série de reações neurovegetativas, em maior ou menor grau, que se caracterizam por uma ampla expressão, desde o aumento da pressão arterial, da frequência cardíaca, da respiração, piloereção, micção, defecação, exoftalmia, acompanhadas por uma atividade comportamental e uma percepção sentimental.
>
> A partir do nosso nascimento e ao longo do nosso desenvolvimento, o processo de nossa formação educacional, social e cultural irá forjar em nosso sistema nervoso, sobre as bases do medo inato, um outro medo, denominado condicionado. Esse medo emerge desde tenras idades, quando as crianças, exageradamente, são impedidas de aprender por si mesmas, seja pela cultura do não, pela superproteção, pela imposição do que seus educadores acreditam que seja certo, por frases do tipo 'Deus castiga' e, em alguns casos, com castigos físicos e psíquicos.
>
> Por conta do medo condicionado, o homem moderno vem sobrevivendo amedrontado, inseguro, permanentemente em estado de alerta, angustiado e suscetível às doenças decorrentes desse estado estressante."[148]

---

144 SAMPAIO, Italo Abrantes. *Medo – Fronteira entre o sobreviver e o viver*, 4ª ed. Porto Alegre: Livraria do Advogado, 2013, p. 29.

145 Meu saudoso pai, algumas vezes, em tom divertido, me dizia, mais ou menos assim: "*Quem não tem medo, não é corajoso, é louco; quem é corajoso, tem medo, mas faz/enfrenta o que deve fazer/enfrentar*".

146 Talvez uma marcante diferença seja a de que os animais não "*explorem*" o medo de outras espécies... e apenas sofram as consequências do que certos *indivíduos da espécie humana* (?) lhes infligem, até por mero deleite! Triste!

147 Peço escusas por proceder a uma transcrição um pouco mais longa, mas faço-o por reputá-la de extrema relevância para a compreensão do medo que se instila no íntimo dos trabalhadores.

148 SAMPAIO, Italo Abrantes. *Medo – Fronteira entre o sobreviver e o viver*, 4ª ed. Porto Alegre: Livraria do Advogado, 2013, pp. 23-24.

Possível inferir, então, e como já observado, que o medo é salutar e até necessário, em certa medida e para certos fins, no mínimo, contribuindo, decisivamente, para a conservação e desenvolvimento de cada indivíduo, e com isso, acaba também por ter um efeito multiplicador, ao gerar efeitos na própria sociedade, como desdobramento/consequência de um tal agir individual, ao contribuir para que não sejam praticados atos graves e seriamente prejudiciais a quem os pratica, gerando efeitos benéficos à própria sociedade, por não o serem,[149] porém, é desvirtuado/leva a nefastos resultados quando passa a haver uma manipulação, tendo em vista/visando a outros objetivos, mais e/ou diretamente voltados à conformação/resignação de milhões de seres humanos, com o que se lhes quer fazer e/ou que façam e/ou deixem de fazer, de modo que aceitem o que é feito e/ou façam o que se quer que façam ou que não realizem o que não se quer que façam, tudo isso não raro imposto mesmo, de modo que, assim, se distanciam do que diz com o necessário para a vida de uma pessoa e também para a convivência/sobrevivência em sociedade, levando esses seres humanos à alienação e coarctando-lhes as possibilidades de se sentirem com alguma autonomia e também alguma porção de felicidade; a respeito, com pena de mestre, diz, Fernando Nogueira Dias, *verbis*: "*O medo constitui uma das formas mais eficazes de conduzir à alienação. O medo é necessário como forma de adaptação e sobrevivência dos indivíduos, mas quando a manipulação do medo condiciona a nossa estabilidade e segurança e nos torna dependentes de outros deixamos de ser autónomos e felizes*",[150] páginas mais adiante, o afamado sociólogo ainda acrescenta: "*A manipulação do medo não tem outro objectivo que não o de escravizar os seres humanos para os moldar e subjugar aos ditames das fontes de manipulação*".[151]

Certamente, para que seja alcançado tal "*objetivo*", a repetição é indispensável, ao tempo que eficaz! Interessante, como exemplo, apenas, da força da repetição, incutindo, na mente, no entendimento mesmo das pessoas, algo que se queira seja por elas internalizado, o que também se aplica ao medo, quando se quer introjectá-lo no mais recôndito de cada ser, mencionar o quanto dito por Thomas Piketty, ao discorrer sobre desigualdade e renda, ocasião em que assim se expressou: "*Na realidade, o caráter mais ou menos sustentável de uma desigualdade tão extrema depende não só da eficácia do aparato repressivo, mas também – e talvez*

149 Na autorizada palavra de Wolfgang Schmidbauer, "*A utilidade do medo é inequívoca: se soubéssemos que daríamos muito bem conta das coisas desagradáveis, faríamos muito menos esforço para evitá-las*". SCHMIDBAUER, Wolfgang. *Sensação de medo* – Qualquer um tem. Ninguém quer. O que fazer?. Vargem Grande Paulista: Cidade Nova, 2008, p. 34.

150 DIAS, Fernando Nogueira. *O medo social e os vigilantes da ordem emocional*. Lisboa: Instituto Piaget, 2007, p. 50.

151 Idem. Ibidem, p. 115.

sobretudo – da eficácia das diversas justificativas para ela";[152] ainda, somente a título de exemplo também, para fincar o que se consegue à força de repetir de modo intenso, o que se quer seja internalizado por outras pessoas, *e sem qualquer diverso objetivo que não esse*, recorro ao quanto asseverado por Victor Klemperer, ao trata da propaganda nazista:[153]

> "*Qual foi o meio de propaganda mais intenso do período nazista? Qual o meio de propaganda mais poderoso dessa época? Foram os discursos de Hitler e de Goebbels, suas declarações sobre esse ou aquele assunto, seu rancor contra o judaísmo e o bolchevis.*
>
> *É claro que não [...]*
>
> *O nazismo se embrenhou na carne e no sangue das massas por meio de palavras, expressões e frases* impostas pela repetição, *milhares de vezes, e aceitas inconsciente e mecanicamente*" (Grifei). Pouco mais adiante, esse mesmo autor afirma: "*Palavras podem ser como minúsculas doses de arsênico: são engolidas de maneira despercebida e parecem ser inofensivas; passado um tempo, o efeito do veneno se faz notar*". KLEMPERER, Victor. *LTI A Linguagem do Terceiro Reich*. Rio de Janeiro: Contraponto, 2009, página 55.

Essas lições que venho de transcrever não permitem já visualizar o medo *condicionado* que se incute/sempre incutiu nos trabalhadores, variando talvez sua intensidade ou modo de exercício em alguns momentos, mas com "*aplicação*" regular, regularidade essa que nos últimos tempos bem pode ser percebida, conquanto, como é próprio do engenho humano, vá sendo praticada com mais sutileza, diga-se assim, fazendo com que o trabalhador seja amedrontado de modo mais "sutil", mas nem por isso menos eficaz, de maneira que, sentindo o receio de perder seu emprego, aceite aquele "que vive do seu trabalho na condição de empregado" o que lhe for oferecido/apresentado ou mesmo imposto? E essa "*tarefa*" é sobremodo facilitada, em países como o nosso Brasil – como também se deu/dá, em geral, com os demais países do nosso explorado continente – por conta da colonização e os "*métodos*" do colonialismo então empregados; aqui, de evocar o quanto disse a ilustre Elaine Azevedo, no sentido de que: "*Nas palavras da artista portuguesa Grada Kilomba: 'O colonialismo é a política do medo' (Oliveira, 2019)*",[154] e, importante não olvidar do fenômeno da colonialidade (expressão atual, digamos

152 PIKETTY, Thomas. *O capital no século XXI*. Rio de Janeiro: Intrínseca, 2014, p. 258.

153 KLEMPERER, Victor. *LTI A linguagem do Terceiro Reich*. Rio de Janeiro: Contraponto, 2009, pp. 54-55.

154 AZEVEDO, Elaine. "Colonialidade alimentar". *In*: CAMPELLO, Tereza e BORTOLETTO, Ana Paula. *Da fome à fome* – diálogos com Josué de Castro. São Paulo: Elefante, 2022, p. 312.

assim, da colonização/colonialismo), que ainda perdura no Brasil e demais países colonizados do hemisfério Sul, o qual há de ser considerado, sempre, no comenos em que se analisam certos comportamentos e práticas, por agora, no campo das relações de trabalho, no estabelecimento de diretrizes/estipulações/programas de ação/objetivos/contenção /privações, sob pena de, em determinadas situações, não apreendermos, de fato, o que as motiva e qual a razão que as preside/norteia!

Relativamente à colonialidade, dilucida João Francisco Cassino, valendo-se de Luciana Ballestrin, que:[155] "*Por colonialidade entende-se, conforme definição de Ballestrin, os mecanismos de dominação que se mantêm em funcionamento pelos países ricos, mesmo após as independências*".

Esmiuçando um pouco mais o conceito, importante, pelo alto teor elucidativo, referir Sérgio Amadeu da Silveira, *verbis*:[156]

> "Para muitos pensadores críticos, o colonialismo histórico acabou, mas a colonialidade se mantém e pode ser empiricamente mapeada e constatada. O sociólogo peruano Anibal Quijano definiu a colonialidade como um dos principais elementos do padrão mundial de poder capitalista. A colonialidade foi construída sobre classificações raciais e étnicas das populações e está associada à expansão da modernidade e de sua racionalidade, a partir da Europa. Ela se mantém por meios materiais, por mentalidades e por relações de subordinação, sujeição e de inferiorização de modos de vida, de saberes e de conhecimentos.
>
> A colonialidade se apresenta como a imposição de modelos de pensamento, de agenciamentos, de comportamentos que negam ou desvalorizam epistemes, modos de aprender e conhecer das comunidades e das sociedades não ricas, também expulsa do que deve ser considerado normal à ideia de autonomia, de busca por caminhos diferentes, de toda tentativa daqueles que fogem aos interesses da economia e das suas principais corporações".

O preclaro Marcelo Rodrigues Lemos, muito claramente e ancorado em Fernando Coronil e Aníbal Quijano, dilucida, quanto ao colonialismo, que: "*O colonialismo é um regime político que vigorou majoritariamente entre os séculos XV e*

---

155 CASSINO, João Francisco. "O Sul Global e os desafios pós-coloniais na era digital". CASSINO, João Francisco; SOUZA, Joyce e SILVEIRA, Sérgio Amadeu da (org.). *Colonialismo de dados* – como opera a trincheira algorítmica na guerra neoliberal. São Paulo: Autonomia Literária, 2021, p. 15.

156 SILVEIRA, Sérgio Amadeu da. "A hipótese do colonialismo de dados e o neoliberalismo". CASSINO, João Francisco; SOUZA, Joyce e SILVEIRA, Sérgio Amadeu da (org.). *Colonialismo de dados* – como opera a trincheira algorítmica na guerra neoliberal. São Paulo: Autonomia Literária, 2021, pp. 35-36.

XIX. Decorre da própria colonização e ressalta os impactos do processo histórico de formação de colônias pelo mundo, que aconteceu e se legitimou por meio do poder político, econômico e militar dos estados colonizadores, produzindo a dominação e a expropriação de nações localizadas em outras jurisdições territoriais",[157] e já no que tange à colonialidade, forte em Quijano, esclarece que: "*A colonialidade, por sua vez, entende que os processos coloniais, implementados pela Europa desde o século XV, foram decisivos no surgimento da própria modernidade. Além disso, o conceito ultrapassa a demarcação histórica da colonização e do colonialismo, reforçando as posteriores consequências políticas, sociais, econômicas e intelectuais de anos de dominação dos países centrais em suas antigas colônias. Assim, embora a colonização tenha acabado formalmente, a colonialidade revela que os impactos desse processo persistem até hoje, por meio de mecanismos de dependência e subalternização das sociedades que outrora foram colonizadas, inclusive no que diz respeito à produção intelectua*l".[158]

O culto James Hermínio Porto da Silva não singra por outras águas, como se percebe de sua lição, a seguir reproduzida: "*Tendo estabelecido que o desenvolvimento histórico do Brasil se deu pela égide colonial, não podemos negar que o colonialismo ainda exerce influência na presente ordenação democrática brasileira*",[159] e, conquanto tendo em vista a seara penal (em que muito intensa a influência do passado colonial/do colonialismo, por isso será mencionada, em alguns momentos, neste singelo estudo), de trazer a colação o ensinamento de Yasmin Maria Rodrigues Madeira da Costa, *in verbis*: "*Interesses econômicos e de poder, em seus vários aspectos, norteiam as práticas punitivas. No Brasil, todo esse processo assume feição ainda mais cruel em virtude de nosso passado de sociedade colonizada e escravista. Quem cai nas malhas do sistema retorna inevitavelmente ao convívio social para sempre lesado e estigmatizado*";[160] a insigne autora que venho de referir, com pena de mestre, ainda fez notar que:[161] "*Certamente, a estrutura colonial brasileira, que teve por base a grande propriedade e a mão-de-obra escrava, moldou permanências sociais e políticas que erigiram um ideário jurídico-penal responsável pela moldura arquetípica do controle penal da atualidade*".

157 LEMOS, Marcelo Rodrigues. *Modernidade & colonialidade* – uma crítica ao discurso científico hegemônico. Curitiba: Appris, 2009, p. 27.

158 LEMOS, Marcelo Rodrigues. *Modernidade & colonialidade* – uma crítica ao discurso científico hegemônico. Curitiba: Appris, 2009, p. 27.

159 SILVA, James Hermínio Porto da. "Colonialismo e Estado de Exceção". LOPES, Anderson Bezerra; FONSECA, Eduardo Samoel; MEIRELLES, João Victor Esteves; PACHANI, Leandro; MAGANE, Renata Possi e ABIB, Sean (org.). *Democracia e crise, um olhar interdisciplinar na construção de perspectivas para o Estado brasileiro* – Estudos em homenagem ao Professor Pedro Estevam Alves Pinto Serrano. São Paulo/ MG: Autonomia Literária, 2020, p. 203.

160 COSTA, Yasmin Maria Rodrigues Madeira da. *O significado ideológico do sistema punitivo brasileiro.* Rio de Janeiro: Revan, 2005, p. 11.

161 Idem. Ibidem, p. 39.

A indagação que aqui se impõe: há algo que autorize se afaste o mesmo raciocínio para o direito do trabalho?

O nosso passado de privações e sofrimentos impostos aos mais vulneráveis, se devidamente considerado, não atesta já uma violência que impregnou nosso modo de ver, pelos que a praticaram, por "naturalizarem" a indiferença para com os mais fracos, e quanto a estes, por temerem ao quanto essa "naturalização" pode levar, o que não pode ser desconsiderado, ao se analisar o medo, hodiernamente! Que ecoe em nossos ouvidos a dolorosa advertência do ilustrado Virgílio Luiz Donnici: "*Quando fizermos a verdadeira história das lutas políticas e das lutas sociais, quando fizermos a história dos nossos direitos humanos, quando fizermos a revisão da nossa história como preconiza José Honório Rodrigues, ver-se-á que tivemos uma evolução cruenta, de sangue, de injustiças, de radicalizações políticas, uma história permanente de repressões, uma criminalidade e uma violência dos donos do poder*";[162] quando da elaboração de um projeto de lei, de sua promulgação e, depois, ao ensejo de sua interpretação e aplicação, essa realidade não deveria estar presente?

Há medo (um medo facilitador – e muito –, acrescente-se) no ar! Há uma atmosfera de medo no ar, que os ventos da colonialidade, herdeira/sucessora do colonialismo faz percorra e se espalhe em nossos céus, do mesmo modo que há outras atmosferas em outros domínios, como *verbi gratia*, o da moda, do que dá conta, a sua maneira, o afamado costureiro Christian Dior, quando diz e sentencia:[163] "*Há uma mensagem da moda no ar. E se nos dermos o trabalho de procurar, ela aparece, se não como óbvia, ao menos como explícita*"; e que, voltando ao nosso horizonte, bem observa Yasmin Maria Rodrigues Madeira da Costa: "*Em meio à miséria também encontra-se um medo mudo espalhado no ar*",[164] ou ainda, como observou, em outro horizonte, mas que também entre nós vale – e bastante – Rui Zink: "*Fear is in the air*";[165] aliás, como refere Fernando Nogueira Dias, *littera ad litteram*:

> "*O medo assume nas nossas vidas uma das forças mobilizadoras ou paralizadoras mais importantes do leque de emoções. Temos medo de tudo e de todos, embora nem sempre disso tenhamos consciência.* E quando tomamos consciência do nosso

162 DONNICI, Virgílio Luiz. *A criminalidade no Brasil (meio milênio de repressão)*. Rio de Janeiro: Foren;se, 1984, p. 14.

163 DIOR, Christian. *Conferências escritas por Christian Dior para a Sorbonne, 1955-1957*. São Paulo: Martins Fontes, 2011, p. 21.

164 COSTA, Yasmin Maria Rodrigues Madeira da. *O significado ideológico do sistema punitivo brasileiro*. Rio de Janeiro: Revan, 2005, p. 30.

165 ZINK, Rui. *A instalação do medo*. Porto: Porto Editora, 2021, p. 103.

> medo lá estarão as regras sociais para nos lembrar que devemos ter medo, *ou pelo menos vergonha de manifestar nosso medo.*
>
> *[...]*
>
> Temos medo que nos falte a nossa subsistência *e as condições básicas de proteção e segurança do nosso corpo. Temos medo de perder ou não termos capacidade de nos afirmar como seres únicos. Temos medo de não sermos aceites ou sermos rejeitados pelos outros. Temos medo de que um dia tenhamos de prestar contas por aquilo que fizemos ou por aquilo que deixámos de fazer, enquanto errantes deste mundo. Temos medo dos nossos fracassos.*
>
> *Temos igualmente outros medos mais externos a nós próprios. Medos de cataclismos e de catástrofes naturais. Medos da degradação dos sistemas ecológicos. Medo dos diferentes poderes que governam nossas vidas, ao nível do Estado e ao nível das instituições e das organizações a que estamos ligados.* Medo de uma catástrofe económica.
>
> *Temos ainda os medos das cenas da vida quotidiana que, sobretudo nos grandes centros urbanos, vêm assumindo formas cada vez mais expressivas. Temos medo daqueles que são diferentes de nós.* Temos medo de um dia vir a ser excluídos do processo produtivo. *Temos medo de sair fora dos ciclos sociais de influência.* Temos medo de um dia podermos ser excluídos da sociedade, por perda de emprego, devido a uma doença que nos assaltou ou de qualquer outra situação que nos roubou a autonomia financeira.
>
> *Ao fim e ao cabo, o medo parece estar na raiz de toda a vida social.*" (Grifos não constam do original)[166]

Claro, o medo é destilado por aqueles que beneficiam de sua propagação e podem/tem como fazê-lo, e consoante Vera Malaguti Batista,[167] "*A hegemonia conservadora trabalha a difusão do medo como indutor e justificador de políticas autoritárias de controle social. O medo torna-se fator de tomadas de posição estratégicas no campo econômico, político, social ou cultural*"; por esse claro excerto, logo se vê que, pela sua estratégica posição, incrustado no campo de confluência de diversos dos aspectos mencionados, o medo tem largo espaço de atuação em seara trabalhista,

166 DIAS, Fernando Nogueira. *O medo social e os vigilantes da ordem emocional.* Lisboa: Instituto Piaget, 2007, pp. 20-21. Enfim, "*O medo tomou conta da sociedade brasileira e se tornou insustentável*". COSTA, Yasmin Maria Rodrigues Madeira da. *O significado ideológico do sistema punitivo brasileiro.* Rio de Janeiro: Revan, 2005, p. 27.

167 BATISTA, Vera Malaguti. "Você tem medo de quê?". *Revista Brasileira de Ciências Criminais*, vol. 53, 2005, mar-abr/2005, pp. 367/368.

assim, provocar dilacerante sensação de insegurança importa aos desígnios daqueles que anelam que o medo impere no coração dos que "vivem do seu trabalho", para o fim de reduzir/anular suas vontades, de maneira que, resignadamente aceitem – e ainda agradeçam, sob o fundamento de que estão mantendo, sabe-se lá a que custo, seus empregos – tudo o que lhes for feito, como, de resto, foi já percebido: "*O sentimento de insegurança e actualmente vivido não só pelos que estão desempregados, como também por aqueles que sentem que o futuro lhes escapa, apesar de terem um contrato de trabalho nas mãos*";[168] aliás, ainda do afamado Fernando Nogueira Rodrigues, a observação seguinte: "*O medo social advém de factores de insegurança engendrados pelos actores sociais melhor colocados na estrutura de relações sociais e por nós incorporados, como se de mensagens dirigidas a cada um de nós se tratasse*".[169]

Há observar, outrossim, que o medo tem um efeito paralisante, que leva as pessoas, no que aqui releva, os trabalhadores, a aceitar as mudanças levadas a efeito no ordenamento jurídico, em assuntos/institutos trabalhistas, porque já antes receberam "*boa dose de medo*", e com isso, nem mais discutem o porquê desta ou daquela, ou de todas ou quase todas as mudanças, por recebê-las como o "mal necessário" para que consigam manter seus empregos, e assim, a real necessidade da(s) medida(s) passa(m) ao largo de maiores debates, o mesmo se dando quanto à sua repercussão nas relações de trabalho, tornando-as mais assimétricas ainda, privando – mais ainda – o trabalhador de um trabalho decente e/ou tendo vergastada sua privacidade etc., *mutatis mutandis*, outro tanto se dá no campo penal, pois, como bem observa a já citada e eminente Vera Malaguti Batista: "*O medo também paralisa: nos medos de ontem, como nos de hoje, não se questiona a violência de uma sociedade tão desigual e tão rigidamente hierarquizada, mas proclama-se por mais pena, mais dureza e menos garantias no combate ao que ameaça, criando uma espiral aparentemente infinita que vai afastando cada vez mais o debate das questões nodais da história do Brasil: igualdade, liberdade, acesso à terra, direitos, enfim, protagonismo econômico, social e cultural do povo brasileiro*";[170] com rara sensibilidade, própria de quem conhece acerca do que fala, Alfred Hitchcock, como lembra Paulo Sérgio Pinheiro, disse acerca da "construção do medo": "*Uma citação de Alfred Hitchcock deixa entrever bem esse processo de construção do medo: 'Não existe terror no estrondo, apenas na antecipação dele*'".[171]

168 DIAS, Fernando Nogueira. *O medo social e os vigilantes da ordem emocional.* Lisboa: Instituto Piaget, 2007, p. 130.

169 Idem. Ibidem, p. 158.

170 BATISTA, Vera Malaguti. "Você tem medo de quê?". *Revista Brasileira de Ciências Criminais*, vol. 53, 2005, mar-abr/2005, p. 368.

171 PINHEIRO, Paulo Sérgio. "Introdução". *In*: GLASSNER, Barry. *Cultura do medo.* São Paulo: Francis, 2003, p. 15.

Entre os recursos mais usados para destilar o medo e incrustá-lo na mente/coração/alma dos trabalhadores, talvez o "*mais trabalhado*" (*rectius*: intensamente explorado) seja o (*fantasma*) da falta de emprego/do desemprego, não sendo difícil inferir o motivo de se preferi-lo, diante das horríveis consequências que produz na vida de um trabalhador, e com seu terrificante efeito de paralisar e por mais contraditório que possa parecer, concomitantemente provocar o(s) mais aflitivo(s) pensamento(s); assim como diz e com que perspicácia, Rui Zink:[172] "*É engraçado como o medo paralisa o pensamento, é também engraçado como nos põe a pensar*". Ora, não se dá o mesmo com o medo da falta de emprego/desemprego? Paralisa/petrifica o trabalhador, quando empregado, com receio de ser dispensado, e o faz pensar, em não se opor a nada ou aceitar tudo, com olímpica resignação (ainda que isso lhe corte seus sonhos/aspirações de uma vida algo melhor, para ele e sua família, mormente o sustento/instrução e um futuro melhor para seus filhos, sonho acalentado por todos os seres humanos ou não?) para não ser dispensado! Como disse Rudyard Kipling, em um de seus escritos: "*Pela selva passa suavemente uma sombra e um suspiro – É o medo, ó Pequeno Caçador, é o Medo*",[173] esse excerto, adaptado, tendo em vista o medo e o local de trabalho, bem pode ser assim enunciado: "*Pelo local de trabalho passa suavemente uma sombra e um suspiro – É o Medo, ó Trabalhador, é o Medo*" (talvez não tão suave)!

Com efeito, quando utilizado/destilado/instalado em seara trabalhista, o emprego do medo, não tolhe a já reduzida/reduzidíssima autonomia (concedendo-se que alguma possua) daquele que vive-do-seu-trabalho-na-condição-de-empregado? Não vale, também aqui, o que já observou, o afamado Adauto Novaes, ao afirmar que:[174]

> "Ora, sabemos pela experiência de vários momentos da história que toda vez que o medo foi usado como instrumento político, o primeiro e mais terrível efeito foi o de diminuir a capacidade de autonomia do sujeito, de reduzir os homens à desnaturação; se o homem é um ser-para-a-liberdade, quando dominado politicamente pelo medo ele perde sua natureza humana, muda de natureza, caindo no estado de decadência e alienação"?

Mas, como asseverado já, insiste-se com a utilização do medo, para, aterrorizando a classe trabalhadora, ter/ver o caminho aberto, para mudanças que

---

172 ZINK, Rui. *A instalação do medo*. Porto: Porto Editora, 2021, p. 44.

173 KIPLING, Rudyard. "A Canção do Pequeno Caçador", *apud* NEWMAN, Paul. *História do terror* – O medo e a angústia através dos tempos. Lisboa: Século XXI, 2004, p. 11.

174 NOVAES, Adauto. "Políticas do medo". *In*: NOVAES, Adauto (org.). *Ensaios sobre o medo*. São Paulo: Senac/Edições Sesc, 2007, pp. 14-15.

a prejudicam; veja-se, muda-se o cenário, mas não o enredo, como sustentado por Vera Malaguti Batista, em lição aplicável também ao Direito do trabalho: "*A difusão do medo do caos e da desordem tem sempre servido para detonar estratégias de disciplinamento e controle das massas empobrecidas. O tipo de ordenamento introduzido pela escravidão na formação sócio-econômica não foi abalado nem pelo fim da escravidão, nem pela República, nem na 'transição democrática' com o fim da ditadura militar implantada após o golpe de 1964*",[175] e com isso, se ilude até o espírito que impregna a nossa Constituição Federal, aqui lembrando que o eminente lente José Afonso da Silva fala que, aquando da interpretação, há buscar a compreensão de seu espírito: "*A hermenêutica do espírito procura a ideia fundante, a concepção básica que encontra sua expressão ou incorporação na Constituição. É nessa concepção básica, por detrás da multiplicidade das normas constitucionais, que descobrimos a unidade de seu sentido*".[176,177,178]

Note-se que, quando se quer propor e ver acolhida, sem maiores e/ou com poucos e contornáveis/superáveis problemas, algo prejudicial aos trabalhadores (mas não só, pois esse "recurso" também pode ser empregado em outros campos da vida social), se espalha o pânico de consequências sérias e terríveis, incontornáveis, se não adotadas/acolhidas as "medidas" propostas, as únicas que podem/devem/hão de sê-lo, e com isso "evitando", com alguma habilidade, o enfrentamento/debate do que isso provocará/acarretará aos trabalhadores; veja-se o exemplo das Reformas Trabalhista e Previdenciária, o quanto de medo se procurou incutir na sociedade e mais designadamente nos trabalhadores e nos que tinham/têm de se valer da Previdência Social.

---

175 BATISTA, Vera Malaguti. "Você tem medo de quê?". *Revista Brasileira de Ciências Criminais*, vol. 53, 2005, mar-abr/2005, p. 367.

176 SILVA, José Afonso da. *Comentário contextual à Constituição*, 9ª ed. São Paulo: Malheiros, 2014, p. 18.

177 Kazuo Watanabe, entre outros, também segue esse ensinamento, o que anima ainda mais a tese. Leia-se: "*Esse alcance do princípio da proteção judiciária decorre da hermenêutica do espírito da Constituição, que, no magistério de José Afonso da Silva, 'procura a ideia fundante, a concepção básica que encontra sua expressão ou incorporação na Constituição' e 'é nessa concepção básica, por detrás da multiplicidade das normas constitucionais, que descobrimos a unidade do seu sentido*" (WATANABE, Kazuo. "Fundamentos constitucionais da solução pacífica das controvérsias: Mediação, conciliação e negociação. *In*: BIANCHI, José Flávio; PINHEIRO, Rodrigo Gomes de Mendonça; ALVIM, Teresa Arruda (org.). *Jurisdição e direito privado*: Estudos em homenagem aos 20 anos da Ministra Nancy Andrighy no STJ. São Paulo: Revista dos Tribunais, 2020, p. 421).

178 Ainda quanto ao aspecto ora em foco, embora atinente ao que se tornaria o novo Código Civil, leia-se, de Miguel Reale: "*[...] o que importa numa codificação é o seu espírito; é um conjunto de ideias fundamentais em torno das quais as normas se entrelaçam, se ordenam e se sistematizam*". USTÁRROZ, Daniel. "O solidarismo no direito contratual brasileiro". *In*: MARQUES, Cláudia Lima (org.). *Dialogo das fontes*: do conflito à coordenação de normas no direito brasileiro. São Paulo: Revista dos Tribunais, 2012, p. 261.

Com efeito, como se falou, à época e ainda se fala (deixando de lado o asserto, "*de ocasião*", da pronta criação de uma quantidade fantástica de empregos, absolutamente não verificada...), das dificuldades enfrentadas pelas empresas (como se o Direito do Trabalho existisse, prioritariamente, para resolver seus problemas, e não para, conquanto sem ignorar/olvidar daqueles, fundamentalmente, provocar o equilíbrio e a harmonia entre as relações capital/trabalho, propiciando condições de vida e trabalho dignas e decentes aos trabalhadores, e designadamente, no plano coletivo, pela atuação dos sindicatos, além desses objetivos, dar alguma voz aos trabalhadores, quanto às questões sociais e outras que, ainda que não envolvendo, diretamente, seus empregadores, afetem sua vida e condição de pessoas-que-vivem-do-seu-trabalho-na-condição-de-empregados), falta de competitividade, "engessamento" a que a legislação do trabalho, acusada/taxada de arcaica/superada (o que, em si mesmo, não é o maior problema, pois tudo ou quase tudo na vida pode ser modificado, o problema é o de estabelecer qual a verdadeira intenção ao se propor alguma mudança)[179] levava/leva, provocando inconciliável cizânia com o momento então atual e com a modernização das relações de trabalho (a qual causa perplexidade, do modo como empregada, pois não há alcançar a ideia de modernização, quando uma das partes envolvidas encontra-se mais fragilizada ainda do que antes já estava..., não se deve confundir "*modernização dos meios e modos de se trabalhar/executar atividades por outros meios*", com apoio em mais avançada tecnologia, por exemplo, com "*modernização das próprias relações de trabalho*", o que pressuporia/pressupõe um outro tipo de relacionamento empregado/dador de serviço, que não apenas "encostar" o termo empregado, passando-se a designá-lo de "colaborador"/"parceiro", apenas para, de modo sutil, quando não malicioso, procurar fazer crer aos trabalhadores que sua situação era/é outra, isso quando, numa postura mais abertamente agressiva e indiferente à realidade, passa-se a chamá-lo de empreendedor em inúmeros casos nos quais nada de empreendedorismo estava/tampouco está presente.[180]

Entretanto, o preclaro Maiquel Ângelo Dezordi Wermuth, em alentado escrito, refere interessante ensinamento, no sentido de que, enquanto existir e, na quadra atual, de inferir que será ainda por dilatado tempo (o que também se

179 Novamente uma lição de meu pai: "*Tudo na vida pode ser modificado, o problema é a intenção que anima a proposta de mudança*".

180 Como não recordar, a essa altura, as angustiantes palavras de Francisco Antônio Pereira Fialho, de que, em verdade, "*Vivemos nossas subjetividades segundo um padrão arcaísta, sendo nossas ações permeadas por este ranço. Trabalhamos seguindo as contingências unívocas de uma economia exclusivamente voltada para o lucro, baseada em relações de poder. Essa ambiguidade no trabalho social, que fala do homem, mas o deixa em segundo plano em nome de uma abstração chamada competitividade*". FIALHO, Francisco Antônio Pereira, *apud* SAMPAIO, Italo Abrantes. *Medo* – Fronteira entre o sobreviver e o viver, 4ª ed. Porto Alegre: Livraria do Advogado, 2013, p. 27.

aplica ao Direito do Trabalho, *salvo tornar o trabalhador um sujeito não de direitos, mas sem direitos!*), o estudo do Direito Penal há de ser feito de modo racional e com vistas a que, por seu intermédio, se possa/consiga atuar, no que lhe cabe, evidentemente, em prol de "*uma sociedade mais justa e igualitária*", apontando-se as contradições que possa conter em seu bojo,[181] vale reparar, de pronto, a confirmação do que apontei nas linhas transatas, a *quaestio* não é a mudança, mas o que com ela se pretende e/ou os rumos que deve seguir/que devem norteá-las; indago ao condescendente leitor, não há de ser assim também com o Direito do Trabalho? Não se há de apontar, de forma racional, suas contradições atuais – aliás, por mais incrível que possa parecer, são maiores do que as de ontem –, que desvirtuam a sua essência, comprometendo sua razão de ser (é isso o que certos segmentos anelam?), obstando trilhe a senda, por si só já bastante acidentada, rumo a "*uma sociedade mais justa e igualitária*", retirando/esvaziando, como dito nas linhas imediatamente anteriores, sua finalidade de harmonizar as relações capital/trabalho, limitando-o a ser um adminículo/componente/engrenagem, para que os empresas atinjam seus objetivos (*o que, claro, precisa ser tido em linha de consideração, mas não pode sê-lo, apenas!*), ignorando o lado humano (*rectius*: *o todo* humano) que envolve a pessoa do trabalhador e que não se "desprega" dele, quando está mourejando, antes, acompanha-o inseparavelmente, por ser aquele-que-vive-do-seu-trabalho--na-condição-de-empregado, para o que a utilização do MEDO (mais bem retratado em letras maiúsculas) é intensa e de eficaz repercussão/resultados?

Com vistas ao Direito Penal, já se observou, argutamente, que: "*É necessário, portanto, impor o medo do Direito Penal, uma vez que a partir do momento em que o Estado se exime de suas tarefas de agente social do bem-estar, abre-se a necessidade de novas iniciativas do seu aparato repressivo em relação àquelas condutas transgressoras da 'ordem' perpetradas pelos grupos que ameaçam esta 'ordem'. Outrossim, impõem-se iniciativas por parte do Estado que respondam as demandas das classes que se integram à esta 'ordem' no sentido de se sentirem mais seguras em tal contexto*";[182] e com os olhos voltados ao Direito do Trabalho, em que o Estado, por seu intermédio, vai vendo/esticando o quanto os trabalhadores "aguentam" de agressões aos seus direitos, ora com golpes diretos, ora com outros mais "*elaborados*" – ou seja, o próprio Direito do Trabalho usado para atemorizar os trabalhadores – não se dá outro tanto? A

181 Aqui seu ensinamento: "*É de Muñoz Conde a lição segundo a qual, enquanto existir Direito Penal – e nas atuais condições deve-se ponderar que ele existirá por muito tempo-, deve existir também sempre alguém disposto a estudá-lo e analisá-lo racionalmente, de forma a convertê-lo em instrumento de mudança e progresso rumo a uma sociedade mais justa e igualitária, denunciando, para tanto, além das contradições que lhe são ínsitas, as contradições do sistema econômico que o condiciona*". WERMUTH, Maiquel Ângelo Dezordi. *Medo e Direito Penal*. Porto Alegre: Livraria do Advogado Editora, 2011, p. 19.

182 WERMUTH, Maiquel Ângelo Dezordi. *Medo e Direito Penal*. Porto Alegre: Livraria do Advogado Editora, 2011, p. 125.

necessidade de se impor o medo aqui também não se apresenta, com a ameaça terrificante do desemprego, para "justificar" as danosas alterações da legislação do trabalho, com o recuo mesmo, "sutil"/"camuflado"/"disfarçado" (nem sempre, pois os há também feito de maneira aberta) de direitos a duras penas conquistados?!

Ancorado na palavra de Nilo Batista, Maiquel assevera: "*Chega-se, portanto, à conclusão de que há um sistema penal de dupla face: 'para os consumidores, alternativas à privação de liberdade, transação penal, suspensão condicional do processo, e diversos outros dispositivos para que ele possa cumprir sua pena no shopping, com ou sem pulseira eletrônica'; para os consumidores falhos, o 'encarceramento neutralizante*";[183] não há, também, um sistema trabalhista de dupla (e com amarga ironia) face: um, que se diz protetor e ao qual cabe, primordialmente, a promoção do equilíbrio entre o capital e o trabalho, propiciando, assim, melhores condições de vida e trabalho aos trabalhadores, o que não significa, *de forma alguma*, fazer absoluta vistas grossas aos interesses/dificuldades dos dadores de serviços, outro, que atua, desconsiderando essa, que é a sua razão P R I M O R D I A L de ser, para atender aos interesse e necessidades empresariais, o que, sempre vale reiterar, não se pode/deve perder de vista, mas não levado ao extremo de colocar o trabalhador como mera engrenagem nas atividades das empresas, desconsiderando o mais, *ao menos* como deveria considerar, para que suas essenciais finalidades, da melhor maneira, possam ser alcançadas? Para esse modo de ver, o mencionado "*equilíbrio*", nesse caso, passa a ser entendido, também, como "*enquadramento*", em verdadeiro neologismo! Fora de qualquer espécie de dúvida, a mais absoluta relevância (em sentido literal mesmo), para a sociedade e para o País, que suas empresas, atingindo suas finalidades, adquirindo maior competitividade, tornem-se mais pujantes, apenas se crê que a balança não pode, unicamente, pender para esse lado, olvidando que os trabalhadores são imprescindíveis para que tais desideratos sejam alcançados, com necessidades que não podem ser ignoradas, cabendo ao Estado não olvidar disso, não podendo, por conseguinte, ter ouvidos/olhos, (*rectius*: *todos* os sentidos) voltados para apenas uma das partes dessa relação, aliás, vale recordar, em muito assimétrica! Não nos esqueçamos da advertência de Wolfgang Schmidbauer, no sentido de que: "*Quando se exigem grandes sacrifícios, a visão crítica deveria esclarecer se esses sacrifícios realmente estão a serviço dos interesses daquele a quem servem e não muito mais daqueles que os exigem*".[184]

É dizer, as dificuldades todas que as empresas enfrentam, que são inúmeras, como se reconhece, não podem ser resolvidas depositando-se/largando-as,

---

183 Idem. Ibidem, p. 130.

184 SCHMIDBAUER, Wolfgang. *Sensação de medo* – Qualquer um tem. Ninguém quer. O que fazer?. Vargem Grande Paulista: Cidade Nova, 2008, p. 94.

fazendo com que pesem, esmagadoramente, sobre os ombros dos trabalhadores, cabendo/sendo necessário equilibrar a situação, e isso com atuação decidida/determinada/deliberada do Estado que, para empregar um vocábulo muito utilizado ultimamente, mormente por conta das relações de consumo e do direito do consumidor, está "*superendividado*", nesse ponto, com a classe trabalhadora, cabendo, outrossim, aos demais segmentos que podem fazê-lo igualmente, o que não significa – repiso, insistentemente – ignorar as necessidades/dificuldades/interesses empresariais, apenas um pungente reconhecimento de que os trabalhadores brasileiros, estão numa situação de *hipossuficiência "qualificada"*, o que não pode deixar de ser tido em linha de consideração, por ocasião de atividade legislativa, e também ao ensejo da interpretação do resultado da dita atividade,[185] bem como de tudo o mais que diga com a relação de emprego, pena de se ter uma caricatura de legislação trabalhista e, outrossim, de interpretação, na seara do direito, do quanto se refira, como dito, a um vínculo empregatício, com que não se alcançará a tão desejada harmonia (que se pressupõe efetivamente desejada) na relação capital/trabalho, com enorme repercussão na paz social e criação de ambiente favorável ao desenvolvimento das empresas e, como corolário, o progresso nacional. Renova-se, como sempre se dá, diante desse quadro – e de tantos outros – a necessidade e a força do princípio protetor.

Temos todos, então, dedicados e sinceros operadores do Direito do Trabalho, pois que sem a união/participação de todos, o Direito encontrará invencíveis obstáculos para se concretizar, para não correr o risco de atuar de modo a privar seres humanos e seus dependentes de seu sustento, e com isso atingirmos sua dignidade como pessoas humanas e mais ainda: sua vida!, de tomar o máximo

---

185 Como observou Roger Plant, em artigo inserto em obra coletiva há pouco mais de duas décadas, quando consultor independente, ex-chefe da Área Socioeconômica e assessor para Assuntos Indígenas da Missão Guatemalteca das Nações Unidas, embora com as vistas voltadas para o meio rural, mas em asserto que comporta/pede mesmo uma maior abrangência, "*A 'função social da propriedade' era um aspecto chave do constitucionalismo social da América Latina. Desse modo, uma parte importante da tradição legal recente da América Latina tem sido que a lei pode ser um instrumento de justiça social, afetando a redistribuição da riqueza e dos bens de acordo com a necessidade social. Isso não significa que a lei será implementada a favor dos pobres. Em muitos casos ocorreu o inverso, em consequência do conservadorismo básico dos juízes locais e de outros funcionários responsáveis pelo cumprimento das leis, e suas alianças típicas com as oligarquias agrárias*". PLANT, Roger. "O Estado de Direito e os não-privilegiados na América Latina: Uma perspectiva rural". *In*: MÉNDEZ, Juan E., O'DONNEL, Guillermo e PINHEIRO, Paulo Sérgio (org.). *Democracia, violência e injustiça* – O não-Estado de Direito na América Latina. São Paulo: Paz e Terra, 2000, p. 109; certamente, não haveremos de querer, nós outros, operadores do direito do trabalho, passados tantos lustros, sermos vistos como foram os da época em que escrito o aludido artigo, em visão que o autor não tinha em alta conta, como facilmente se percebe do texto, vestindo um "conservadorismo básico", em desarmonia com o que se espera de um ramo do direito do qual a vida em sociedade, a vida vivida mesmo, tanta confiança depositou e tanto espera, como também a Magna Carta espera, como se vê da centralidade conferida ao trabalho e dos direitos fundamentais sociais aos trabalhadores conferidos.

cuidado aquando da interpretação de qualquer texto legal, e aqui sempre tendo presente que não há liberdade ao *legislador* ordinário para manipular os conceitos, finalidades e objetivos do legislador constituinte, desprezando, portanto, não só a letra, mas o espírito da Constituição,[186] a que acima referi, e aí, sim, procurando assombrações, que afugentem/espantem a "*vida vivida*" dos que dependem do seu labor em prol de outro para conseguirem manter-se e aos seus, o que também "*pode ser obtido*" com o isolamento de um dispositivo da Carta Política, no tentame de sustentar algum posicionamento, sem conjugá-lo com os demais, obtendo, assim, uma irreal visão/conclusão do que determina a Lei Maior, olvidando, então, que ao operador do Direito cumpre, com o esforço que puder empregar, ver e ter o Direito como "*uma 'alternativa humana', de tal modo que superar a 'fractura entre o direito e o homem' constitui papel do jurista no nosso tempo (Castanheira Neves)*",[187,188] esse parece ser também um bom momento de perguntar: não se terá fratura exposta em se usando/valendo/recorrendo/ negando *pelo Direito* (e com intenso recurso à propagação do medo) aos trabalhadores o reconhecimento da centralidade – e suas consequências, o que necessário para torná-la efetiva/real – conferida ao trabalho pela Magna Carta?!

Interessante lembrar – e reter – uma ponderação de Silvia Rivera Cusicanqui, socióloga e professora na Universidad Mayor de San Andrés, no sentido de que, *verbis*: "*No colonialismo, há uma função muito peculiar para as palavras: elas não designam, mas encobrem; e isto é particularmente evidente na fase republicana, quando foram adotadas ideologias igualitárias ao mesmo tempo em que se escamoteavam os direitos cidadãos da maioria da população. Desse modo, as palavras se converteram em um registro ficcional, repleto de eufemismo que escondem a realidade ao invés de designá-la*",[189] lição essa que deve ser vista juntamente a de Denival Francisco da Silva, para quem: "*O direito e a linguagem são mais do que aliados, mas irmãos siameses para afirmar o poder político e manter o controle social. Enquanto um legitima o poder, o*

186 Como lembra o culto Christiano Falk Fragoso, em lição que também cumpre ser observada no que ao Direito do Trabalho toca: "*não se pode estabelecer uma lei penal contra a Constituição Federal (que estabelece limitações materiais e formais ao poder), contra os tratados internacionais de direitos humanos e contra parâmetros de racionalidade que tomem em consideração dados da realidade*". FRAGOSO, Christiano Falk. *Autoritarismo e sistema penal*. Rio de Janeiro: Lumen Juris, 2016, pp. 11-12.

187 HOMEM, António Pedro Barbas. *O justo e o injusto*, reimpressão. Lisboa: AAFDL Editora, 2017, pp. 29/30.

188 O texto do jurista Castanheira Neves, referido por António Pedro Barbas Homem é o seguinte: "Pois bem. A nossa conclusão é esta: só pensando assim o jurídico e assumindo nele o jurista o papel que lhe compete, participará o Direito da própria dialéctica da história e da eticidade humanas – o mesmo é dizer que só assim vencerá o que DOMINEDÓ considerou a 'heresia do século', a 'fractura entre o direito e o homem''. NEVES, A. Castanheira. *Digesta* – Escritos acerca do Direito, do pensamento jurídico, da sua metodologia e outros, vol. 1. Coimbra: Coimbra Editora, 1995, p. 50.

189 CUSICANQUI, Silvia Rivera. *CH'XINAKAX VTXIWA* – Uma reflexão sobre práticas e discursos descolonizadores. São Paulo: n-1 edições, 2021, p. 29.

outro dá-lhe o verniz de sua imperatividade por meio de falas convincentes de sofistas contemporâneos a serviço dos interesses políticos e econômicos no mundo atual";[190] essas colocações bem se aplicam, também, quer à difusão/propagação do medo, para o que palavras são utilizadas, não para retratarem os fatos e o que se quer/faz, mas para encobrir/iludir o que se pretende/está fazendo efetivamente, e ainda aqui os exemplos das Reformas Trabalhista e Previdenciária são de primeira linha, quer, *exempli gratia*, quando a *intentio* é a de obstar e/ou ao menos restringir o quanto se puder, a eficácia e/ou se valham os obreiros de um direito fundamental, como o que se passa com a greve, que se reconhece como direito fundamental, mas que alguns procuram restringi-la o que conseguem, ou, quando a ideia é a de "*construir*" uma nova realidade, como sendo a que se está passando a viver, ou já se vive de fato, com o exemplo do que algumas vozes dizem acerca do empreendedorismo, em dadas situações, como já notado, para turvar a existência de uma relação de emprego ou ainda, quando se aponta uma série de "razões", que não se verificam no quotidiano das relações de emprego, para desqualificá-las e, de roldão, ao princípio protetor!

Destarte e para obstar que isso se dê, de logo cabe notar que a interpretação há, sempre e intensamente, de ser calcada na Constituição Federal, com a proeminência que reconheceu/conferiu ao princípio da dignidade da pessoa humana (lembrando que, de regra – o que já exclui a ideia do "sempre", ao ensejo da promulgação de uma Constituição, há uma maior sensibilidade/preocupação com o povo, com a pessoa, do que no cotidiano da legislação ordinária, que possui objetivos mais restritos, imediatos e específicos) e aos direitos fundamentais, aliada à centralidade que a nossa atribuiu ao trabalho, bem como não permitir que se perca, nos escaninhos da mente e, pior ainda, no dos sentimentos (já que, vale sempre e reiteradamente perguntar, o direito é humano, ou não? Claro que esses sentimentos dizem com o sentimento coletivo, do que se entende, não um segmento, mas a coletividade, vista de modo abrangente, como o que deva imperar/prevalecer) e outrossim, não relegando ao mais absoluto esquecimento, o passado colonial e como as relações foram construídas, pois esse passado, mormente nos países periféricos, ainda ronda a vida dos mais vulneráveis, logo dos trabalhadores também, persistindo em manter, ainda hodiernamente, seus modos e meios de regê-la, claro, "dulcificando-os"/"adaptando-os"/"modernizando-os", mas sem querer substituí-los, de vez, e não, ao reverso, dar-se a realidade que os insignes André Luis Callegari e Maiquel Ângelo Dezordi Wermuth, visualizando-a,

190 SILVA, Denival Francisco da. "Manipulações, lacunas e subjetividades do Direito, servindo como atalhos para ampliação do Estado punitivo: A especifidade dos crimes hediondos". *In*: BIZZOTTO, Alexandre; SILVA, Denival Francisco da e OLIVEIRA, Tiago Felipe de (org.). *Quotidianus*: a criminalização nossa de cada dia. São Paulo: Intelecto Editora, 2016, p. 33.

apontaram:[191] "*Torna-se, assim, possível afirmar que o medo serve como instrumento de reprodução da configuração de relações sociais excludentes e autoritárias que estão enraizadas na sociedade brasileira*".

Urge, portanto, evitar que, com amparo em discursos "*preparados*" (o equivalente das poções mágicas de certas historinhas, que faziam adormecer, e aqui, para "adormecer" possíveis e legítimas reivindicações dos trabalhadores) para convencer, pelo medo, antes do que pelos dados reais que contêm,[192] obrigando a uma única postura, restem magoados, tanto a dignidade da pessoa humana, como os direitos fundamentais dos trabalhadores; aqui, merece atenção o quanto referido pelo culto Denival Francisco da Silva:[193] "*Para sustentar esses ideais os discursos falaciosos sobrepõem sobre a realidade, 'convencendo' (pela informação distorcida, enganosa, omissa) inclusive aqueles que são as grandes vítimas do modelo discriminatório e excludente. É sob esse manto sofístico que se estabelecem condições para que as aberrações jurídicas, com claras ofensas ao legado dos direitos fundamentais e violações ao texto da Constituição se imponham...*".

Há chamar a atenção para o fato – ou apenas recordá-lo, pois de sabença generalizada – de altíssima relevância, de que, quando se tem – e mantém, claro – os olhos abertos para a realidade, novas perspectivas se abrem para a inter-

---

191 CALLEGARI, André Luis e WERMUTH, Maiquel Ângelo Dezordi. **"Sistema Penal e Política Criminal"**. Porto Alegre: Livraria do Advogado Editora, 2010, p. 40.

192 Os números estão, geralmente, abertos para diversas "construções", de maneira que é necessário recebê-los com reservas, o mesmo se dando com argumentos utilizados, com "apoio" em números/cifras, para conter/reduzir/retirar direitos dos trabalhadores, sempre ou ao menos quase sempre "gulosamente" visados/tidos em mira para mudanças prejudiciais aos trabalhadores, algumas vezes sem demonstração da efetiva necessidade, outras com base em distorções, umas elaboradas, outras grosseiras, e sempre com "preferência" entre outras medidas que poderiam ser adotadas, quando alguma situação de *dificuldades reais e prementes* assim exigisse, ou seja, a cultura do medo, aqui, é utilizada de maneira intensa, sem medo! Barry Glassner, em interessante livro, fornece um eloquente exemplo disso: "*Em 1996, Bob Garfield, jornalista de uma revista, analisou reportagens sobre doenças graves publicadas durante um ano no Washington Post, New York Times e Usa Today. Descobriu que, além de 59 milhões de americanos com doenças cardíacas, 53 milhões com enxaqueca, 25 milhões com osteoporose, 16 milhões com obesidade e 3 milhões com câncer, muitos americanos sofrem de males mais obscuros, como disfunção da articulação temperomandibular (10 milhões) e distúrbios cerebrais (2 milhões), Somando as estimativas, Garfield chegou à conclusão de que 543 milhões de americanos estão gravemente doentes – um número chocante em uma nação de 266 milhões de habitantes. 'Ou estamos condenados como sociedade, ou alguém esta chutando alto', sugeriu*". GLASSNER, Barry. *Cultura do medo*. São Paulo: Francis, 2003, p. 20. Tendo bem nítidas as consequências disso, o mesmo Barry Glassner adverte: "*Os medos válidos têm sua razão de ser: dão-nos dicas sobre o perigo! Os medos falsos e exagerados causam apenas apuro. Mesmo preocupações sobre perigos reais, quando extrapoladas, causam estragos significativos*". Idem. Ibidem, pp. 24-25.

193 SILVA, Denival Francisco da. "Manipulações, lacunas e subjetividades do Direito, servindo como atalhos para ampliação do Estado punitivo: A especifidade dos crimes hediondos". *In*: BIZZOTTO, Alexandre; SILVA, Denival Francisco da e OLIVEIRA, Tiago Felipe de (org.). *Quotidianus*: a criminalização nossa de cada dia. São Paulo: Intelecto Editora, 2016, p. 12.

pretação/aplicação do direito, uma vez que, como superiormente dito por James Hermínio Porto da Silva[194], "*Novas perspectivas de desenvolvimento do constitucionalismo se abrem quando se tem a dimensão real dos problemas de uma sociedade, tendo em vista que o Direito, tal como nas relações sociais que lhe dão suporte, está em constante movimento*", para isso, sabendo-se da utilização do medo, deve-se conter a prática de sua utilização, para, contendo-a, permitir que aflore um novo e mais sadio desenvolvimento do constitucionalismo e mesmo do direito do trabalho, e, aliás, de resto, do direito em geral!

O eminente Salo de Carvalho, em artigo publicado em 2019, em dada altura, observou[195]:

> "Os números de encarceramento mundial e nacional permitem algumas conclusões imediatas: (a) o Brasil é o segundo país que mais encarcera (proporcionalmente) na última década; (b) no Brasil o encarceramento de mulheres é substancialmente maior, em termos proporcionais, do que o de homens; e (c) o encarceramento de homens e mulheres negros é o mais significativo em termos quantitativos e qualificativos. No entanto, um dado é alarmante e precisa ser explorado: o número de encarceramento de adolescentes em conflito com a lei".

A reflexão que trago/proponho é a seguinte: o Direito do Trabalho contribui, da forma em que hodiernamente disciplinado, de algum modo, para isso, mesmo considerando a hipótese de as estatísticas apresentadas terem sofrido alguma modificação, mas não imaginando tenham sido substanciais? Explico-me, ou tento melhor me explicar: ao permitir que o medo se aloje na alma, no mais recôndito da alma dos trabalhadores, sabendo que cada pessoa reagirá/enfrentará de forma diferente esse medo, arrostando-o ou sucumbindo a ele, reduzindo as condições em que o trabalho é executado, permitindo jornadas que, na prática, para além de extenuantes, dificultem sobremaneira ou mesmo obstem qualquer possibilidade de estudo e/ou algum aprimoramento profissional, para o que os baixos estipêndios também contribuem, ou seja, criando uma atmosfera que, as-

---

194 SILVA, James Hermínio Porto da. "Colonialismo e Estado de Exceção". LOPES, Anderson Bezerra; FONSECA, Eduardo Samoel; MEIRELLES, João Victor Esteves; PACHANI, Leandro; MAGANE, Renata Possi e ABIB Sea (org.). *Democracia e crise, um olhar interdisciplinar na construção de perspectivas para o Estado brasileiro* – Estudos em homenagem ao Professor Pedro Estevam Alves Pinto Serrano. São Paulo/MG: Autonomia Literária, 2020, pp. 206-207.

195 CARVALHO, Salo de. "O encarceramento seletivo da juventude negra brasileira: a decisiva contribuição do poder judiciário". GIAMBERARDINO, André; ROIG, Rodrigo Duque Estrada e CARVALHO, Salo de (org.). *Cárcere sem fábrica* – Escritos em homenagem a Massimo Pavarini. Rio de Janeiro: Revan, 2019, p. 82.

pirada/respirada pelos de espíritos mais fracos, no sentido de mais propícios ao desespero, vão sentindo o peso das condições e dos riscos em que vivem em seu trabalho, até que, sem maiores consequências, seja rompida a relação de emprego, feita sem qualquer cerimônia, deixando sem qualquer *efetiva* garantia e/ou possibilidade de vida os que perdem o emprego, lançando, quase (quase?) literalmente, ao concreto das ruas, inúmeros pais/mães de família, maridos/esposas, crianças, desde a mais tenra idade, reduzindo os empregos, o que se pode/poderá esperar dos que só tem fome e não esperança, só lágrimas e não sorrisos, só olhar triste e sem a alegria infantil de seus filhos, só o corpo mal alimentado, mal asseado e mal vestido de suas crianças, quantos não fraquejarão, se não tiverem um espírito forte o bastante para verem tudo isso e se conformarem, e daí partirem, adultos, jovens e até crianças, para atos que a sociedade não tolera e não pode mesmo tolerar, embora os provoque? Que fique bem claro, não digo, nem disse em comenos algum, que as empresas ou quaisquer delas, são responsáveis diretas por tão tristes episódios – mesmo porque penso que nem elas aprovem esse estado de coisas –, já que não desconheço as dificuldades que enfrentam para manter-se, mas pergunto se o Estado, que deve atender a muitas dessas realidades, ao permitir, e mesmo levar a que, em alguma, mas importante medida, ocorra séria mudança de rumo no Direito do Trabalho, tirando-lhe/minimizando a função que, fundamentalmente, justifica sua existência/razão de ser, que é a de, como já asseverado, equilibrar/harmonizar as relações entre capital/trabalho, considerando a hipossuficiência que marca a pessoa do trabalhador, nessa tão assimétrica relação, para assumir a de melhor assegurar os interesses das empresas, no sentido de lograrem alcançar suas finalidades, o que não deve, claro, deixar de ser considerado, mas não pode se restringir a isso apenas, faz com que se acabe/desemboque na deplorável realidade de que, alguns trabalhadores de ontem, sem esperanças no amanhã e com desespero e fome no hoje, pratiquem atos que os levem a ser encarcerados!

Como aponta Vera Malaguti Batista, em escrito e que, por sua relevância, deve ser, nesse comenos, ser reproduzido: "*O 'discurso forte' do neoliberalismo destrói as estruturas coletivas, fazendo com que os empregados desempenhem obedientemente as suas tarefas, numa conjuntura permanente de medo e incerteza*",[196] observação essa que, somada à visão perspicaz de Alessandro Baratta, de que "*o medo não é mais que uma forma de interpretar o mundo*",[197] no caso dos trabalhadores, tudo é feito para que interpretem o mundo do trabalho da maneira mais preocupante possível, de modo que nem lhes passe pela cabeça, ou se passar, que logo saia, a veleidade

196 BATISTA, Vera Malaguti. *O medo na cidade do Rio de Janeiro* – Dois tempos de uma história. Rio de Janeiro: Revan, 2003, p. 97.

197 *Apud* PASTANA, Débora Regina. *Cultura do medo* – Reflexões sobre violência criminal, controle social e cidadania no Brasil. São Paulo: Método, 2003, p. 98.

de postular/pretender o que quer que seja para melhorar suas condições de vida e trabalho, antes, para que aceitem tudo o que lhes for dito/recomendado/imposto, afinal, se empregados, reclamar do quê?

Ao fim e ao cabo, como já se inferiu: "*O medo faz com que a sociedade barganhe direitos tão duramente conquistados como a liberdade e a dignidade humana. É mais um cruel paradoxo democrático no qual a insensatez coletiva abre espaço para novas formas de dominação, exclusão e até mesmo aniquilação*".[198] Isso, a não haver uma retomada de princípios e de objetivos, ronda/ameaça assustadoramente – e muito – o Direito do Trabalho, porquanto, sob o argumento de que, não mantidas – e até aprofundadas – as mudanças que já foram e outras que ainda se pretende implementar na legislação trabalhista, os empregos recuaram a níveis assustadores, a competitividade das empresas desmoronará etc. etc. e assim, ao som do medo, haverá um "toque" de retirada dos direitos dos trabalhadores, em brutal prejuízo às suas qualidade e condições de vida! Ou ainda, "*Dito de outro modo, o Estado emprega o medo (da pena) buscando inibir o medo (do crime)*",[199] em seara trabalhista se emprega o medo (do desemprego) buscando inibir o medo (de pretensões de melhorias de condições de vida e trabalho)! Não ignoremos, pois, o aviso de José Gil, de que:[200] "*Enquanto dispositivo mutilador do desejo, o medo predispõe à obediência. Amolece os corpos, sorve-lhes a energia, cria um vazio nos espíritos que só as tarefas, deveres, obrigações da submissão são supostos preencher. O medo prepara impecavelmente o terreno para a lei repressiva se exercer*".

Conquanto extraída/tirada de outro quadro/contexto, bem pode ser aqui utilizada a seguinte passagem do livro de António Pedro Lopes de Mendonça: "*Glória eterna a esta bastarda civilização, que transformou o homem numa máquina inerte, obrigando-o a rir, quando as lágrimas o sufocam, a tornar-se amável, quando não sente no espírito senão um profundo tédio da vida!*";[201] para responder a tão lancinante observação, por certo, há de se contar com os efeitos que o medo produz nas pessoas, aqui, para este escrito, o que o medo produz na alma dos trabalhadores!

Iniciei com frases que, a meu ver, como disse, bem retratam os efeitos do medo na vida das pessoas, em especial, dos trabalhadores, peço seja-me permitido finalizar com mais algumas, que também visam ao mesmo objetivo:

---

198 Idem. Ibidem, p.117.

199 COSTA, Renata Almeida da. "Cultura do medo e espaço urbano: um olhar reflexivo sobre a sensação social de insegurança". FERNÁNDEZ, Albert Noguera e SCHWARTZ, Germano. *Cultura e identidade em tempo de transformações*. Curitiba: Juruá, 2011, p. 220.

200 GIL, José. *Portugal, hoje* – O medo de existir, 3ª ed. Lisboa: Relógio D' Água Editores, 2012, p. 73.

201 MENDONÇA, António Pedro Lopes de. *Memórias de um doido*. Rio de Janeiro: EdUERJ, 2022, p. 121.

"Dessa experiência, deduz-se que a rotinização do terror é que o alimenta. Essa situação permite às pessoas viverem em um 'estado crônico' de medo, aparentando normalidade. Enquanto o terror, ao mesmo tempo, permeia o tecido social."[202]

"Porque é um medo que se alimenta a si próprio. Pela sua simples evocação, o medo da crise económica tem por efeito secundário (eu diria até primário) criar uma crise económica."[203]

"– O medo vem ai. Queiramos ou não.

– Ao princípio estranha-se, depois entranha-se."[204]

"Mesmo tendo - quase tudo, as pessoas têm sempre medo de perder mais ainda." [205]

---

202 COSTA, Renata Almeida da. "Cultura do medo e espaço urbano: Um olhar reflexivo sobre a sensação social de insegurança". FERNÁNDEZ, Albert Noguera e SCHWARTZ, Germano. Cultura e identidade em tempo de transformações. Curitiba: Juruá, 2011, p. 225.

203 ZINK, Rui. *A instalação do medo.* Porto: Porto Editora, 2021, p. 99.

204 Idem. Ibidem, p. 132.

205 Idem. Ibidem, p. 164.

V - A (dis)função social do comum acordo, com a recusa imotivada, a "sombra" da colonialidade e o (des) merecimento de tutela judicial

Arranco[206] evocando lição do grande mestre Antonio Junqueira Azevedo sobre os novos princípios contratuais e que, ao abordar o princípio da função social, dilucidou: "*A idéia de função social do contrato está claramente determinada pela Constituição, ao fixar, como um dos fundamentos da República, o valor social da livre iniciativa (art. 1º, inciso IV); essa disposição impõe, ao jurista, a proibição de ver o contrato como um átomo, algo que somente interessa às partes, desvinculado de tudo o mais. O contrato, qualquer contrato, tem importância para toda a sociedade e essa asserção, por força da Constituição, faz parte, hoje, do ordenamento positivo brasileiro,*"[207] ora, se é assim para os contratos gerais, não podendo nenhum deles ser visto como um átomo, e que interesse somente aos contratantes, porquanto releva para toda a sociedade, como afirma o eminente lente que se vem de referir, como admitir que uma questão envolvendo um grupo de trabalhadores, que anelam discutir em juízo questões que, de outro modo, não lograram resolver possa ser "estancada" por meio de uma desmotivada recusa de uma das partes, envolvida na questão? O Direito avança no mais, e pretende, quanto ao Direito do Trabalho avançar, perigosamente, rumo a um duro/cruel passado, quanto ao "tratamento" dispensado aos trabalhadores?!

---

206 Há algum tempo, tive a oportunidade de, com um eminente juslaborista, um dos maiores que temos em nosso País, e que por amizade aquiesceu assinarmos conjuntamente um artigo ("O 'comum acordo' na Justiça do Trabalho e o acesso à Justiça: sensibilizando o olhar", Francisco Alberto da Motta Peixoto Giordani e Guilherme Feliciano, *JOTA*, 13.9.2021), honrando-me com isso, a par de enriquecê-lo (o artigo) sobremaneira, discorrer sobre essa exigência do "comum acordo", que consta da Constituição Federal, em seu artigo 114, § 2º; naquele momento, o foco maior se dirigiu para a boa-fé e o abuso do direito, decorrente da possibilidade de se aceitar/admitir uma recusa sem justificativa. Agora, gostaria de tecer algumas singelas e breves considerações acerca da função social, e o quanto a recusa de comum acordo, desacompanhada de um sério fundamento, ignora-a, claro, magoando os valores e princípios que norteiam o ordenamento jurídico pátrio; por óbvio, poder-se-ia/poder-se-á aprofundar a questão da boa-fé, do abuso do direito, e enfrentar a cizânia que a recusa imotivada pode provocar (*rectius*: efetivamente provoca!) com o princípio da solidariedade, o que deve ficar para uma próxima ocasião.

207 AZEVEDO, Antonio Junqueira. *Estudos e pareceres de direito privado*. São Paulo: Saraiva, 2004, pp. 141-142.

Essa situação não se ajusta ao que se dá hodiernamente, porquanto, como se não desconhece, na quadra atual, já não basta ver da estrutura de um direito (do que é feito), há perquirir de sua função (sua finalidade), o que é da maior importância, necessário mesmo, para se estabelecer se, ao ser, em determinada situação concreta, exercido, atende aos valores do ordenamento (o bem que traz/o quanto contribui para a sua realização), retratados no texto constitucional, e que justificam seu exercício; como superiormente dilucidado pelo culto professor Carlos Edison do Rêgo Monteiro Filho, conquanto tendo em vista mais precisamente o direito de propriedade (mesmo porque a empresa é uma de suas modalidades), em lição que tem amplo alcance, servindo como luva ao que aqui se expõe:

> "A noção geral de funcionalização, pode-se afirmar, parte da distinção, tão querida aos filósofos, entre fins e meios. Tudo o que se diz meio para a realização de alguma coisa, se diz instrumento e, na esteira, se diz funcionalizado àquela noção que representa o seu fim. Se assim é, como parece, numa concepção hierárquica, os meios estão abaixo dos fins, uma vez que se curvam aos seus ditames, servem àquelas finalidades.
>
> Nesse panorama, o intérprete que se vê diante de uma situação jurídica qualquer, deve perquirir, para além de seus elementos constitutivos (o que ela é), a sua razão teleologicamente justificadora: para que serve? Ou seja, os institutos jurídicos, partes integrantes da vida de relação, passam a ser estudados não apenas em seus perfis estruturais (sua constituição e seus elementos essenciais), como também – e principalmente – em seus perfis funcionais (sua finalidade, seus objetivos)."[208,209]

---

208 MONTEIRO FILHO, Carlos Edison do Rêgo. "Usucapião imobiliária urbana independente de metragem mínima: Uma concretização da função social da propriedade". *Revista Brasileira de Direito Civil*, vol. 2, outubro/dezembro 2014, pp. 12-13.

209 Em nota de rodapé, mencionado jurista ainda cita os grandes mestres Pietro Perlingieri e Norberto Bobbio, e estou em que importa conhecer os ensinamentos desses notáveis pensadores do Direito, a respeito da questão ora enfocada; para o primeiro: "*É da máxima importância identificar a estrutura e a função do fato jurídico. Preliminarmente, pode-se dizer que a estrutura e função respondem a duas indagações que se põem em torno do fato. O 'como é?' evidencia a estrutura, o que 'para que serve?' evidencia a função*". PERLINGIERI, Pietro. *Perfis do Direito Civil* – Introdução ao Direito Civil Constitucional. Rio de Janeiro: Renovar, 2002, p. 94. Já para o segundo: "*Se aplicarmos à teoria do direito a distinção entre abordagem estruturalista e abordagem funcionalista, da qual os cientistas sociais fazem grande uso para diferenciar e classificar as suas teorias, não resta dúvida de que, no estudo do direito em geral (de que se ocupa a teoria geral do direito), nestes últimos cinquenta anos, a primeira abordagem prevaleceu sobre a segunda. Sem fazer concessões a rótulos, sempre perigosos por mais úteis que sejam, acredito ser possível afirmar com certa tranquilidade que, no seu desenvolvimento posterior à guinada kelseniana, a teoria do direito tenha obedecido muito mais a sugestões estruturalistas do que funcionalistas. Em poucas palavras, aqueles que se dedicaram à teoria geral do direito se preocuparam muito mais em saber 'como o direito é feito' do que 'para que o direito serve'. A consequência disso foi que*

Aliás, parece mesmo consistente e escorreito inferir, como o faz o afamado civilista Gustavo Tepedino,[210] que "*Todo e qualquer negócio jurídico tem uma estrutura e uma função. A identidade da função que se pretende alcançar e sua compatibilidade com os valores constitucionais precedem e definem a estrutura a ser utilizada. Servem, assim, a estrutura e a função que lhe justifica, de ponto de partida para a construção da legalidade constitucional. Não será, pois, a estrutura do negócio, ou seja, o* modus operandi *(os dispositivos do Código Civil previstos para determinada tipologia ou modelo de ato), que definirá a função a ser desempenhada, mas, ao contrário, é a função que se pretende desempenhar que indicará a estrutura a ser utilizada diante de determinado arranjo negocial.*

Em tal perspectiva, redimensiona-se o debate acerca da função social, como alertou o Professor Pietro Perlingieri... Não se trata de investigar a função social do contrato ou a função social da propriedade, mas de todos os negócios e atividades, analisados em concreto e incidentes sobre bens jurídicos, associando-se, imediatamente, liberdade e responsabilidade, autonomia privada e solidariedade na promoção dos valores que, apreendidos pelo Constituinte, definem a identidade cultural da sociedade"; investigada, aqui, a função social, apenas se enxerga/enxergará, com a recusa imotivada, um absoluto vazio, que a ignora por completo, deixando latente (*rectius*: convidando à explosão) um impasse no meio social, na mais absoluta contramão do desenhado pela Magna Carta, o que, desde logo e mui clara/robustamente deixa ver, com ofuscante clareza aliás, não poder ser esse o caminho a ser percorrido! Daí pertinente ao nosso tema, o que acrescenta o notável mestre, afirmando que "*Liberdade e solidariedade caminham de modo integrado, como binômio inseparável*";[211] observados tão consistentes ensinamentos, há inferir que, a permitir a recusa imotivada, o prato da balança se inclinará (*rectius*: despencará) formidavelmente, do lado da liberdade, *mas, de uma das partes apenas, claro*, e a solidariedade[212] ficará flutuando,

---

a análise estrutural foi levada muito mais a fundo do que a análise funcional". BOBBIO, Norberto. *Da estrutura à função* – Novos estudos de Teoria do Direito. Santana de Parnaíba: Manole, 2007, pp. 53-54.

210 TEPEDINO, Gustavo. "A perseverante construção da legalidade constitucional". TEPEDINO, Gustavo, SANTOS, Deborah Pereira Pinto dos e PEREIRA, Paula Moura Francesconi de Lemos (coord.). *Direito Civil Constitucional* – A construção da legalidade constitucional nas relações privadas, Anais VII Congresso do IBDCivil". Indaiatuba: Editora Foco, 2022, p. 3.

211 Nesse ponto, o lente faz alusão ao referido pela professora Maria Cristina de Cicco, em conferência que proferiu; TEPEDINO, Gustavo. "A perseverante construção da legalidade constitucional". TEPEDINO, Gustavo, SANTOS, Deborah Pereira Pinto dos e PEREIRA, Paula Moura Francesconi de Lemos (coord.). *Direito Civil Constitucional* – A construção da legalidade constitucional nas relações privadas, Anais VII Congresso do IBDCivil". Indaiatuba: Editora Foco, 2022, p. 4.

212 Em alentado artigo, em nota de rodapé de nº 38, salienta Paulo Henrique Ribeiro Garcia que "*Atualmente, o princípio da solidariedade está consagrado no artigo 3º, inciso I, da Constituição Federal, de modo que a funcionalização dos direitos informa todo o ordenamento jurídico pátrio*". GARCIA, Paulo Henrique Ribeiro. "A função social da empresa e o desenvolvimento nacional". *Cadernos Jurídicos*, São Paulo, ano 16, nº 39, janeiro-março/2015, p. 98.

praticamente sem peso algum, como uma pena (e que pena!) do outro lado da balança, o que, a toda evidência, não atende, mais, não respeita, o que traçou o legislador constituinte para a nossa sociedade, por conseguinte, não pode ser essa a interpretação que prevaleça, e como a constitucionalidade do respeitante dispositivo foi já estabelecida, o fiel da balança, para permitir caminhem, "de modo integrado", liberdade e solidariedade, só pode ser encontrado, há de ser observado, em respeito ao projeto constitucional, se a recusa, uma vez manifestada e para sê-lo, tiver a respaldá-la, algum motivo sério e ponderoso, do reverso, como encaixá-lo, conferir-lhe feição conforme ao aspecto funcional do direito? Ou a ideia é retornar, ainda que ao arrepio de todo o ordenamento jurídico pátrio, ao individualismo egoísta, com foco no patrimônio, voltando-se a prevalência do ter, sobre o ser? Embora se tenha ideia de como isso poderia agradar alguns, além de se chocar, como dito, brutalmente, com a senda traçada pela Magna Carta, ainda provocaria sofrimento a milhões de pessoas, motivos que, para além de outros, já responde pela incisiva negativa de se admitir a recusa balofa, com força de édito régio e, nessa medida, inquestionável!

A preocupação com interesses econômicos, conquanto relevante e deva ser tida em linha de consideração – e muito –, não pode ser tal e/ou exclusiva, de modo que não leve em conta, *real e não apenas em aparência*, outros interesses, de não menor importância, mesmo porque: "*Afinal, se o direito é essencialmente cultura, o sistema jurídico equivale ao conjunto de matizes axiológicos, e não apenas aos econômicos, que refletem a identidade da sociedade*",[213] ou seja, os aspectos econômicos, conquanto se saiba/reconheça/prestigie sua indeclinável importância, sempre, não podem "tragar" outros, também muito relevantes, máxime em uma Constituição, como a nossa, que privilegia, releva sempre recordar, o ser sobre o ter!

Outro tanto se diga, relativamente a um possível intento de se agitar, aqui, o aspecto da segurança jurídica, primeiro porque, desde logo, esse ponto, não raro, faz surgir uma indagação, em alguns espíritos, ainda que não verbalizada: "segurança jurídica para quem?", diante do fato de que, bastas vezes, se podem enxergar diferentes níveis de segurança jurídica, ou seja, não se oferece/garante a mesma "porção" para diferentes segmentos da sociedade, a depender do que esteja sobre a mesa de discussão/análise, e segundo porque a segurança jurídica não paira sobranceira sobre valores outros, ao reverso, há, conforme o que se tenha em vista, os que alçam voos mais altos, como já se explanou:

213 TEPEDINO, Gustavo. "A perseverante construção da legalidade constitucional". TEPEDINO, Gustavo, SANTOS, Deborah Pereira Pinto dos e PEREIRA, Paula Moura Francesconi de Lemos (coord.). *Direito Civil Constitucional* – A construção da legalidade constitucional nas relações privadas, Anais VII Congresso do IBDCivil". Indaiatuba: Editora Foco, 2022, p. 7.

> "Do ponto de vista axiológico, a segurança jurídica perde terreno para os valores do bem comum e da justiça social. O pensamento jurídico passa a orientar-se mais em função dos valores do que dos interesses, recorrendo cada vez mais às cláusulas gerais e aos princípios jurídicos, categorias que não permitem maior rigor no trabalho, lógico dedutivo, ou raciocínio de subsunção, o que leva a falar-se, atualmente, em 'perdas de certeza' no pensamento jurídico".[214]

Empolgar não empolga, outrossim, o argumento do afastamento do Estado, no particular, para justificar o desejo (ou obsessão?) em defesa da recusa ao alvedrio do empregador, o que, se for para ser pensado, só poderia sê-lo, a partir da efetiva existência de uma rede de proteção, que garantisse a possibilidade de uma certa "paridade de armas", do reverso, um tal afastamento (do Estado), equivaleria/equivale a uma carta branca (também franca?) a um maior asfixiamento da classe obreira, ou não?[215]

Lembrando: A Constituição Federal de 1988 "*transferiu a centralidade anteriormente inerente ao Código Civil para a tábua axiológica constitucional*",[216] e essa realidade não pode ficar apenas no aspecto "Ah, está bem! Legal então!", é dizer, sem repercussões efetivas, sem vida, ao contrário, há repercutir "vivamente" na vida! Corolário disso, desde logo, como também já se disse, é que "*o ordenamento jurídico, fundado no personalismo e no solidarismo, passou a exigir que o exercício de situações jurídicas patrimoniais seja funcionalizado à concretização de valores existenciais, à luz do princípio da dignidade da pessoa humana (Constituição Federal, art. 1º, III), por ser a pessoa em concreto o valor primário para o qual se voltam a livre iniciativa e as relações patrimoniais*",[217] e com base nesse sólido ensinamento, logo se vê que não basta a análise isolada de um dispositivo legal, ou a soma de um e algum

---

214 AMARAL, Francisco. "Racionalidade e sistema no Direito Civil Brasileiro". *Revista de Informação Legislativa*, Brasília, ano 31, nº 121, janeiro/março, 1994, p. 243.

215 Aliás, vale anotar que muitas vozes, quando defendem – e ardorosamente –, a retirada do Estado das relações de trabalhos, miram as individuais, não as coletivas, pesem os discursos que falam o reverso, bastando ver o quanto se procura "minar"/"dinamitar" as organizações sindicais, a cada passo, com uma legislação que esvazie e/ou impeça-as de atuarem, do modo que sua razão de existir levaria/levam a que fizessem/façam.

216 OLIVEIRA, Camila Helena Melchior Baptista de e CORTAZIO, Renan Soares. "Abuso de direito potestativo à luz do princípio da boa-fé objetiva". *In*: TEPEDINO, Gustavo e SILVA, Rodrigo da Guia (coord.). *Relações patrimoniais* – Contratos, titularidades e responsabilidade civil. Belo Horizonte: Fórum, 2021, p. 17.

217 Idem. Ibidem, p. 17.

outro, para drapejar, validamente, a bandeira da possibilidade da recusa imotivada! Há ver o espírito da Carta Política![218]

Para que seja efetiva essa repercussão, para que impregne/contagie a atmosfera, jurídica e das relações, para logo, há ter firme que a tábua axiológica constitucional, retromencionada, que apanha a centralidade dada ao trabalho e também reconhecendo o valor da atuação sindical, em prol dos obreiros, como admitir possa haver, quando infrutífera uma negociação coletiva, uma dependência, total, logo desmedida, a uma das partes, conferindo-lhe o poder, tal qual o de antigos imperadores romanos, de decidir, com um gesto de mão, pela "vida ou morte" da possibilidade de propositura de uma ação, para resolver o impasse que as partes, por si mesmas, não conseguiram concertar? O que isso contribuiria para o atendimento do desenho constitucional, e no que participaria para a harmonia e pacificação das relações capital e trabalho, e ainda, como conceber uma autonomia privada tão larga, em um Estado que tanto valoriza a solidariedade? Claro que outras indagações poderiam ser acrescentadas, mas essas parecem já ferir bem a *quaestio* posta, demonstrando quão tóxico esse entendimento à saúde da Constituição e seus objetivos primeiros.

Permitir uma recusa que não se fundamente em outro motivo que não a mera escolha/opção pela negativa de um empregador envolvido numa negociação coletiva que não logrou êxito, de modo, com isso, a obstar a outra parte/sindicato profissional a requerer apreciação judicial do que, diretamente pelas partes não se afinou, em um sistema como o nosso, não se ajusta/harmoniza/não leva em conta nenhum dado da realidade que seja, consistentemente considerado, e aqui, vale

---

218 Quanto a esse ponto, há lembrar que o eminente constitucionalista José Afonso da Silva fala que, aquando da interpretação, há buscar a compreensão de seu espírito: "*A hermenêutica do espírito procura a ideia fundante, a concepção básica que encontra sua expressão ou incorporação na Constituição. É nessa concepção básica, por detrás da multiplicidade das normas constitucionais, que descobrimos a unidade de seu sentido*". SILVA, José Afonso da. *Comentário contextual à Constituição*, 9ª ed. São Paulo: Malheiros, 2014, p. 18. Kazuo Watanabe, entre outros, também segue esse ensinamento, o que anima ainda mais a tese. Leia-se: "*Esse alcance do princípio da proteção judiciária decorre da hermenêutica do espírito da Constituição, que, no magistério de José Afonso da Silva, 'procura a ideia fundante, a concepção básica que encontra sua expressão ou incorporação na Constituição' e 'é nessa concepção básica, por detrás da multiplicidade das normas constitucionais, que descobrimos a unidade do seu sentido*". WATANABE, Kazuo. "Fundamentos constitucionais da solução pacífica das controvérsias: Mediação, conciliação e negociação". *In*: BIANCHI, José Flávio; PINHEIRO, Rodrigo Gomes de Mendonça e ALVIM, Teresa Arruda (org.). *Jurisdição e direito privado*: Estudos em homenagem aos 20 anos da Ministra Nancy Andrighy no STJ. São Paulo: Revista dos Tribunais, 2020, p. 421. Ainda quanto ao aspecto ora em foco, embora atinente ao que se tornaria o novo Código Civil, leia-se, de Miguel Reale: "*[...] o que importa numa codificação é o seu espírito; é um conjunto de ideias fundamentais em torno das quais as normas se entrelaçam, se ordenam e se sistematizam*" . USTÁRROZ, Daniel. "O solidarismo no direito contratual brasileiro". MARQUES, Cláudia Lima (org.). "*Dialogo das fontes*: do conflito à coordenação de normas no direito brasileiro. São Paulo: Revista dos Tribunais, 2012, p. 261.

repisar, vivemos em um país no qual os efeitos da colonização, por meio de uma colonialidade ainda bem presente,[219] de per si, já dificultam os passos dos trabalhadores e de seus sindicatos, mantendo-os, em boa e forte medida, agrilhoados a uma condição bem assimétrica, tornando extremamente dificultoso – e mais ainda na atual quadra – para eles, sequer manter os direitos conquistados, o que dirá melhorá-los, permitindo-lhes melhores condições de vida e trabalho.

A função social teve/tem de ser observada, como consequência mesma do egoísmo que vinha/vem imperando na sociedade (e que ainda querem alguns – ou muitos? – continue imperando, para isso procurando enxergar, distorcendo-os, os mais diversos institutos do direito, interpretando-os como se nada houvesse mudado ou se o que mudou fosse/seja uma nova forma de se praticar a autonomia da vontade, na forma "manda quem pode/quem tem, obedecem os demais, que não podem, porque não têm", do que a exigência do comum acordo, permitindo a recusa imotivada, é eloquente exemplo), e com tal intensidade, que o direito se afastava/afastou/afasta muito do que dele se esperava/espera, na e para a cons-

---

219 Acerca desse tema (colonialidade), tenho um singelo escrito, intitulado "Colonialidade e o Direito do Trabalho: algumas reflexões", que faz parte de obra coletiva a ser, em breve, publicada, mas, da maneira mais simples possível, pode-se asseverar que diz com o fato de que os países outrora colonizados, continuam dependentes dos países centrais, com maiores poderes ($$$), que os dominam/subordinam, sob os mais variados aspectos. Ainda relativamente à colonialidade, dilucida João Francisco Cassino, valendo-se de Luciana Ballestrin, que: *"Por colonialidade entende-se, conforme definição de Ballestrin, os mecanismos de dominação que se mantêm em funcionamento pelos países ricos, mesmo após as independências".* CASSINO, João Francisco. "O Sul Global e os desafios pós-coloniais na era digital". *In*: CASSINO, João Francisco; SOUZA, Joyce e SILVEIRA, Sérgio Amadeu da (org.). *Colonialismo de dados* – como opera a trincheira algorítmica na guerra neoliberal. São Paulo: Autonomia Literária, 2021, p. 15. De acrescentar o ensinamento de Iara Schiavi, *littera ad litteram*: *"A incorporação da dinâmica dos países colonizadores nos países colonizados, muitas vezes com o uso da violência, somada à apropriação dessas formas de dominação pelas elites nacionais, reforçou fenômenos de segregação socioespacial, gentrificação e exclusão, promovendo a concentração de renda e poder. Como desenvolvido por Quijano, as reverberações desses processos não foram encerradas com a libertação das antigas colônias, manifestando-se até os dias atuais pela colonialidade do poder, que consiste na adoção da racionalidade eurocêntrica não apenas na Europa, mas em todos aqueles povos educados sob a lógica do eurocentrismo, resultando em uma subjugação e estratificação do pensamento, do conhecimento e da vida.*
Um exemplo da influência dos países centrais em relação aos países periféricos após o fim das colônias refere-se à adoção de políticas urbanas neoliberais a partir da década de 1980. Entre elas incluem-se: limitação à atividade do Estado, regulação não estatal, subcontratação de serviços, privatização, gestão voltada à quantificação do desempenho, estímulo ao empreendedorismo e ao individualismo, policiamento e vigilância, controle de circulação e austeridade fiscal. Entre essas políticas, a austeridade destaca-se, pois ela justifica o desenvolvimento das demais, como subcontratar, privatizar, empreender ou quantificar o desempenho das cidades, segundo um argumento de que o Estado está falido e não tem condições de prover a infraestrutura e os serviços públicos. Assim, dado o limite orçamentário, comprometido por dividas públicas, seria imprescindível à manutenção das obrigações fiscais recorrer às companhias privadas, que, nessa lógica, disponibilizam serviços com mais qualidade e eficiência e menores custos" (quantos e quão importantes esclarecimentos!). SCHIAVI, Iara. "As tendências neoliberais e dataficadas da incorporação tecnológica nas cidades". *In*: CASSINO, João Francisco; SOUZA, Joyce e SILVEIRA, Sérgio Amadeu da (org.). *Colonialismo de dados* – como opera a trincheira algorítmica na guerra neoliberal. São Paulo: Autonomia Literária, 2021, p. 152.

trução de uma sociedade que contemplasse/contemple todos os seus integrantes, e não apenas os que tivessem certas condições, como ser proprietário, ter posses, condições para assumir certas obrigações e tomar certas decisões, quadro esse que com cores tênues deixavam/deixam fora do desenho social ou não proporcionavam/proporcionam uma visão adequada, de valores como a ética, a sociabilidade e a funcionalidade, modo de ver – ou de não ver – que magoava/e ainda magoa a dignidade da pessoa humana, ao que a CF/88, como se foi inferindo, passo a passo, após sua entrada em vigor, procurava/procura (ainda) mudar/evitar, o que fica claro se esse mesmo olhar se detiver em seu artigo 3º, é dizer, a pouca – ou mesmo nenhuma – consideração para com o próximo, não se ajusta/não se amolda/não mais tem lugar, nos dias que correm, para o que a observância da função social nos mais diversos institutos e ramos do Direito é essencial. Fere o tema com rara precisão o preclaro Alenilton da Silva Cardoso, que assim se expressou:[220]

> "*Depois de verificar que durante o último século o direito e suas instituições atuaram no sentido de organizar a sociedade sob o paradigma da autonomia plena de vontade e do direito à propriedade como algo quase absoluto, percebe-se que hoje, a partir da adoção do princípio da solidariedade como paradigma ético do direito contemporâneo, uma nova feição foi atribuída àquelas mesmas instituições, desta vez organizada pelos parâmetros da ética, da sociabilidade e da* funcionalidade.
>
> *Por consequência dessa nova ordem paradigmática, aliás, fulcrada no princípio da dignidade humana em seu sentido pleno, fortaleceu-se de juridicidade a expressão 'função social', aplicada, principalmente, nas relações envolvendo particulares, e nesta cadência lógica, como supedâneo do processo paulatino de vinculação ampla e irrestrita da sociedade à concretização dos direitos fundamentais (art. 3º da CF+88), adotou-se a ideia de funcionalização social como fórmula de compatibilização entre os interesses privados com os interesses público, difuso e coletivo,* uma vez que o desnível social e o estado de indiferença ao próximo alcançaram níveis alarmantes" (não sublinhado no original).

A função social é algo que passa a ser (reconhecidamente) vital para o Direito, quando se percebe que seu uso não pode ser indiferente ao meio em que exercido, pela repercussão que nele tem, e que, se utilizado egoisticamente, com visão voltada apenas para os interesses individuais imediatos, sobrepondo-os, invariavelmente e/ou ao menos em larga (larguíssima) escala, ao que o existir, não isoladamente, faz considerar/sopesar, pode sê-lo – e num sem-número de casos

220 CARDOSO, Alenilton da Silva. "A funcionalização do direito privado". *Revista Forense*, vol. 409, ano 106, maio-junho de 2010, pp. 3-4.

efetivamente é – de modo prejudicial e/ou em desconformidade com sua razão de ser, injustificável e/ou reprovavelmente afetando/prejudicando terceiros, o que se não mais tolera, mesmo porque, como hodiernamente se compreende, por uma série de razões e experiências que marcaram/marcam a existência e convivência em sociedade – quantas trágicas e dolorosas – levando a que se reconhecesse/reconheça a necessidade de se proteger a igualdade e a dignidade da pessoa humana, com respeito aos seus direitos fundamentais e o agir solidário, de modo a permitir-lhe uma vida com sentido de vida, e não apenas vegetativa. A função social não enfraquece um direito, apenas acrescenta-lhe a atuação com respeito e atenção ao interesse do próximo.

Em sendo assim, desde logo, se constata que podem não coincidir o interesse de alguém, como aqui nos importa, o proprietário e/ou empresário, com o cumprimento da função social, como bem refere o ilustre Prof. André Ramos Tavares, ao dilucidar: "*A imposição do cumprimento da função social da propriedade introduziu uma nota na propriedade que pode não coincidir com o interesse do seu proprietário, mas que é dada pela ordem jurídica, e, assim, deve ser obedecida. É que se trata de fundamento para o reconhecimento e garantia do direito de propriedade em sua plenitude*".[221]

Por outras águas não singra o grande jurista Eros Roberto Grau que, ao expor o conceito de função, arrancando das lições de Santi Romano, assim se posiciona: "*A função é um poder que não se exercita exclusivamente no interesse do seu titular, mas também no de terceiros, dentro de um clima de prudente arbítrio*";[222] aliás, em outra obra sua, o mestre Eros Roberto Grau, tratando da função social da propriedade, mas em lição que aproveita outras situações, após fixar que, "*em oportunidades anteriores, pensando ter demonstrado, então, suficiente e adequadamente, a compatibilidade entre direito subjetivo e função*", prossegue, chamando a atenção para a circunstância de que: "*O que mais releva enfatizar, entretanto, é o fato de que o princípio da função social da propriedade* impõe *ao proprietário – ou a quem detém poder de controle na empresa* – o dever de exercê-lo em benefício de outrem e não, apenas, de não o exercer em prejuízo de outrem. *Isso significa que a função social da propriedade atua como fonte da imposição de comportamentos positivos* – prestação de fazer, portanto, *e não, meramente, de não fazer – ao detentor do poder que deflui da propriedade*"[223] (no original não sublinhado). Vale, outrossim, expor o pensamento, sempre importante e esclarecedor, do ilustrado professor Fábio Konder Comparato, que segue a mesma senda, no sentido de que a função, aqui, impõe um

221 TAVARES, André Ramos. *Curso de Direito Constitucional*, 6ª ed. São Paulo: Saraiva, 2008, p. 641.

222 GRAU, Eros Roberto. *Elementos de Direito Econômico*. São Paulo: RT, 1981, p. 119.

223 GRAU, Eros Roberto. *A ordem econômica na Constituição de 1988*, 6ª ed. São Paulo: Malheiros, 2001, p. 269.

agir, tendo em mira interesse que não o próprio: "*Se analisarmos mais de perto esse conceito abstrato de função, em suas múltiplas espécies, veremos que o escopo perseguido pelo agente é sempre o interesse alheio, e não o próprio do titular do poder. O desenvolvimento da atividade é, portanto, um dever mais exatamente, um poder-dever; e isto, não no sentido negativo, de respeito a certos limites estabelecidos em lei para o exercício da atividade, mas na acepção positiva, de algo que deve ser feito ou cumprido*".[224]

No estágio atual do Direito e de seu melhor aproveitamento/aplicação, tendo cerrado fileiras em torno de sua função social, natural assim que fixe o agir pensando e no interesse de próximo, que é algo bem diferente de não agir ou não agir no interesse próprio, apenas não se conduzir pensando única e exclusivamente no próprio interesse, o que não espanta, não é exigir algo que agrida a natureza de alguém ou que seja sobre-humano, atento a que o homem não vive isolado, em uma ilha, como Robinson Crusoé; embora também se referindo à função social da propriedade, de extrema valia a reprodução da seguinte passagem: "*Como diz Venosa, assim como não existe concepção do direito para o homem só, isolado em uma ilha, não existe propriedade, como entidade social e jurídica, que possa ser analisada isoladamente. A justa aplicação do direito de propriedade, então, depende do encontro do ponto de equilíbrio entre o interesse coletivo e o interesse individual, e, à toda evidência, a função social condiciona o direito de propriedade a um exercício harmônico e equilibrado da titularidade frente ao interesse individual do proprietário e o interesse da coletividade*",[225,226] O mesmo não se dá com uma empresa e sua função social: o empresário não vive em uma ilha, sua empresa não vive só com e por ele, mas conta – e quanto! - com seus empregados, daí, como justificar a recusa imotivada, a obstinada recusa em resolver uma questão com os seus trabalhadores, por meio da atuação da entidade sindical que os represente, o que pode justificar isso?

De mais a mais, facilitará a compreensão da função social, a palavra, abalizada, de outro grande e respeitado lente, Celso Antônio Bandeira de Mello,

---

224 COMPARATO, Fábio Konder. "Estado, empresa e função social". *RT*, ano 85, v. 732, outubro/1996, p. 41.

225 CARDOSO, Alenilton da Silva. "A funcionalização do direito privado". *Revista Forense*, vol. 409, ano 106, maio-junho de 2010, p. 8.

226 De maneira percuciente observa Paulo Henrique Garcia Ribeiro que: "*Assim, o direito subjetivo em um contexto social somente se legitima se atende aos interesses da sociedade.*
Invade-se a autonomia da vontade para se restabelecer o equilíbrio nas relações jurídico-sociais. Não somente por meio da proteção do direito, com repressão à sua violação, mas também por meio de uma função positiva, de promoção de objetivos determinados.
Não se trata, pois, de simples atuação de controle de poder. Instrumentaliza-se, por meio da imposição de condutas positivas e negativas quando do exercício de um direito, sua funcionalização em prol de interesses sociais, além da satisfação do interesse particular". GARCIA, Paulo Henrique Ribeiro. "A função social da empresa e o desenvolvimento nacional". *Cadernos Jurídicos*, São Paulo, ano 16, nº 39, janeiro-março/2015, p. 98.

que, conquanto tendo por foco imediato o direito administrativo, em ensinamento abrangente e de incomensurável valor, com seu modo elegante de expor, assim se expressa:

> "*Todos sabemos que a palavra 'função', em Direito, tem sido usada em mais de um sentido, mas há para ela uma acepção, um sentido nuclear que, mais que outros, merece ser explorado. Existe função em Direito quando alguém dispõe de um poder à conta de um dever, para satisfazer o interesse de outrem; isto é, um interesse alheio.*
>
> *'Função', em síntese, é o exercício no interesse alheio de um poder exercido em conta de dever legal*",[227] acrescentando que se cuida de um "*dever de concretizar a finalidade legal, isto é, dever de dar satisfação a um interesse de terceiro, a um interesse alheio: no caso, o interesse da coletividade.*"[228,229]

Quanto à propriedade, percorreu caminhos diversos e até inversos, no decorrer da história, como demonstra o professor André Ramos Tavares, em interessante passagem:

> "Verificar-se-á que, historicamente, caminhou-se de uma concepção coletiva da propriedade, considerada como bem comum de todos, para a ideia de um direito individual e absoluto até se alcançar a concepção atual de que, embora assegurada individualmente, a propriedade deverá atender sua função social.
>
> Houve, pois, mais recentemente, uma relativização desse direito (de propriedade), que deixou de considerar-se absoluto. Essa mudança de concepção caminhou paralelamente ao deslocamento do instituto do Direito Privado para o Direito Público. Houve a constitucionalização do direito

227 MELLO, Celso Antônio Bandeira de. *Grandes temas de Direito Administrativo*. São Paulo: Malheiros, 2009, pp. 116-117.

228 Idem. Ibidem, p. 117.

229 Dilucida, ainda, o afamado administrativista que se vem de citar, em excerto que se volta para o direito privado, daí nos interessando de maneira muito próxima, no que diz com o rigor de sua observância, quando de aplicação ao direito privado que: "*Sabe-se que também no direito privado existe função, conquanto seja muito mais rara, exatamente porque no direito privado rege sobranceira a idéia da autonomia da vontade. Daí remanescer-lhe espaço pequeno, restrito a alguns institutos. De revés, como no direito público a idéia retora é a de finalidade, nele é que a função exerce papel dominante. Sem embargo, no direito privado, toda vez que se põe em pauta instituto submisso à tônica da função, ninguém hesita em sacar as interpretações consequentes e apropriadas*". MELLO, Celso Antônio Bandeira de. *Grandes temas de Direito Administrativo*. São Paulo: Malheiros, 2009, pp. 118. É dizer, ainda que no direito público possa ser mais a tônica, cabendo no direito privado, em número cada vez maior de institutos, se generalizando, pois, sua aplicação, há de ser rigorosamente exigido seu cumprimento!

de propriedade e a consequente explicitação constitucional do conteúdo desse direito."[230]

A nossa Carta Política dispõe acerca da função social da propriedade, valendo notar que:

> "A propriedade só está garantida, como tal, na Constituição brasileira, nos termos do inciso XXIII [art. 5º], que prescreve: 'a propriedade atenderá sua função social'.
>
> Em função disso, não há mais como considerar a propriedade como direito puramente privado, ou mesmo como direito individual."[231]

Inegável a importância que o legislador constituinte conferiu à função social da propriedade, bem cônscio estava, certamente, da importância adequada de sua utilização/utilidade, tanto em termos individuais, como para a coletividade, pela clareza com que trabalha esse aspecto, de ceder o passo, a essa altura, para a valiosa lição de Alenilton da Silva Cardoso:[232]

> "Mais do que qualquer outro direito, a propriedade recebeu da Constituição de 1988 um tratamento voltado à função social, sob a premissa de que seu exercício deve ser feito no sentido da utilidade, não somente para si, mais para todos, daí ser incompatível com a inércia, com a inutilidade e com a especulação.
>
> Sendo um direito subjetivo consistente no poder da pessoa usar, gozar, dispor e reivindicar seus bens (art. 1228 do Código Civil), o termo função contrapõe-se a esse direito, traduzindo em um poder que deve ser exercido no interesse coletivo. Noutros termos, a propriedade pode ser, ao mesmo tempo, direito e função, no sentido de que a função social diz respeito não ao direito em si, mas às coisas que formam o seu objeto."[233]

---

230 TAVARES, André Ramos. *Curso de Direito Constitucional*, 6ª ed. São Paulo: Saraiva, 2008, p. 632.

231 TAVARES, André Ramos. *Curso de Direito Constitucional*, 6ª ed. São Paulo: Saraiva, 2008, p. 639.

232 CARDOSO, Alenilton da Silva. "A funcionalização do direito privado". *Revista Forense*, vol. 409, ano 106, maio-junho de 2010, p. 6-7.

233 Poucas páginas adiante, pontua Alenilton: "*Como instituto do direito privado, ainda que a função social lhe dê um viés público, o direito de propriedade enceta deveres para o benefício da sociedade. O sujeito mantém o seu direito privado à propriedade, mas a estrutura, a substância desse direito passa a ser composta não apenas por poderes, mas também por uma função jurídica em prol do interesse público. A propriedade nesse contexto todo, não é mais apenas um direito subjetivo do proprietário, mas a função social do detentor da riqueza de satisfazer as necessidades gerais*". CARDOSO, Alenilton da Silva. "A funcionalização do direito privado". *Revista Forense*, vol. 409, ano 106, maio-junho de 2010, p. 9. Isso, de certa forma, justifica, até mais, o direito de propriedade e, no nosso caso, o de empresa.

Há ter em mente a advertência do mestre Silvio de Salvo Venosa, *verbis*: "*Toda propriedade, ainda que resguardado o direito do proprietário, deve cumprir uma função social.*"[234,235]

Para se ver/aquilatar da importância atribuída pela Carta Magna à função social da propriedade, basta arrancar dos dispositivos que contém, abordando-a,

> "Para determinadas situações, a Constituição estabelece, sem esgotar o seu alcance, o conteúdo da função social. É o caso, por exemplo, do art. 182, § 2º, relativamente à propriedade urbana, e do art. 186, relativamente à propriedade rural, ambos voltados para uma política de exercício anti-individualístico dos direitos, sem esquecer da preservação do meio ambiente, que foi amarrado à utilização adequada dos solos urbano e rural, na perspectiva da construção de um desenvolvimento ecologicamente sustentável (art. 225 da Constituição de 1988).
>
> Noutra banda, se o direito à propriedade e o princípio da sua função social já vem garantidos de forma genérica, pelo art. 5º incs. XXII e XXIII, da Constituição, sua repetição como princípios da ordem econômica no art. 170, incs. II e III, também da Lei Maior, positiva a expressão num sentido setorial. Esses princípios setoriais, para além de serem um mero detalhamento dos princípios gerais, imbuem à ordem econômica o papel de realizar finalidade social dessa instância do direito, qual seja, assegurar a todos uma existência digna, conforme os ditames da justiça social".[236]

Claro que não é a própria propriedade, em si mesma considerada, que cumpre a sua função social, mas sim seu proprietário, como observa o já citado lente Eros Roberto Grau:[237] "*Em outros termos, quem cumpre ou deve cumprir a função social é o proprietário da coisa*". Ora, se é assim, como admitir, sem assumir o risco de

---

234 VENOSA, Sílvio de Salvo. *Direito Civil – Reais*, vol. 4, 21ª ed. São Paulo: Atlas, 2021, p. 144.

235 Na sequência, o ilustrado civilista acrescenta: "*Ainda e sob o mesmo diapasão, o vigente Código Civil, após descrever os poderes inerentes ao proprietário, dispõe: 'Art. 1.228. § 1º O direito de propriedade deve ser exercido em consonância com as suas finalidades econômicas e sociais e de modo que sejam preservados, de conformidade com o estabelecido em lei especial, a flora, a fauna, as belezas naturais, o equilíbrio ecológico e o patrimônio histórico e artístico, bem como evitada a poluição do ar e das águas*". VENOSA, Sílvio de Salvo. *Direito Civil – Reais*, vol. 4, 21ª ed. São Paulo: Atlas, 2021, p. 144. Aliás, esse insigne civilista havia já "*A Encíclica Mater et Magistra do Papa João XXIII, de 1961, ensina que a propriedade e um direito natural, mas esse direito deve ser exercido de acordo com uma função social, não só em proveito do titular, mas também em benefício da coletividade*". VENOSA, Sílvio de Salvo. *Direito Civil – Reais*, vol. 4, 21ª ed. São Paulo: Atlas, 2021, p. 141.

236 CARDOSO, Alenilton da Silva. "A funcionalização do direito privado". *Revista Forense*, vol. 409, ano 106, maio-junho de 2010, pp. 9-10.

237 GRAU, Eros Roberto. *Elementos de Direito Econômico*. São Paulo: RT, 1981, p.119.

tolerar/admitir mesmo seja, por parte de um dador de serviço magoada/ignorada a função social da empresa numa dada situação em concreto, que é a isso que se chega/chegará com uma recusa sem motivação? Para evitar isso, no mínimo, há assentar a recusa em algo comprovadamente sério, que lhe forre a negativa. Esse ponto se agiganta (ao invés de final, vira um longo parágrafo!) se se atentar para a circunstância de que "*Para Rogério Orrutea, 'em face do princípio da função social fica o proprietário jungido a observar desde o papel produtivo que deve ser desempenhado pela propriedade – passando pelo respeito à ecologia – até o cumprimento da legislação social e trabalhista pertinente aos contratos de trabalho*".[238] Isso pode ser, vale insistir, tão facilmente contornado com a recusa injustificada? Lembremos, aqui, que "*Entendida como atividade econômica organizada para a produção ou circulação de bens e serviços, a empresa, tal como a propriedade e o contrato, foi alcançada pela extensão do valor social, e não obstante a livre iniciativa tenha sido assegurada como fundamento republicado pela Constituição Federal, o fato é que o exercício de tal direito tem de se conformar com valores outros como a dignidade da pessoa humana, da valorização social do trabalho e da solidariedade*".[239]

Para o que ora nos ocupa, interessante referir que o direito subjetivo de propriedade não atrita, não é incompatível, de forma alguma, com o de função que se lhe atribua (a propriedade), para o que releva apontar que a propriedade pode ser vista em dois momentos e/ou sob dois ângulos, o estático e o dinâmico, aquele o tê-la o proprietário como algo seu/que lhe pertence, este, diz com sua utilização, e para isso, calha à fiveleta, como sempre, aliás, saber do ensinamento do afamado Eros Roberto Grau, no sentido de que:

> "No primeiro momento, examinada estaticamente, como expressão da situação jurídica do proprietário, a propriedade é direito subjetivo. No segundo, porém, quando vista e regulada em seu dinamismo, a propriedade é função."[240,241]

---

238 TAVARES, André Ramos. *Curso de Direito Constitucional*, 6ª ed. São Paulo: Saraiva, 2008, p. 641.

239 CARDOSO, Alenilton da Silva. "A funcionalização do direito privado". *Revista Forense*, vol. 409, ano 106, maio-junho de 2010, p. 14.

240 GRAU, Eros Roberto. *Elementos de Direito Econômico*. São Paulo: RT, 1981, pp.120-121.

241 Um pedaço após, no texto, o insigne jurista expõe: "Não se trata de tentar substituir a idéia de poder, que repousa, no caso, no direito subjetivo, por uma idéia de dever, que está na função; trata-se, simplesmente, de compreender que a propriedade deve ser examinada em dois momentos distintos: um, o momento estático, quando ela é regulada em termos de pertença ou pertinência – e aí é faculdade que se pode transmudar em ato em decorrência de permissao jurídica, é poder; outro, o momento dinâmico, em que regulada em razão do fim a que socialmente se destina". GRAU, Eros Roberto. *Elementos de Direito Econômico*. São Paulo: RT, 1981, p. 121. Vista sob essas perspectivas, como dito, não atritam o direito subjetivo e a função social, ao reverso, bem convivem!

Por certo, vale notar que, para o notável jurista Eros Roberto Grau, de quem já me socorri neste singelo estudo, realçou que:

> "Esta visão, dinâmica, da propriedade – e suas mais incisivas consequências, no aspecto enfatizado – ganha relevância específica quando a aplicamos à idéia de empresa, estando magistralmente sumariada na expressão de Philomeno Joaquim da Costa: 'a empresa, como confluência de capital de trabalho, está sendo instrumento de uma reelaboração do conceito de propriedade; é dono de um bem quem dele se utiliza para fins produtivos."[242, 243, 244]

Que parágrafo mais esclarecedor! Que bússola doutrinária, a indicar o norte a seguir! E uma vez seguida a direção apontada, cujo caminho restou "pavimentado" e alumiado pelo notável mestre, com os ensinamentos que venho de reproduzir, e considerando a inegável e mais absoluta importância e posição de relevância ímpar que a empresa detém e ocupa na sociedade contemporânea, lembrando que esses aspectos a envolvem com a comunidade em que atua, como admitir/permitir/tolerar/achar minimamente razoável e condizente com o ordenamento jurídico, com o que estabeleceu a Carta Política, no particular, a recusa imotivada, que o mesmo é dizer, emitida tendo como justificativa/sustentação apenas a vontade/o modo de ver ou de não querer ver de um dador de serviço, e com isso, apenas com isso!, impedir que uma ou algumas questões que angustiam seus trabalhadores – e, claro, com elevado potencial de afetarem a comunidade ao seu entorno e/ou mais além ainda, a depender do porte e raio de ação da empresa envolvida – fiquem em aberto, como uma ferida não tratada a tempo e modo, que pode agravar-se, contaminando o meio social em que se abriu, e daí perturbando o processo produtivo

---

242 E GRAU, Eros Roberto. *Elementos de Direito Econômico*. São Paulo: RT, 1981, pp. 122-123.

243 Com base nesse ensinamento do professor Eros Roberto Grau, já se afirmou: *"A concepção inicial da função social está, historicamente, vinculada ao direito de propriedade (antes era instrumento protetor da pessoa e da sua família, concedendo meios de subsistência). No contexto individualista da propriedade, para Eros Roberto Grau, ela pode ser vista com um enfoque estático, decorrendo de um direito subjetivo e individual; sob outra concepção, a propriedade pode ter um viés dinâmico, que é aquela que desempenha funções específicas, isto é, vê-se um atributo teleológico. Nesse contexto, no instante em que o empresário utiliza seus bens para uma finalidade lucrativa com reflexos na sociedade, resta a inevitável conclusão de que a empresa faz parte da propriedade dinâmica"*. CORREIA JÚNIOR, José Barros e ALBUQUERQUE, Paula Falcão. "Empresa: da função individual à social". *In*: EHRHARDT JÚNIOR, Marcos e LOBO, Fabíola Albuquerque (coord.). A função social nas relações privadas. Belo Horizonte: Fórum, 2019, p. 194.

244 Não há olvidar, outrossim, nesse passo, das vigorosas palavras do grande jurista Fábio Konder Comparato, *verbis*: *"no mundo jurídico, enquanto o homem pode ser considerado apenas estaticamente – pois ele vale para o Direito pelo que é, em si e por si (o seu ser já é valer) –, as chamadas pessoas jurídicas só podem ser consideradas dinamicamente, ou seja, pela função que exercem"*. COMPARATO, Fábio Konder. "O poder de controle na Sociedade Anônima", *apud* CORREIA JÚNIOR, José Barros. "(Re)personalização do direito empresarial pela função e atividade social". *Revista Fórum de Direito Civil – RFDC*, Belo Horizonte, ano 1, n. 1, setembro/dezembro – 2012, p. 108.

e a consecução mesma das atividades empresariais; é certo e não se desconhece, que o ambiente/o momento, que já não é de agora, pois vem sendo "criado" há tempos, não é nada favorável aos trabalhadores e as suas entidades representativas e talvez ou por isso modos de ver como esse (que admitem a recusa balofa), que magoam os direitos fundamentais dos trabalhadores, venham sendo introduzidos e com algum (triste) êxito! A contrariedade com a Constituição Federal é gritante e aumenta de tom, chegando a urrar, de dor e constrição (que talvez doa mais ainda, por atingir-lhe em sua essência!), condoendo os que consideram os fins objetivados pelo legislador constituinte, quando se evocam o artigo 7º, seu *caput* em especial e seus incisos, como também os seguintes, que a compõem! Pudesse e/ou quando/a partir do momento que essa aflição chegar/chegue aos ouvidos e corações outros (que possuam profunda visão humana e social), que não apenas os dos trabalhadores e os seus, entidades representativas inclusive, certamente a recusa desacompanhada de sério fundamento não mais se sustentaria/sustentará!

E por falar em empresa, como já registrei em linhas transatas, tem sua função social também, decorrente do princípio da função social da propriedade, e como já se acentuou: "*É extremamente rica a análise do princípio da função social da empresa, corolário do princípio da função social da propriedade*".[245,246]

Importa registrar, desde logo, que não se pode mais, mormente quando se cuida de função social da empresa, pretender enxergá-la apenas e/ou dando absoluta/exclusiva proeminência aos fins a que persegue, o que, se, claro, há ser tido em importante linha de consideração, não pode se limitar/ater/conter a essa visão, sendo de rigor estender o olhar, de modo a permitir/levar a que se visualize, sempre vale repisar esse ponto, o desenho traçado pela Constituição, a direção que traçou para ser cumprida e da qual não está excluída a empresa, ao contrário, porquanto lhe cabe relevante campo de atuação; de interesse, nesse passo, o que asseveram José Barros Correia Júnior e Paula Falcão Albuquerque, a saber:

> "*Contudo, não se pode tratar a empresa como o mesmo negócio de séculos atrás. O esforço pelo exercício de uma atividade que visa ao lucro em potencial (lucratividade), atualmente, deve ser analisado dentro de um contexto constitucionalizado. Isso porque a Constituição Federal de 1988 assumiu um papel concreto de dire-*

245 GRAU, Eros Roberto. *Elementos de Direito Econômico*. São Paulo: RT, 1981, p. 112.

246 O eminente jurista, algumas linhas adiante, reitera que: "O princípio da função social da empresa – já o afirmei – é corolário do princípio da função social da propriedade. Assim, a evolução do tratamento jurídico conferido à propriedade – que da plena *in re potestas*, de Justiniano, da propriedade como expressão do Direito Natural evoluiu em uma linha que vai desembocar, modernamente, na idéia de propriedade-função social – deve servir como subsídio que fundará e inspirará a análise que me disponho empreender, da função social da empresa". Idem. Ibidem, p. 112.

cionador do Direito Privado, devendo se apresentar como filtro axiológico quando da confecção, interpretação e aplicação das normas infraconstitucionais. O texto constitucional também passou a apresentar diretamente normas que fundamentam o direito das relações particulares.

Nesse sentido, alguns alicerces são colocados na Constituição Federal de 1988 para orientar todo o Direito Empresarial contemporâneo, especialmente no sentido de deixar no passado todo pensamento exclusiva e excessivamente liberal apresentado a partir do século XVIII, o qual individualizava fortemente os interesses daqueles que desenvolviam a atividade de comércio",[247] de modo que, dizem os preclaros doutrinadores:

"*Nos dias atuais, existe um caráter social em tal liberdade [de iniciativa] que, inclusive, é expressamente posto no artigo 170 da Constituição Federal de 1988. Percebe-se isto no instante em que o texto faz menção à necessidade de garantir a todos uma existência digna, em consonância com os preceitos da justiça social, e aponta uma série de princípios de interesse social que devem ser observados,* tais como a função social da propriedade, *a defesa do consumidor, a defesa do meio ambiente, a redução das desigualdades regionais e sociais, a busca de pleno emprego e a preocupação com os pequenos empreendedores que se colocam em situação de vulnerabilidade*" (sublinhado).[248,249]

Por outras águas não navega o insigne José Roberto Marques, como se percebe, a partir de seus ensinamentos, e que também, como os demais já citados, deixam claro que, querer cortar os mares em nave transportando concepções absolutistas do direito de propriedade, ao invés de a carregarem de concepções de interesse social, não levará quem a conduzir a um porto seguro, é conferir: "*A adoção do princípio da função social representa o afastamento do caráter absolutista do direito de propriedade. Consagrado doutrinariamente, hoje encontra respaldo em textos*

247 CORREIA JÚNIOR, José Barros e ALBUQUERQUE, Paula Falcão. "Empresa: da função individual à social". *In*: EHRHARDT JÚNIOR, Marcos e LOBO, Fabíola Albuquerque (coord.). A função social nas relações privadas. Belo Horizonte: Fórum, 2019, p. 184.

248 CORREIA JÚNIOR, José Barros e ALBUQUERQUE, Paula Falcão. "Empresa: da função individual à social". *In*: EHRHARDT JÚNIOR, Marcos e LOBO, Fabíola Albuquerque (coord.). A função social nas relações privadas. Belo Horizonte: Fórum, 2019, p. 193.

249 Mais esse excerto há de ser considerado: "*Ora, a evolução do Estado Liberal para o Estado Social fez solidificar o princípio da função social, como ideário de solidariedade e como elemento moderador da livre iniciativa. Isto porque a liberdade de iniciativa não se restringe a um simples princípio básico da liberdade de desenvolver empresa e, enquanto fundamento da República Federativa do Brasil, não deve ser encarada como uma orientação individualista, mas como instituto de valiosa repercussão social*". CORREIA JÚNIOR, José Barros e ALBUQUERQUE, Paula Falcão. "Empresa: da função individual à social". *In*: EHRHARDT JÚNIOR, Marcos e LOBO, Fabíola Albuquerque (coord.). A função social nas relações privadas. Belo Horizonte: Fórum, 2019, p. 193.

legislativos, principalmente na Constituição Federal",[250] mesmo porque "*O princípio da função social, por sua vez, é a fórmula exata para a compatibilização entre o direito de propriedade, que é reafirmado pela Constituição como direito do indivíduo, e a necessidade de seu uso de acordo com o interesse social*".[251]

No que toca à acrescida importância da empresa no mundo contemporâneo, sempre interessante evocar o quanto já observou o grande jurista Fábio Konder Comparato, argutamente:

> "Se se quiser indicar uma instituição social que, pela sua influência, dinamismo e poder de transformação, sirva como elemento explicativo e definidor da civilização contemporânea, a escolha é indubitável: essa instituição é a empresa.
>
> É dela que depende, diretamente, a subsistência da maior parte da população ativa deste país, pela organização do trabalho assalariado.
>
> É das empresas que provém a grande maioria dos bens e serviços consumidos pelo povo, e é delas que o Estado retira a parcela maior de suas receitas fiscais.
>
> É em torno da empresa, ademais, que gravitam vários agentes econômicos não assalariados, como os investidores de capital, os fornecedores, os prestadores de serviços.
>
> Mas a importância social dessa instituição não se limita a esses efeitos notórios. Decisiva é hoje, também, a sua influência no comportamento de outras instituições e grupos sociais que, no passado, ainda recente, viviam fora do alcance da vida empresarial. Tanto as escolas quanto as Universidades, os hospitais e centros de pesquisa médica, as associações artísticas e os clubes desportivos, os profissionais liberais e as forças armadas – todo esse mundo tradicionalmente avesso aos negócios viu-se englobado na vasta área de atuação da empresa. A constelação de valores típica do mundo empresarial – o utilitarismo, a eficiência técnica, a inovação permanente, a economici-

250 MARQUES, José Roberto. "Função social da propriedade: Constituição Federal, Código Civil e outras leis". *In*: FILOMENO, José Geraldo Brito; WAGNER JUNIOR, Luiz Guilherme da Costa e GONÇALVES, Renato Afonso. *Código Civil* – análise doutrinária e jurisprudencial. Rio de Janeiro: Editora Método, 2008, p. 333.

251 Idem. Ibidem, p. 334.

dade de meios – acabou por avassalar todos os espíritos, homogeneizando atitudes e aspirações".[252,253]

Alenilton da Silva Cardoso, notável jurista de quem já transcrevi ensinamentos neste modesto escrito, com base em posição de outro renomado mestre, salienta: "*Modesto Carvalhosa já aduzia que a função social da empresa é uma situação óbvia, já que quanto a ela são interessados os empregados, os fornecedores, a comunidade em que atua e o próprio Estado, pois dela arrecada tributos fiscais e parafiscais, considerando o autor, outrossim, que as modernas funções sociais da empresa são: i) as condições satisfatórias de trabalho e as relações com seus empregados; ii) o interesse dos consumidores; iii) o interesse dos concorrentes; e iv) a preservação ecológica urbana e ambiental da comunidade em que a empresa atua*".[254] A pergunta que sufoca o peito, exigindo ser feita, como atingir e/ou ver de seu efetivo cumprimento o item "i", com a recusa imotivada?

Essa linha de entendimento, ecoa forte, pois, como se vê, cabendo colocar o acento tônico neste ponto, "*a empresa se constitui hoje patrimônio de todos, com conotação social. Deste organismo multidisciplinar que traduz a empresa depende essencialmente o trabalhador; as regras de consumo se estabelecem, os impostos são recolhidos, a demanda e a oferta se regulam, o controle inflacionário é supervisionado e a sociedade marcha na direção do crescimento e do desenvolvimento*",[255] o que ainda se salienta, em outra lição também valiosa, "*A empresa se sujeita à função social, pois representa uma instituição cuja importância transcende à esfera econômica, na medida em que abarca*

---

252 COMPARATO, Fábio Konder. "A reforma da empresa". *Revista de Direito Mercantil, Industrial, Econômico e Financeiro – RDM*, São Paulo: Malheiros, ano XXV (nova série), número 50, abril-junho+1983, p. 57.

253 Pouco mais adiante, no citado trabalho, diz o festejado professor: "*A liberdade de iniciativa, entendida como liberdade de criação empresarial ou de livre acesso ao mercado, somente é protegida enquanto favorece o desenvolvimento nacional e a justiça social*" e ainda que "*Ora, ninguém sustentará, nem mesmo os últimos partidários da 'mão invisível' regulando o mercado, que não possa jamais haver conflito ou incompatibilidade, entre o objetivo societário de lucro e o dever legal de a companhia exercer uma função social. Verificando-se essa colidência de fins em concreto, qual a solução jurídica? Parece óbvio que ela se encontra na prevalência dos fins sociais, tal como expressos nos princípios do art. 160 da Constituição. De resto, é exatamente nesse sentido que a Lei de Introdução orienta a ação do Judiciário (art. 5º); o atendimento aos fins sociais da lei e às exigências do bem comum*". Idem. Ibidem, pp. 59 e 63, respectivamente. E, veja-se, isso foi dito ao tempo da Constituição Federal anterior, o que, à luz da vigente, a CF/88, adquire, indubitavelmente, maior força/aplicabilidade/exigência de observância!

254 CARDOSO, Alenilton da Silva. "A funcionalização do direito privado". *Revista Forense*, vol. 409, ano 106, maio-junho de 2010, p. 15.

255 BIOLCHI, Osvaldo Anicetto. "A nova Lei de Recuperação de Empresas e Falências". *Revista do Advogado, AASP*, ano XXV, nº 83, Setembro/2005, p. 8.

interesses sociais mais relevantes, como a subsistência de seus empregados e o bem-estar dos cidadãos que dela dependem ou com ela dividem o mesmo espaço social".[256]

Onde encontrar qualquer indício/resquício de realidade social, de alguma (mínima) contribuição/possibilidade para que o impasse seja resolvido, se se tiver em vista a busca real/efetiva/sincera de uma solução para as questões levadas à mesa de negociação e que lá não encontraram uma composição, deixar ao alvedrio de um empregador, em suas relações com seus trabalhadores e os sindicatos destes, a decisão soberana/incontrastável, de se poder levar ou não, ao Judiciário, a questão não resolvida, para que essa seja submetida ao exame e decisão judicial; uma interpretação que admita/leve a essa situação, gerará uma séria e certamente intransponível dificuldade de harmonização com os fins objetivados e dispostos pela Magna Carta, além de, desde logo, olimpicamente não considerar a realidade social; com as adaptações necessárias, dar-se-á, aqui, o que, com muita perspicácia, José Roberto Malufe aponta como ausência de uma condição que faz com que um escrito (no nosso caso também interpretação) não possa ser considerado válido/correto, por não remeter à realidade social, vale conferir: "*Uma das condições necessárias (embora não suficiente) para que um escrito qualquer venha a ser definido como científico e que os eventos ou as experiências nele referidos possam ser considerados como reais, como acontecendo realmente, o que nos remete à questão da realidade social*".[257]

Montamos praça na ideia de que, dos ensinamentos da melhor doutrina, extrai-se, com segurança, que os direitos, nos mais variados momentos da vida em sociedade não devem (*rectius*: não podem!) ser exercidos de modo absoluto, sem nenhuma consideração para com terceiros; aqui, no tema que ora nos ocupa, bem veste, com os ajustes necessários, a lição da afamada professora Ada Pellegrini Grinover, mencionada pela procuradora federal Juliana Silva Barros de Melo Sant'Ana, que, por sua vez, citou o preclaro Júlio Fabrini Mirabete, *litera ad literam*: "*Mas, como bem observa Ada Pellegrini Grinover, 'as liberdades públicas não são mais entendidas em sentido absoluto, em face da natural restrição resultante do princípio de convivências das liberdades, pelo qual nenhuma delas pode ser exercida de modo danoso à ordem pública e às liberdades alheias*"; [258] essa consistente lição, transposta ao que abordado neste singelo escrito, deixa claro que não se pode conceder/conceber uma tão alargada liberdade a um empregador que, podendo exercê-la da

256 GARCIA, Paulo Henrique Ribeiro. "A função social da empresa e o desenvolvimento nacional". *Cadernos Jurídicos*, São Paulo, ano 16, nº 39, janeiro-março/2015, p. 91.

257 MALUFE, José Roberto. *A retórica da ciência* – Uma leitura de Goffman. São Paulo: Educ – Editora da PUC/São Paulo, 1992, p. 20.

258 *Apud* VASCONCELOS, Danilo. "A (i)legalidade do acesso às informações do celular do detido em razão da prisão em flagrante". *In*: BIZZOTTO, Alexandre; SILVA, Denival Francisco da e OLIVEIRA, Tiago Felipe de (org.). *Quotidianus* – A criminalização nossa de cada dia. São Paulo: Intelecto Editora, 2016, p. 273.

maneira que desejar, possa, ao fazê-lo, restringir (*rectius*: esmagar/pulverizar) a de um sindicato, o que, ao fim e ao cabo, resulta danoso aos respectivos trabalhadores que o sindicato representa e à própria comunidade, esta que tanto busca e precisa respirar em uma sadia atmosfera de paz e harmonia social!

Fosse o direito comparado a um alimento (e talvez não deixe de sê-lo, para uma vida mais saudável de determinada sociedade), não bastaria/não basta mais saber, para aprová-lo, do que é feito, mas seria/é também necessário (mais ainda, para se inclinar a digeri-lo) ver para que serve, é dizer, qual o bem que traz ingeri--lo, qual sua função para o bom e adequado funcionamento do organismo! A meu aviso, bem algum trará para o organismo social, consumir, em qualquer quantidade, por menor que seja, uma porção de (suposto) direito a uma recusa imotivada, que tem tudo para ocasionar transtornos e mal-estar, não lhe proporcionando qualquer vitamina que revigore o normal e saudável relacionamento capital/trabalho, tão necessário ao bom funcionamento do aparelho social.

Creio saltar aos olhos, claro, dos que, ao verem, não se contentem com ver, mas queiram enxergar, é dizer, compreender o que às vistas se lhes apresenta, que a função social da propriedade/da empresa, é irremediavelmente avessa a uma recusa construída tendo como material a edificá-la apenas uma vontade que não se sabe o que pode justificá-la, o que logo denota cuidar-se de frágil construção, que não tem como se manter, de maneira sólida, podendo, portanto, fazer ruir/desmoronar o harmonioso convívio que a relação capital/trabalho necessita para que dê bons frutos, não só para os diretamente envolvidos, como para a sociedade, aliás, um tal proceder lembra o de um menino, inexperiente, de tenra idade, que, não tendo outros argumentos para se manter em um time de futebol que está sendo montado ou mesmo porque foi substituído, por fraco desempenho, por ser o dono da bola, põe a pelota debaixo do braço e vai embora; ora, se essa conduta, feita por uma pequena criança é compreensível, já não o é, quando de um empregador se trata, com responsabilidades, para com os seus empregados (evito o vocábulo "colaborador", por não entendê-lo como correspondendo, de maneira adequada, à relação que resulta de um vínculo de emprego, parecendo ser usada, deliberadamente, por alguns e talvez seguido por inúmeros outros, sem que atentem para isso, com o escopo de ir provocando uma "erosão" no conceito mesmo dessa relação!) e, também, como já mencionado, para a coletividade, quando menos, ao seu entorno.

Como há inferir do que neste singelo escrito se vem procurado demonstrar, e ainda me valendo de situações que o esporte pode oferecer, estou entre os que acreditam superada a fase do individualismo (do "eu" em primeiríssimo lugar!

Não raro também em segundo, terceiro lugar!), hodiernamente, não há mais uma partida a ser disputada entre o "eu" x "ele" ou "eu" x "eles", mas um novo time é formado pela axiologia constitucional (logo, de 1ª divisão, série "a"), a saber, o esquadrão do "nós", que bem treinado, trará vitórias sem conta ao nosso ordenamento jurídico, desde logo derrotando times que se julgavam/julgam tradicionais/clássicos, atuando com táticas superadas, baseadas no individualismo, ignorando a tática funcional que hoje é vitoriosa, e isso atinge, de cheio, as concepções que atualmente não vencem jogos, mas que antes eram praticadas, relativamente aos direitos potestativos, de fato, uma vez que:

> "*Superada a tradição deixada pelo individualismo e priorizando o ponto de vista funcional, os sujeitos, ao perseguirem os seus interesses legítimos e as finalidades em comum na relação jurídica constituída, deverão demandar esforços mútuos de cooperação para o cumprimento das suas obrigações e deveres. Assim, a despeito da aparente discricionariedade no exercício dos direitos potestativos, que acarreta a sujeição da contraparte às consequências por eles impostas, não se pode olvidar que as situações jurídicas subjetivas devem ser exercidas sob perspectiva relacional e dentro dos limites impostos pelo ordenamento constitucional. Desse modo, os direitos potestativos, apesar de representarem um símbolo de liberdade, também devem observar, como todos os demais, a lógica solidarista e a axiologia constitucional*",[259] em tal disputa, a recusa injustificada nem sequer pode ser relacionada para a partida![260]

A recusa, tida como bastante com a mera manifestação do dador de serviço, vai de encontro a qualquer razão, séria, como deve ser exigido: veja-se, a questão não é a recusa em si que, como já estabelecido pela nossa Suprema Corte, pode ser manifestada, o problema está em ser recusado o comum acordo sem motivo que o embase, de forma válida, o que é inaceitável, ou ao menos assim deveria ser, já que, em assim ocorrendo, fica caracterizado reprovável abuso do direito, restando magoado o aspecto funcional que deve reger/rege o respeitante ato; a uma recusa assim balofa, não pode haver merecimento de tutela.

259 OLIVEIRA, Camila Helena Melchior Baptista de e CORTAZIO, Renan Soares. "Abuso de direito potestativo à luz do princípio da boa-fé objetiva". *In*: TEPEDINO, Gustavo e SILVA, Rodrigo da Guia (coord.). *Relações patrimoniais* – Contratos, titularidades e responsabilidade civil. Belo Horizonte: Fórum, 2021, p. 21.

260 Nesse trilhar, há evocar a lição do grande Pietro Perlingieri, *verbis*: "*A autonomia não é livre arbítrio: os atos e as atividades não somente não podem perseguir fins anti-sociais ou não-sociais, mas, para terem reconhecimento jurídico, devem ser avaliáveis como conformes à razão pela qual o direito de propriedade foi garantido e reconhecido. A autonomia não se contrapõe ao controle. Aqui, os nexos com a disciplina da empresa tornam-se muito estreitos*". PERLINGIERI, Pietro. *Perfis do Direito Civil* – Introdução ao Direito Civil Constitucional, 2ª ed. Rio de Janeiro: Renovar, 2002, p. 228.

O professor Eduardo Nunes de Souza, após pontuar que "*De todo modo, certo é que os juízos de licitude e não abusividade passaram a constituir, em conjunto, o conteúdo da noção de legalidade no direito civil (entendida como o limite imposto pelo direito para o exercício de prerrogativas particulares). Estas duas instâncias valorativas construíram um sistema de controle predominantemente negativo, compatível com a lógica tradicional que sempre visualizou no direito uma função repressiva*", chama a atenção para o fato de que "*A evolução do pensamento jurídico exigiria, porém, uma nova mudança nesse sistema, para acomodar o que se passou a denominar função promocional do direito*", e prossegue, para esclarecer que "*Nesse contexto, não basta mais que certo ato se apresente conforme ao Direito, sendo igualmente necessário que se revele merecedor de tutela – o que equivale a dizer que as situações jurídicas subjetivas não se encontram mais limitadas apenas por critérios positivos [...] Essa evolução parece ser justamente aquela que acrescentou à função repressiva do direito uma função promocional. Em outras palavras, afirmar que a legalidade corresponde, hoje, ao merecimento de tutela indica que não se preveem apenas limites à autonomia privada na forma de vedações, mas também preferências conferidas aos atos de autonomia que promovam especialmente valores jurídicos relevantes – eis aí o mérito, maior do que a simples conformidade (estrutural e funcional) ao direito, que pode apresentar o ato*".[261,262]

Com amparo em tão valiosos ensinamentos, e transportando-os ao tema ora em foco, há inferir que, ainda que se tenha como possível a recusa balofa e que, com isso, não restasse agredido o ordenamento jurídico, mesmo ciente de que este privilegia a observância e atuação funcional do Direito, conclusão, que fique desde logo proclamado, não concordo mas "imagino" apenas com o escopo de aplicar aludidas lições à hipótese, diante da importância dos efeitos sociais e também econômicos que envolvem a relação capital e trabalho, e das prejudiciais consequências que de um desajuste nela podem advir, bem como tendo presente os valores e princípios que regem nossa Constituição Federal, não se pode ter

261 SOUZA, Eduardo Nunes de. "Perspectivas de aplicação do abuso do direito às relações existenciais". *In*: TEPEDINO, Gustavo; TEIXEIRA, Ana Carolina Brochado e ALMEIDA, Vitor (coord.). *O Direito Civil entre o sujeito e a pessoa* – Estudos em homenagem ao Professor Stefano Rodotá. Belo Horizonte: Editora Fórum, 2016, pp. 66-67.

262 Em nota de rodapé, festejado jurista especifica mais o que desenvolve acerca do merecimento de tutela, o que faz com as palavras que seguem: "*Com efeito, a própria semântica da expressão 'merecimento de tutela' permite inferir que não se trata do simples não descumprimento da lei; um ato merecedor de tutela deve trazer um significado adicional, um mérito a mais, promovendo ativamente valores em vez de apenas não violá-los. Segundo o dicionário Houaiss, 'merecimento' significa, dentre outros sentidos, 'aquilo que empresta valor a algo, aquilo que há de bom, vantajoso, admirável ou recomendável' em algo. Entre o conceito e legalidade e o atual merecimento de tutela há, assim, uma distância semelhante àquela entre o correto e o recomendável*". SOUZA, Eduardo Nunes de. "Perspectivas de aplicação do abuso do direito às relações existenciais *In*: TEPEDINO, Gustavo; TEIXEIRA, Ana Carolina Brochado e ALMEIDA, Vitor (coord.). *O Direito Civil entre o sujeito e a pessoa* – Estudos em homenagem ao Professor Stefano Rodotá. Belo Horizonte: Editora Fórum, 2016, pp. 67-68.

como merecedora de tutela uma recusa que não construída sobre um motivo forte/sólido/sincero e juridicamente defensável.

Com efeito, nos dias que correm (ou voam?!), já não se tem/já não é suficiente, em dados momentos, quando se antepõem/colocam dois comportamentos diferentes/diversos/opostos/contrastantes/colidentes, mas ambos respeitosos ao ordenamento jurídico, o não agir em desacordo/afronta a este, pode ser preciso e em muitas situações será, efetivamente necessário, estabelecer qual deles, por mais plena/adequada/integralmente atender a axiologia do sistema, haverá de ser (esse que melhor o atenda) merecedor de tutela, em sentido estrito, como se diz.

Quanto ao ponto que ora se aborda, há referir o consistente ensinamento do preclaro Eduardo Nunes de Souza, havendo, portanto, ceder-lhe o passo:

> "Por sua vez, um ato que não se considere merecedor de tutela o será sempre em termos relativos (ou seja, não será merecedor de tutela em relação a outro exercício particular que lhe seja contraposto). No plano funcional, esse ato é plenamente conforme aos valores associados à sua tutela jurídica; sua repressão decorre tão somente de sua incompatibilidade com outro ato, também obediente à respectiva função, mas que, na axiologia do sistema, merecerá tutela preferencial. A medida da repressão do primeiro ato, assim, não será a sua própria função, mas a medida necessária para a tutela do outro, dito merecedor de tutela em sentido estrito. Não se pode afirmar, assim, que o primeiro ato seja antijurídico; não existisse uma posição particular contraposta que promovesse melhor os valores do sistema, esse ato teria sua eficácia reconhecida. Dai decorre a maior complexidade do juízo de merecimento de tutela em sentido estrito: nele, como nenhuma das duas posições antagônicas se mostra contrária à ordem jurídica, abre-se ao intérprete margem muito maior de discricionariedade para a sua decisão – tem-se aqui um espaço que muito se assemelha à ponderação dos interesses envolvidos". [263, 264]

263 SOUZA, Eduardo Nunes de. "Perspectivas de aplicação do abuso do direito às relações existenciais *In*: TEPEDINO, Gustavo; TEIXEIRA, Ana Carolina Brochado e ALMEIDA, Vitor (coord.). *O Direito Civil entre o sujeito e a pessoa* – Estudos em homenagem ao Professor Stefano Rodotá. Belo Horizonte: Editora Fórum, 2016, p. 69.

264 Em nota de rodapé, acrescenta o jurista agora citado "*A rigor, para o direito civil-constitucional, diante do imperativo metodológico de se aplicar a integralidade do ordenamento a cada caso concreto, a ponderação entre princípios e interesses potencialmente colidentes, mas igualmente tutelados pelo ordenamento afigura-se uma tarefa constante do intérprete (e não apenas excepcionalmente aplicada na hipótese de casos difíceis, como propõe a doutrina constitucionalista). No caso específico do merecimento de tutela, porém, verifica-se uma aproximação maior em relação à ponderação, justamente pela necessidade de se compatibilizarem interesses antagônicos, mas* a priori *conformes ao ordenamento*". Idem. Ibidem, p. 69.

Em outro alentado escrito, o ilustre jurista Eduardo Nunes de Souza expõe que:[265] "*A mudança de concepção a respeito do papel do Estado em sua intervenção nas atividades privadas culminaria, no Brasil, no estabelecimento da ordem constitucional de 1988, marcada por forte projeto personalista e solidarista, a provocar uma profunda reconfiguração no próprio fundamento de legitimidade dos atos particulares.*

Na perspectiva do direito civil-constitucional, mais ainda, o exercício da autonomia privada apenas se legitima perante a ordem jurídica quando conforme à axiologia do sistema. A noção de controle valorativo dos atos de autonomia, em outras palavras, revela-se um pressuposto intuitivo da própria proteção conferida pela ordem jurídica a tais atos. Partindo-se de tais premissas, o emprego corrente da expressão 'merecimento de tutela' não costuma causar estranheza ao jurista. De fato, afirma-se com frequência que certa pretensão é merecedora de tutela quando se deseja indicar sua compatibilidade com o sistema e, assim, concluir que os efeitos jurídicos pretendidos merecem ser albergados pelo ordenamento. Em sentido lato, portanto, a noção de merecimento de tutela representa justamente o reconhecimento de que a eficácia de certa conduta particular é compatível com o sistema e, por isso, deve ser protegida; trata-se, como se vê, de uma consequência necessária da constatação de que certo ato e lícito do ponto de vista estático ou estrutural e, em perspectiva dinâmica ou funcional, não é abusivo (não constitui o exercício disfuncional de uma situação jurídica".

Há um outro aspecto que cumpre considerar, qual seja, o que diz com a relevância dos elementos que compõem o caso concreto, porquanto, como se sustenta, esses elementos não apenas "recebem" as normas, antes, influenciam-nas, de maneira que participam, efetiva e decisivamente, da elaboração que levará à conclusão a que se chegará, quanto à norma aplicável ao caso que se tem sob as vistas, requerendo solução judicial (não uma qualquer, mas, claro, em consonância com o ordenamento jurídico, de acordo/em sintonia com seus valores e princípios) mesmo porque, se assim não for, como estabelecer qual a norma que há reger determinada situação fática, o caso concreto que se tem em vista? Nessa ordem de ideias, não cabe/não entra/não é admissível a recusa imotivada, tida, em si e por si, como suficiente/bastante com a sua só emissão, sem nenhuma consideração pelo caso concreto, o que, como é palmar, passa pelo detido exame dos motivos que a cercam, que, então e por isso, devem ser desfiados, colocados na ribalta, para que sejam vistos e analisado seu grau (a começar por se há algum) de consistência, conformidade, relevância, respeito e observância aos valores e princípios que, não apenas inspiram, mas orientam e se impõem ao ordenamento jurídico para, então, ter-se elementos para arrancar visando a uma definição do caso. Veja-se, quanto

265 SOUZA, Eduardo Nunes de. "Merecimento de tutela: A nova fronteira da legalidade no Direito Civil". *Revista de Direito Privado*, RT, ano 15, volume 58, abr/jun/2014, pp. 76/77.

a esse ponto, o seguinte e valioso ensinamento: "*os elementos do caso concreto, ao contrário do que por muito tempo se sustentou, não permanecem estáticos à espera da incidência da norma – ao contrário, influenciam esta última e compõem necessariamente a construção da solução jurídica a que chegará o intérprete. Em outros termos, na metodologia civil-constitucional, o ordenamento apenas se completa quando encontra os próprios elementos do caso, só existe o Direito à luz de certa hipótese fática concreta, com suas peculiaridades e características – ideia que se costuma designar como ordenamento do caso concreto*".[266]

O conceituado professor peninsular Pietro Perlingieri, com sua pena autorizada, assim se posicionou: "*O ato de autonomia negocial não é um valor em si: pode assim ser considerado e dentro de certos limites, se e enquanto corresponder a um interesse merecedor de tutela. E necessário verificar essa circunstância, a cada vez, controlando se o ato pode ser, ainda que parcialmente, regulado por fonte que não seja a lei*",[267] e pouco mais adiante, acrescenta: "*Mas, quando a liberdade negocial e contratual tem justificação não em si, mas em outros princípios e valores do sistema, quando o próprio sistema não é mais apenas Estado de Direito, mas Estado Social de Direito, caracterizado por princípios fortes como a solidariedade e o personalismo, a escolha não pode deixar de ser axiologicamente conforme o ordenamento. O ato negocial é válido não tanto porque desejado, mas se, e apenas se, destinado a realizar, segundo um ordenamento fundado no personalismo e no solidarismo, um interesse merecedor de tutela*",[268] ainda de reproduzir, do renomado civilista italiano, o seguinte excerto, que, embora tendo em vista o ordenamento jurídico de seu belo país, sua visão de tão longo alcance, atinge solo pátrio: "*Considerando que os valores constitucionais impõem plena concretização, compreende-se totalmente a necessidade, aqui manifestada, de não limitar a valoração do ato ao mero juízo de licitude e de requerer também um juízo de valor: não basta, portanto, negativamente, a não invasão de um limite de tutela, mas é necessário, positivamente, que o fato possa ser representado como realização prática da ordem jurídica de valores, como desenvolvimento coerente de premissas sistemáticas colocadas na Carta Constitucional. O juízo de valor do ato deve ser expresso à luz dos princípios fundamentais do ordenamento e dos princípios que o caracterizam. Nem todo ato lícito é merecedor de tutela: a simples licitude exime, em regra, apenas da responsabilidade*".[269]

Bem de ver que o merecimento de tutela e a função social não se opõem, não criam/levam a qualquer antagonismo, ao reverso, caminham juntos, esta fi-

266 SOUZA, Eduardo Nunes de. "Merecimento de tutela: A nova fronteira da legalidade no direito civil". *Revista de Direito Privado*, RT, ano 15, volume 58, abr/jun/2014, pp. 79/80.

267 PERLINGIERI, Pietro. "O Direito Civil na legalidade constitucional". Rio de Janeiro: Renovar, 2008, p. 355.

268 Idem. Ibidem, p. 371.

269 Idem. Ibidem, p. 650.

xando/dispondo de um novo norte/condição mesmo, para a validade do exercício de um direito, aquele, estabelecendo, quando há o exercício de direitos colidentes, conquanto, num primeiro momento, ajustados, enquanto isoladamente considerados, ao que dispõe o ordenamento jurídico, devidamente respeitando/promovendo/observando seus valores e princípios qual, em se dando o contraste, mais plena e completamente "completa" a axiologia do ordenamento jurídico.

Destarte, há inferir que não se consegue manter posição em defesa de uma função social que apenas imponha limites, e sem ter em linha de consideração/visar, as garantia e promoção dos valores sobre os quais se levantou/levanta o ordenamento jurídico pátrio; com efeito, como se extrai do significativo ensinamento a seguir: "*Também há bons argumentos em favor de que a função social não tem apenas dimensão negativa, de imposição de limites, mas também positiva, na proporção em que conduz ao nascimento de deveres jurídicos positivos, exigindo interpretação produtiva, não restritora da eficácia e que atue no sentido de garantir e promover os valores sobre os quais se funda o ordenamento*";[270]sob essa perspectiva, no que atua/importa as garantia e promoção de valores do ordenamento, a recusa, nas condições aqui aventadas? Certamente, levam a uma situação contrária, de falta, tanto de uma, como de outra! Preocupante, para não dizer alarmante!

Como fixado já, os valores e princípios constitucionais levam a uma mudança de rota, seguindo-se agora a que prioriza a pessoa humana, sua dignidade enquanto tal e por sê-lo, mas além deles e mesmo por eles, há fixar que, o Código Civil de 2002, com seus valores e princípios, sua deliberada e marcante linha social, como era mesmo de esperar/acontecer, já não falamos trouxe, mas reafirmou o que a nossa Lex Maior já havia desenhado, nesse sentido não havia/não há imaginar que o direito empresarial ficasse/fique infenso a uma atmosfera tão impregnada de preocupação/atenção, ao reverso, como os demais ramos da frondosa árvore do direito, do mesmo ar passou/passa a respirar; como dito, com a pessoa humana.

A função social da empresa, facilmente se justifica, melhor, em um sistema como o nosso e sem deixar na sombra a realidade social que nos cerca, se impõe,[271] pelo que representa no mundo contemporâneo, pela importância que tem, interesses que suscita e mantém acesos, necessidades que atende e/ou propicia sejam

270 LUDWIG, Roberto José. "A função social no direito privado: Uma contribuição da teoria do discurso para a solução do problema de aplicação". *Revista da Ajuris*, volume 34, nº 107, Setembro/2007, p. 227.

271 Por certo, não será despiciendo fixar precioso ensinamento, no sentido de que "*À função social da empresa, portanto, se atribui a força coercitiva própria das normas jurídicas, sem a qual não se diferenciaria de outros institutos*". CORREIA JÚNIOR, José Barros. "(Re)personalização do direito empresarial pela função e atividade social". *Revista Fórum de Direito Civil – RFDC*, Belo Horizonte, ano 1, n. 1, setembro/dezembro – 2012, p. 107.

atendidas; desse modo, a conclusão a que se pode chegar/se chega, é a de que prejudica/conspira contra a recusa imotivada, à plena realização, de forma densa e profunda, do princípio da função social da empresa, o que faz/leva a que não se a aceite/tolere/admita como válida e possível!

VI - Nova Lei Geral do Esporte: (alguns) aspectos trabalhistas controvertidos

Estou em que, ao se abordar uma legislação feita para o esporte, há, desde logo, ter em mente o quanto o esporte mexe, como já se disse, em tantas oportunidades, e "*tão profundamente com as sensações e emoções humanas*", o que, a par de torná-lo altamente empolgante, pode transformá-lo em "*um fenômeno facilmente manipulável*", como, bastas vezes se dá, de uma maneira geral, quando potencializadas e/ou muito afloradas as aludidas sensações e emoções humanas, como já bem foi sintetizado:

> "O esporte tem o significado do seu tempo. E mais, exatamente por mexer tão profundamente com as sensações e emoções humanas, o esporte é um fenômeno facilmente manipulável. Quer dizer, o esporte é um prato cheio para inúmeros interesses – com predominância dos interesses econômicos –, daí não só a possibilidade, mas a necessidade de se fazer uma reflexão sobre as atividades esportivas."[272]

Outrossim, como corolário dos aspectos retroapontados, não há surpreender que, ao se legislar sobre as relações que envolvem atletas profissionais e organizações esportivas, as preocupações e cuidados se voltem, não raro, bem mais ou quase só, se não tão somente, a estas últimas, o que, se em tempos mais recuados ainda se apresentava como algo meio confuso, não muito claro, com o passar dos tempos, se tornou/torna bem e/ou mais nítido, percebendo aqueles (os atletas profissionais) que menores e/ou quase inexistentes, ou, em certos momentos e/ou aspectos, inexistentes, quaisquer preocupações e cuidados para com eles, suas necessidades e a real situação em que suas carreiras se desenvolvem, havendo uma distância estratosférica entre umas e outras, o que também passou/passa a ser percebido por outros segmentos da sociedade, naturalmente, em um quadro assim, há ter-se como pintando a realidade o sentimento de que:

272 MELANI, Ricardo. "Prefácio". *In*: ASSIS, Carlos Donbosco. *A verdadeira dor do atleta*. Belo Horizonte: Edições Pulsar, 1997, p.6.

> "A verdadeira dor do atleta não é aquela dor da fratura, da lesão muscular, da fadiga, da pancada que você levou no jogo. Esses problemas a medicina tem resolvido na medida do possível. A dor a que se refere aqui neste livro está relacionada aos aspectos de ordem econômica, política e social e o atleta não tem como se omitir desses fatores."[273]

Ora, como também seria/é natural, a ligação de um atleta com a organização esportiva acaba por ser mais tênue então, por não corresponder ao *quod plerumque accidit*, esperar que um ser humano (o atleta), sabendo/vendo/sentindo que, em uma relação em que esteja envolvido com outra parte (com a organização esportiva), suas necessidades/interesses são bem menos ou quase nada ou nada tidos/levados em consideração, comparados com os da outra, tenda/acabe por se sentir menos ligado, afetiva e/ou sentimentalmente, com a, no caso aqui em tela, organização esportiva, limitando-se a cumprir rigorosa e profissionalmente o que lhe cabe fazer, e aí, ganhe espaço a ideia/versão de que os atletas não são mais como antigamente, em termos de "amor ao clube", mas, num quadro assim, dá para ser? Sem um certo equilíbrio no trato/disciplina dos interesses/necessidades/direitos, fica prejudicada a respeitante relação e quem vai perdendo/perde com isso é, no nosso caso, o futebol, já tão afetado pelos interesses econômicos que para ele se voltam, e que se justificam com argumentos de necessidade. *Mutatis mutandis*, com as adaptações devidas, ao invés de lealdade sentimento/ligação, dá-se o mesmo com o apontado pelo grande juslaborista Jorge Pinheiro Castelo: "*A lealdade {o sentimento/a ligação} é um relacionamento participativo; e se o empregador diz aos empregados que têm de agir por conta própria e que a empresa não ajudará quando precisarem, então, não há muito por que os empregados serem leais em relação à empresa*".[274] O (d)efeito é o mesmo quando a lei balança (*rectius*: despenca) para um lado, o que, conforme a intensidade, até para o leigo (aqui, o atleta, mas não só) em questões jurídicas, é claramente perceptível, afetando, destarte, o relacionamento entre as partes envolvidas, com prejuízos para o esporte mesmo, aqui, o futebol!

Daí que é preciso/urgente buscar/procurar o reequilíbrio na disciplina legal da relação atleta/organização esportiva, superando-se a visão do "ou", clube ou atleta, pela do "e", clube e atleta, seguindo-se a seguinte lição: "*Em vez de se reprimir com a 'Tirania do OU', as empresas altamente visionárias se libertam com a 'Genialidade do E' – a capacidade de englobar os dois extremos de uma série de dimen-*

273 ASSIS,Carlos Donbosco. *A verdadeira dor do atleta*. Belo Horizonte: Edições Pulsar, 1997, p. 13.

274 CASTELO, Jorge Pinheiro. *O Direito do Trabalho líquido*. São Paulo: Ltr, 2017, p. 45.

sões ao mesmo tempo. Em vez de escolher entre 'A ou B, elas descobrem uma forma de ter A e B".[275]

Prosseguindo, há ser mencionado o artigo 70, da Lei Geral do Esporte, *verbis*: "No nível da excelência esportiva, as relações econômicas que advêm do esporte devem basear-se nas premissas do desenvolvimento social e econômico e no primado da proteção do trabalho, da garantia dos direitos sociais do trabalhador esportivo e da valorização da organização esportiva empregadora", cuja leitura, conjuntamente com os artigos seguintes, faz lembrar uma interessante passagem: "É *uma flor de retórica, mas tem também ares de engodo, ainda que um pouco grande demais*",[276] de vez que, em diversas ocasiões, seus elevados propósitos não se encontram retratados nos dispositivos que lhe seguem!

Nessa linha, uma advertência desde logo há de ser feita, e diz com o preceituado no artigo 71, da Lei Geral do Esporte, assim: "O trabalhador da área do esporte desempenha atividades laborais permeadas por peculiaridades e especificidades, estabelecendo relações com as organizações esportivas, independentemente de sua natureza jurídica, por meio das formas previstas na legislação civil ou trabalhista", já "preparando" o caminho, arrancando a plantação protetiva do Direito do Trabalho, para o art. 82:

> "A atividade assalariada não é a única forma de caracterização da profissionalização do atleta, do treinador e do árbitro esportivo, sendo possível também definir como profissional quem é remunerado por meio de contratos de natureza cível, vedada a sua participação como sócio ou acionista da organização esportiva.
>
> Parágrafo único. A atividade profissional do atleta, do treinador e do árbitro esportivo não constitui por si relação de emprego com a organização com a qual ele mantenha vínculo de natureza meramente esportiva, caracterizado pela liberdade de contratação."

Atividade assalariada?

Horror a falar em empregado, emprego, preferindo-se outras denominações... Mas esse profissional ... será "remunerado", como referido no próprio arti-

275 COLLINS, James C. e PORRAS, Jerry I. *Feitas para durar – Práticas bem-sucedidas de empresas visionárias*. Rio de Janeiro: Rocco, 1995, p. 75. Na mesma linha, *"Uma mão não se lava sozinha"*, provérbio tswana (povo que habita o Botswana e a África do Sul); pode ser referido, ainda vindo da África, o conceito do UBUNTU : *"somos humanos somente por intermédio da humanidade dos outros"*.

276 WASSERMANN, Jakob. *O Processo Maurizius*. Campinas: Editora Sétimo Selo, 2021, p. 125.

go! O parágrafo único do aludido artigo 82?! Ora, se não preenchidos os requisitos do art. 3º, CLT, não haveria/haverá vínculo de emprego,[277] de fato, não é algo isolado, porquanto se nota, mui clara e fortemente, uma insistente tendência rumo a um desvio/fuga/descaracterização do vínculo de emprego, sucesso que não se dá apenas no âmbito Legislativo, mas, surpreendentemente, no Judiciário também, notadamente, na Suprema Corte que, por mais incrível que possa parecer – e é incrível mesmo, "atravessa", "permissa venia", princípios e regras de direito material e processual, para desmerecer/anular decisões, afinadas com os princípios e regras do direito material e processual do trabalho, por isso, então, ajustadas aos fins – constitucionais inclusive – que justificam sua existência, ignorando, desse modo, o espírito da Constituição, o que se afirma sem receio de ser tido como à caça de assombrações, mas com amparo da lição de José Afonso da Silva, um dos grandes constitucionalistas pátrios, quando ensina:[278]

> "A hermenêutica do espírito procura a ideia fundante, a concepção básica que encontra sua expressão ou incorporação na Constituição. É nessa concepção básica, por detrás da multiplicidade das normas constitucionais, que descobrimos a unidade de seu sentido".

Como corolário e/ou aquando da aplicação do ensinamento que vem de ser reproduzido, é preciso cautela para notar o quão insuficientes/incompletos ou mesmo especiosos podem ser certos argumentos, que arrancam de um artigo isolado, que é "pinçado" para, por seu intermédio, se ter, com ares de irretorquivelmente fundamentada alguma posição, reputada/apresentada, destarte, com a que corresponde ao desenho constitucional, conclusão que, respeitada lição do eminente constitucionalista reproduzida nas linhas imediatamente anteriores, logo se percebe não corresponder.

Benjamin Cardoso bem explicava/explica isso... "*Há vogas e modas na jurisprudência como na literatura, na arte e no vestuário*".[279] Mas não só, já que também na lei e na interpretação, como se vê...

Às vezes, pensamos que uma Constituição é como uma fortaleza inexpugnável, que basta ser promulgada e constar em um texto, ao alcance de todos, para

---

277 Ver, a respeito, o substancioso artigo de ALMEIDA, Almiro Eduardo de e KROST, Oscar. "Lei nº 14.593/23 e o 'Desvínculo de emprego: novidades vetustas ou Caixa de Pandora da 'Modernização das Relações de Trabalho" in: *Direito do Trabalho Crítico*, capturado em 20.6.2023.

278 SILVA, José Afonso da. *Comentário Contextual à Constituição*, 9ª ed. São Paulo: Malheiros Editores Ltda., , 2014, p. 18.

279 CARDOSO, Benjamin N. *A natureza do processo*. Editora Nacional de Direito Ltda., 1956, p. 32.

reger, pacificamente, a vida em sociedade, contando com a obediência/observância geral, nada, portanto a, nem de longe, ameaçar a sua existência; todavia, não é assim, como alerta o prof. Oscar Vilhena, ao apontar que: "... *a sobrevivência da Constituição depende de muitos fatores, entre os quais o compromisso dos diversos setores da sociedade, das lideranças políticas e dos atores institucionais com as regras do jogo democrático e seus pressupostos*".[280] E, antes, já havia advertido:[281] "*Os tribunais constitucionais, por mais ativos e proeminentes que possam ser, são apenas uma das ferramentas de garantia da Constituição, e isso não os isenta, no entanto, de cumprirem sua função de guardas desse conjunto de leis*". Por que faço essa observação? Porque, ao que tudo me leva a crer, por meios sutis, às vezes nem tanto, se vê, por parte de alguns, uma maneira de "deixar de lado" a centralidade do trabalho, conferida pela Magna Carta, abrindo-lhe flancos por todos os lados, seja pura e simplesmente retirando-lhe do lugar que lhe foi destinado, como dito, pelo legislador constituinte, com uma legislação que a desloca de sua posição original, para o que conta com um "empurrãozinho" de alguma jurisprudência, notadamente da Suprema Corte, e aí talvez seja já um "empurrão", seja com e/ou também por meio de um absenteísmo do Estado, no particular, designadamente, quanto à sua intervenção na garantia dos direitos fundamentais sociais dos trabalhadores, sem a qual, esvazia-se a aludida centralidade, no ponto, já se expôs, em lição que tem aplicação ao que vem de ser dito, que:

> "O nosso sistema constitucional não consagra a ideia de um Estado que se abstém da tutela e da intervenção para a garantia da observância a direitos fundamentais, ao contrário, apresenta um Estado voltado ao bem-estar social. Assim, a premissa é de que a omissão Estatal viola a ordem constitucional pois torna-se impensável hoje um retorno ao modelo de Estado Abstenseísta (Bastos, 1994, p. 68). Nessa perspectiva o Estado tem total responsabilidade no processo de consolidação da cidadania".[282]

Atento ao asseverado nas linhas transatas, e já agora tendo sob as vistas a Lei Geral do Esporte, estou em que, em suas prescrições onde previstas as possibilidades de contratação e/ou mudança do que estiver previsto em seus dispositivos por pactuação direta, sempre haverá a possibilidade de futura discussão, dando por exemplos os artigos 82, parágrafo único, "*caracterizado pela liberdade de contra-*

280 V. VIEIRA, Oscar Vilhena. *A batalha dos poderes*. São Paulo: Cia das Letras, 2018, p. 218.

281 Idem. Ibidem.

282 CASARTELLI, Mônica de Oliveira. "A proposta de superação da crise cconômica por meio da flexibilização da legislação trabalhista via negociação coletiva". *Revista do Tribunal Regional do Trabalho da 4ª Região*, n. 44, 2016, p. 70.

tação"; 85, "*cláusulas estabelecidas no contrato especial de trabalho esportivo*"; 97, III, "*salvo previsão contratual diversa*" e outras expressões equivalentes e/ou do tipo.

Com relação aos acréscimos remuneratórios, houve radical mudança em sua disciplina, comparativamente ao anteriormente estatuído pela Lei Pelé, como se pode inferir com o exame do artigo 97, III, da Lei Geral do Esporte: "Aplicar-se-ão aos atletas profissionais da modalidade futebol as disposições desta Lei e, especificamente, o seguinte:(...)

> III – não serão devidos acréscimos remuneratórios em razão de períodos de concentração, de viagens, de pré-temporada fora da sede e de participação de atleta em partida, em prova ou equivalente, salvo previsão contratual diversa."

Mas essa não era sua razão maior de ser? Servirão então para que fim? Estar-se-á perante um dispositivo vazio, ou quase vazio, praticamente sem finalidade?

As "surpresas" não param por aqui, continuam, como se pode constatar, passando os olhos pelo mesmo artigo 97, VII, § 3º, da Lei Geral do Esporte, que assim se apresenta: "Aplicar-se-ão aos atletas profissionais da modalidade futebol as disposições desta Lei e, especificamente, o seguinte: (...)

> VII – será assegurada, no caso de participação em jogos e em competições realizados em período noturno, remuneração com acréscimo de pelo menos 20% (vinte por cento) sobre a hora diurna, salvo condições mais benéficas previstas em convenção ou acordo coletivo; (...)
>
> § 3º – Para os efeitos do inciso VII do *caput* deste artigo, considera-se trabalho noturno a participação em jogos e em competições realizados entre as 23h59 (vinte e três horas e cinquenta e nove minutos) de um dia e as 6h59 (seis horas e cinquenta e nove minutos) do dia seguinte."

Bem se sabe o quão largo é o espaço de atuação/deliberação/decisão/conformação do legislador, bastas vezes adequado/necessário, o que não significa absoluto/sem freios e/ou sem limites a observar, como os inafastáveis parâmetros de racionalidade e a própria realidade que o circunscreve, e que se traduz no modo de ser/viver da respeitante sociedade, além, obviamente, do quanto estatuído pela Carta Política, aqui, de ceder o passo aos ensinamentos do preclaro Christiano Falk Fragoso: "*... não se pode estabelecer uma lei penal contra a Constituição Federal (que estabelece limitações materiais e formais ao poder), contra os tratados internacionais de direitos humanos e contra parâmetros de racionalidade que tomem em consideração dados da realidade*".[283] (Destaques não constam do original).

283 FRAGOSO, Christiano Falk. *Autoritarismo e sistema penal.* Rio de Janeiro: Lumen Juris, 2016, p. 11-12.

Insista-se: o legislador deve atuar sem olvidar e/ou arrostar/ignorar (ainda que aparentando observá-la) a Lei Maior, de vez que, se e/ou ao assim proceder, gerará, de imediato ou a curto/médio prazo insegurança jurídica e todos os debates que sempre a acompanham, além de dever, como salientado já, não perder de vista a cultura, o modo de ver e viver do povo, sob pena de produzir legislação estéril/nociva e que ao invés de harmonizar e pacificar a existência em sociedade, contribuirá para o aprofundamento das divergências/cizânias em seu território, o que provocará/levará a maiores e ingentes esforços – e vai se saber depois das dificuldades para superá-las – para reaproximar, no nosso caso, as relações entre os atletas e as organizações esportivas, ou, como superiormente dito pelo insigne Luis Regis Prado, em lição que, embora voltada ao Direito Penal, bem se aplica ao Direito do Trabalho: "*A construção legislativa tecnicamente correta e conforme à Constituição se apresenta ainda hoje e mais do que nunca como instigante e premente desafio à Política Criminal. ... Para além disso, perpetua-se constante inflação legislativa – quase sempre desnecessária e com absoluta falta de clareza e determinação –, incrementada pela esterilidade de teorias e discussões doutrinais, pela globalização e traslado de institutos, conceitos e regras em descompasso com a cultura e tradição jurídica própria de cada país, pela degradação da linguagem jurídica, pela falta de eficiência real do processo criminal, que, entre outros fatores, propiciam ou aprofundam o agravamento da crise na construção e no emprego da lei penal.*" Resultado disso: "*O resultado dessa situação vem a ser obviamente a corrosão da segurança jurídica, entendida como face da própria justiça (Radbruch), e a colocação em risco da própria noção de Estado de Direito e a sua capacidade de arrostar os ingentes problemas criminais (v.g., terrorismo, tráfico de pessoas, drogas e armas etc.) que assolam a sociedade democrática.*"[284]

Por favor, que não sirvam de "justificativa" argumentos do tipo "*assim diz a lei*", "*a faz porque o legislador que*", os quais, atento a lição do (merecidamente) afamado Eugenio Raúl Zaffaroni, apenas demonstram falta de fortes e mais consistentes argumentos, a par da falta de êxito em termos de racionalidade, é ver:[285]

> "Fica clara a negação da coerência interna do discurso jurídico-penal quando se esgrimem argumentos tais como: 'assim diz a lei', 'a faz porque o legislador o quer' etc. Estas expressões são frequentemente usadas em nossa região e implicam a confissão aberta do fracasso de qualquer tentativa de construção racional e, por conseguinte, legitimadora do exercício de poder do sistema penal".

284 PRADO, Luiz Regis. "Prefácio". *In*: RIPOLLÉS, José Luiz Díez. *A racionalidade das leis penais*, 2ª ed. São Paulo: RT, 2016, p.13.

285 ZAFFARONI, Eugenio Raúl. *Em busca das penas perdidas*, 2ª reimpressão. Rio de Janeiro: Revan, 2012, p. 17.

Que não passe sem rápida referência que não se vê aqui alguma relação com a saúde do trabalhador, que justifique o horário noturno estabelecido; então...

Comparando-se o § 4º, do art. 28, da Lei Pelé, com o art. 85, da Lei Geral do Esporte, pode-se ter este último como mais "objetivo" e/ou técnico, pois dele não consta a ressalva "às peculiaridades constantes desta Lei", que aquele abrigava. Todavia, de notar que o caminho do art. 85, Lei Geral do Esporte, foi/está anteriormente "aplainado", pelo artigo 71, da mesma *lex*, o qual dispõe que:

> "O trabalhador da área do esporte desempenha atividades laborais permeadas por peculiaridades e especificidades...".

Para iniciar o que pretendo expor aqui, de ver as seguintes passagens: "*Já segundo os clubes, a Lei Geral do Esporte, 'aproxima a legislação do esporte ao que já vale para todos os demais trabalhadores*'" (sem destaques no original),[286] aqui, parece que não contam muito; o mesmo, entretanto, se não dá, em outra e anterior manifestação, com o seguinte teor: "*Segundo o Ministro Orlando Silva, uma das principais mudanças propiciadas pelo novo projeto de lei é a valorização do clube que investe na formação de atletas... Orlando Silva também destaca entre os avanços o reconhecimento de características peculiares da atividade de futebol, que exigem flexibilidade em alguns temas da legislação*" (sem destaques no original),[287] aqui, ao que parece, contam – e muito. Ou seja, "peculiaridades e especificidades" são vocábulos utilizados de acordo com os interesses/conveniências do momento, conforme a ocasião, o que, força é convir, torna-os bem manipuláveis (lembrar da observação com a qual principiei este singelíssimo trabalho!!!).

Conquanto as reconheça, essas especificidades e peculiaridades, estou em que não se possa utilizá-las, como óbvio e natural, para "driblar" a legislação, vista em seu todo e de modo sistemático, como há de ser, mesmo porque, não se encontra revogada a Lei Pelé, e ainda há a CLT... (ah, como isso pode ser doloroso para determinados espíritos!) Aqui, portanto, fecundo espaço para aplicação da teoria do Diálogo das Fontes:

> "Essa teoria de Erik Jayme do diálogo das fontes tem se mostrado muito útil para a decisão de casos difíceis e jogado nova luz à solução dos conflitos de leis, assegurando uma aplicação simultânea e coordenada das leis brasileiras de forma a dar efetividade aos mandamentos constitucionais, em especial o da proteção aos mais fracos. Aplicar as leis, interpretá-las e colmatar eventuais lacunas, sem perder de vista os valores e mandamentos constitucionais,

286 *Folha de São Paulo*, 15.7.2022, capturado em 7.9.2023.

287 Jusbrasil.com.br, publicado há 13 anos, capturado em 7.9.2023.

assegurando uma unidade valorativa das fontes e do ordenamento jurídico brasileiro é a tarefa difícil, mas necessária".[288]

Outrossim, a aplicação da teoria das fontes se encontra amplamente justificada, por conta de um fenômeno complexo e que pode ser objetivamente constatado nos ordenamentos jurídicos, que é o da pluralidade de fontes normativas, a essa altura, de ceder o passo ao culto processualista Daniel Mitidiero: "É notória a complexidade dos *ordenamentos jurídicos contemporâneos, marcados fortemente pela pluralidade de fontes normativas*",[289] e ainda na lição deste mestre:[290] "*O Direito hoje, gravado que está pelo advento do Estado Constitucional, requer uma dogmática mais fluída e flexível, 'mitte', consoante entre as aponta a doutrina, sendo de rigor alçar-se mão, para compreensão e aplicação do sistema jurídico, de um diálogo incessante entre as fontes do direito. O desiderato desse diálogo está na coordenação e na harmonia entre as soluções dimanadas dessa ou daquela manifestação do jurídico*".

Mais, pois levando em conta e/ou tendo que coerência bem pode ser tida como uma harmonia "elaborada", de bom proveito a transcrição de ensinamento da ilustre Cláudia Lima Marques, em que discorre sobre a importância, para um sistema jurídico, de coerência, suas, portanto, as palavras que se seguem:

> "Como afirma Erik Jayme, no que tange à teoria, 'o sistema jurídico pressupõe uma certa coerência – o direito deve evitar a contradição', pelo que 'O juiz, na presença de duas fontes, com valores contrastantes, deve buscar coordenar as fontes, num diálogo das fontes."[291]

Realmente, não se pode ignorar que, a cada dia mais, as leis se distanciam do interesse geral – ao qual, ao que parece e em verdade, não foram/não são totalmente ligadas e/ou consideram, e em muitos casos, nem se disfarça mais, procurando "dourar a pilula", pelo que há buscar, e aqui uma inestimável utilidade/relevância da teoria do diálogo das fontes, caminhos/fundamentos para uma necessária reaproximação com esse interesse geral, interesse esse que passa pela pro-

---

288 MARQUES, Cláudia Lima. "A teoria do 'diálogo das fontes' hoje no Brasil e seus novos desafios: uma homenagem à magistratura brasileira". *In*: MARQUES, Cláudia Lima e MIRAGEM, Bruno (coord.).. *Diálogo das fontes* – Novos estudos sobre a coordenação e aplicação das normas no direito brasileiro. São Paulo: Thomson Reuters Brasil/Revista dos Tribunais, 2020, p. 19.

289 MITIDIERO, Daniel. *Processo Civil e Estado Constitucional*. Porto Alegre: Livraria do Advogado, 2007, p. 78.

290 Idem. Ibidem, p. 78.

291 MARQUES, Cláudia Lima. "O Diálogo das Fontes' Como Método da Nova Teoria Geral do Direito: Um Tributo a Erik Jayme". *In*: MARQUES, Cláudia Lima (coord.). *Diálogo das fontes* – do conflito à coordenação de normas no direito brasileiro.São Paulo: Editora Revista dos Tribunais, 2012, p. 19

teção dos mais vulneráveis da sociedade, em suas diversas manifestações, de modo que não nos referimos apenas aos trabalhadores, mas à esmagadora maioria dos integrantes da sociedade. Note-se que em suas lições, a ilustre professora Cláudia Lima Marques não tem a vista voltada, direta e especificamente, aos trabalhadores, enquanto tais, mas aos mais fracos, de um modo geral!

Quantas não foram/são as vezes em que me surpreendo pensando que a teoria do diálogo das fontes em muito se aproxima, parece até ter se originado do princípio tão nosso conhecido da aplicação da norma mais favorável. Esse Direito do Trabalho... e sua luta pela pessoa humana que é o trabalhador, pelo reconhecimento de sua dignidade... Aliás, como recorda o culto Ipojucan Demétrius Vecchi:

> "*Conforme lembra Häberle, foi o movimento trabalhista que trouxe a idéia da dignidade das especulações filosóficas para dentro da prática jurídica. Afirma o autor: 'Na metade do século XIX a dignidade humana se tornou 'idéia-motriz-política do movimento trabalhista'. Lassalle exige a melhoria das condições materiais das classes trabalhadoras e que se lhes proporcione uma existência verdadeiramente digna. Proudhon dá um passo adiante, ao incluir a dignidade da pessoa na idéia de justiça. Com isso, o pensamento da dignidade humana abriu-se a uma nova dimensão, a do Direito e da justiça, transitando do reino do 'pensamento puro' para a prática jurídica*".[292] (Sem destaques no original)

Situação curiosa estabelece o artigo 87 da Lei Geral do Esporte, no sentido de que: "Convenção ou acordo coletivo de trabalho disporá sobre a regulação do trabalho do atleta profissional, respeitadas as peculiaridades de cada modalidade esportiva e do trabalho das mulheres, bem como sobre a proteção ao trabalho do menor.[293]

> Parágrafo único. *O poder público, especialmente os órgãos do Poder Judiciário, atenderão à prevalência das normas* convencionadas ou acordadas na forma do *caput* deste artigo sobre as disposições legais, inclusive quanto às disposições desta Lei e das normas que se aplicarem subsidiariamente a ela, respeitados os direitos sociais de caráter heterônomo constantes da Constituição Federal".

---

292 HÄBERLE, Peter. "A dignidade humana como fundamento da comunidade estatal" *apud* VECCHI, Ipojucan Demétrius. *Direito Material do Trabalho*, vol. I. Curitiba: Juruá, 2014, p. 310.

293 Parece que o legislador se descuidou/olvidou ou pouco se importou, quiçá em uma manifestação conforme à colonialidade (e não à Constituição) de que: "Apesar de adotado pela CLT, e também pelos Códigos Civil e Penal, além de ser largamente utilizado pela doutrina, o termo 'menor' é considerado pejorativo, pois remete ao antigo Código de Menores de 1979, que tratava crianças e adolescentes como pessoas em situação irregular, e as fazia carregar o estigma de marginalização, delinquência e abandono, o que não se coaduna com os novos paradigmas invocados e trabalhados pelo Estatuto {ECA}, que prima pela proteção constante e integral das pessoas em desenvolvimento.

Já o artigo 97, da Lei Geral do Esporte e aí a "curiosidade", dispõe: "Aplicar-se-ão aos atletas profissionais da modalidade futebol as disposições desta Lei e, especificamente, o seguinte: (...)

Desta feita, o melhor é optar pela utilização de outras expressões, tais como 'criança', 'adolescente', 'pessoas em desenvolvimento', 'infante', 'sujeito de direitos especiais' etc.". ROSSATO, Luciano Alves e LAPORÉ, Paulo Eduardo. *Direitos trabalhistas das crianças, adolescentes e jovens*. São Paulo: RT, 2011, pp. 61-62.

§ 1°. Convenção ou acordo coletivo *poderá dispor de forma diversa* ao estabelecido neste artigo".

Dispositivos diferentes e aí? Pode/poderá parecer/ser precipitada uma resposta que simples a solução, que seria/é a de se aplicar o artigo 87, mais geral, uma vez que consta da Secção III, que disciplina o "Do Contrato Especial de Trabalho Esportivo", em sua Subsecção I, que cuida "Das Características do Contrato Especial de Trabalho Esportivo", ao passo que o artigo 97 se encontra na Secção VI, mais específica e que regula as "Disposições Específicas ao Futebol", e isso porque, a se seguir esse raciocínio, poder-se-á enveredar por sinuosa e complicada senda, como se pode aferir tendo-se outra regra do mesmo artigo 97, localizada em seu inciso VIII, *litera ad litteram*: "*será* caracterizada a atividade do atleta profissional da modalidade futebol por remuneração *pactuada em contrato especial de trabalho esportivo* firmado com organização que se dedique à prática esportiva, isso, ao passo que o artigo 86, "*caput*", que também está localizado na Secção III, que disciplina o "Do Contrato Especial de Trabalho Esportivo", em sua Subsecção I, que cuida "Das Características do Contrato Especial de Trabalho Esportivo", estabelece que: "O atleta profissional *poderá* manter relação de emprego com organização que se dedique à prática esportiva, com remuneração pactuada em contrato especial de trabalho esportivo, escrito e com prazo determinado, cuja vigência não poderá ser inferior a 3 (três) meses nem superior a 5 (cinco) anos, firmado com a respectiva organização esportiva, do qual deverá constar...". E ainda há o art. 82, este na "Subsecção V, "Disposições Comuns aos Trabalhadores Esportivos", com a seguinte redação: "A atividade assalariada *não* é *a* única *forma de caracterização da profissionalização do atleta*, do treinador e do árbitro esportivo, *sendo possível também definir como profissional* quem é remunerado por meio de contratos de natureza cível, vedada a sua participação como sócio ou acionista da organização esportiva",ou seja, o mesmo raciocínio desenvolvido para responder a primeira questão, aplicado à segunda, poderá "justificar" o entendimento de que também o atleta profissional de futebol poderá unir-se a uma organização esportiva por meio de um contrato de natureza civil, o que, quer me parecer, não permite a Lei Geral do Esporte, e se assim se concluir, parece que mais restrito o parágrafo 1º, do artigo 97, do que o parágrafo único do artigo 87, ambos, claro, da Lei Geral do Esporte.

Prosseguindo, quanto às luvas, de apontar lição do eminente professor Rafael Ramos, que adverte: "*Ademais, esse novo art. 85, § 1º da LGE* é inconstitucional por confrontar o art. 195, I, a), da CF/88, que dispõe sobre a incidência *de 'contribuições sociais sobre a folha de salários e demais rendimentos do trabalho pagos ou creditados às pessoas físicas, ainda que sem vínculo empregatício*".[294] Tendo a atenção voltada para o quanto deixaria/deixa de ir para a Seguridade Social (seus cofres), em razão disso, ver-se-á o peso de tal sentir.

Outrossim, no que tange aos prêmios, a redação do artigo 85, parágrafos 1º e 2º, podem também provocar dúvidas e posicionamentos diversos, e isso porque reza o aludido § 1º que: "Os prêmios por performance ou resultado, o direito de imagem e o valor das luvas, *caso ajustadas*, não possuem natureza salarial e *constarão de contrato avulso de natureza exclusivamente civil*", e o § 2º dita: "*Consideram-se prêmios* por performance as liberalidades concedidas pela organização que se dedique à prática esportiva empregadora em dinheiro a atleta, a grupo de atletas, a treinadores e a demais integrantes das comissões técnicas, em razão do seu desempenho individual ou do desempenho coletivo da equipe da organização que se dedique à prática esportiva, *previstas em contrato especial de trabalho esportivo ou não*"; já para a nossa CLT, como consta de seu artigo 457, § 2º, "As importâncias, *ainda que habituais*, pagas a título de ajuda de custo, auxílio-alimentação, vedado seu pagamento em dinheiro, diárias para viagem, *prêmios* e abonos não integram a remuneração do empregado, não se incorporam ao contrato de trabalho e não constituem base de incidência de qualquer encargo trabalhista e previdenciário".
VII - O futuro das dispensas coletivas no Brasil: de vias e desvios

Dúvidas que ocupam a mente, então: é mesmo necessária a previsão em forma apartada, constando em "contrato de natureza exclusivamente civil"? E se não constar? A habitualidade conta, de alguma forma, diante da diferença na redação? E se se voltar o olhar ao artigo 86, § 9º, da Lei Geral do Esporte, que recorre a "*eventualidade*", o quadro misturará mais ainda suas cores (pintura moderna, refletindo em uma legislação moderna?): "Não constituirá nem gerará vínculo de emprego a remuneração *eventual* de atleta de qualquer modalidade por

294 RAMOS, Rafael. "Análises jurídicas sobre a vigência concomitante da Lei Geral do Esporte (LGE) e Lei Geral do Desporto (Lei Pelé) em matéria trabalhista", página 5, artigo no prelo, para publicação, gentilmente cedido pelo autor.

participação em prova ou partida, *inclusive as premiações* por resultado alcançado, concedidas eventualmente e em razão de desempenho superior ao ordinariamente esperado no exercício de suas atividades, bem como a percepção de auxílios na forma de bolsas ou de remuneração não permanente por meio de patrocínios ou direito sobre a exploração comercial de sua imagem"! Sempre pensando que a lei não deve conter palavras/expressões inúteis, contando que essa lição ainda deva ser seguida, claro!

Bem possível se entender que o art. 84, § 1º, da Lei Geral do Esporte, por mais abrangente, há prevalecer sobre a Lei Pelé, quanto ao que esta dispõe em seu art. 45, § 2º, tendo-se, também aqui, boa ocasião para a aplicação da teoria do Diálogo das Fontes e do princípio da prevalência da norma mais favorável, e em rara ocasião, para que prevaleça um dispositivo da Lei Geral do Esporte, é conferir:

> Art. 84, § 1º. "A organização esportiva contratante é responsável pelas despesas médico-hospitalares, fisioterapêuticas e de medicamentos necessárias ao restabelecimento do atleta ou do treinador enquanto a seguradora não fizer o pagamento da indenização a que se refere este artigo, independentemente do pagamento de salário", e
>
> Art. 45, § 2º. "A entidade de prática desportiva é responsável pelas despesas médico-hospitalares e de medicamentos necessários ao restabelecimento do atleta enquanto a seguradora não fizer o pagamento da indenização as que se refere o § 1º deste artigo".
>
> Abrange despesas com fisioterapia, com o treinador e, ainda mais, com esse contrato de natureza civil (...)

Quanto alguns dos vetos, que devem ser cogitados nesse comenos, pelos debates que ainda suscitam, há mencionar, relativamente ao artigo 86, I, "c", cuja redação é: "O atleta poderá manter relação de emprego com a organização que se dedique à prática esportiva, com remuneração pactuada em contrato especial de trabalho esportivo, escrito e com prazo determinado, cuja vigência não poderá ser inferior a 3 (três) meses nem superior a 5 (cinco) anos, firmado com a respectiva organização esportiva, do qual deverá constar, obrigatoriamente: I – cláusula indenizatória esportiva, devida exclusivamente à organização esportiva empregadora à qual está vinculado o atleta, nas seguintes hipóteses... c) dispensa motivada", realmente se justifica, pois, para além de ser mais uma demonstração excessiva de boa vontade para com as organizações esportivas, dentre outras que se encontram na Lei Geral do Esporte, provoca, ainda mais e novamente, um desequilíbrio abissal na relação destas com os atletas, pelas consequências que pode provocar (*rectius*: provocará) na continuidade da carreira e subsistência, é dizer, na vida mesmo destes últimos, que, então, para além de poderem ser despedidos por justa causa, o que já é algo de graves repercussões, ainda ficam, de pronto, obrigados ao pagamento de uma indenização, antes mesmo de poder discutir, pelos meios apropriados, se é ou não devida, se deu azo ou não à sua aplicação; por certo, não defendo, aqui, uma certa (ou errada) irresponsabilidade do atleta, mas, isso sim, o modo com que dispôs a lei acerca de assunto de tão "pesada" consequência! Para aceitar a redação do dispositivo, no ponto em tela, poder-se-á pretender esgrimir com o argumento de que, em seu texto, não está expressamente consignado que o pagamento deva ser imediato, na situação *sub examen*, mas, para além de contrariar o ordenamento jurídico, visto de modo sistemático, podendo-se, neste comenos, referir os artigos 134 e 331, do Código Civil, ainda atrita(ria) com o também vetado § 4º, do inciso II, do mesmo artigo 86, que permite(iria) o pagamento, já agora da cláusula compensatória esportiva em parcelas, ou seja, quando pretendeu possibilitar o parcelamento, o legislador assim dispôs!

Aproveitando a referência que se vem de fazer a respeito do artigo 86 e ao parcelamento que possibilita à organização esportiva, tem-se que seu inciso segundo, parágrafo 4º, está assim redigido: "A cláusula compensatória esportiva será paga pelo clube em favor do atleta em parcelas mensais e sucessivas até o termo final do contrato originariamente pactuado e será devida a partir da rescisão do contrato especial de trabalho esportivo", este dispositivo pode(ria) ser visto também como traduzindo um tratamento desigual, a partir dai insustentável, se mantido o preceituado na alínea "c", do inciso I, deste artigo.

Continuando quanto aos vetos, também quanto ao artigo 86, seu § 5º recebeu a redação que segue: "Caso, no curso do pagamento da cláusula compensatória esportiva, o atleta celebre novo contrato de trabalho com distinta organização de prática desportiva, será a organização de prática esportiva anterior remida do pagamento das parcelas finais da cláusula compensatória esportiva quando o salário do atleta com a nova organização esportiva for igual ou superior àquela que recebia anteriormente ou, caso seja inferior, será devida pela organização de prática esportiva anterior somente a sua diferença, e seguirá o parcelamento em curso apenas pelo saldo", aqui, há dois pontos de vista sedutores, quer o que justifique o dispositivo pelo argumento do enriquecimento injustificado, diante de uma nova contratação do atleta, e outro, que assim não enxerga, entendendo não cuidar-se, na espécie, de enriquecimento injustificado, pela origem diversa de ambos; de minha parte, em um primeiro momento, senti-me tentado pela primeira hipótese, talvez movido por sucesso verificado com o meu time de coração e um atleta, entretanto, depois, refletindo mais sobre a *quaestio*, acabei por inclinar-me pelo argumento de que se trata de motivações diversas, e lembro de casos que já apareceram e aparecem nas Varas do Trabalho, em que um empregado procura uma indenização por estabilidade não usufruída, a qual é refutada, sob o argumento, entre outros, de que o obreiro estaria já trabalhando para novo empregador, alegação essa que, a meu aviso, não empolga, porquanto, primeiro, esse trabalhador tinha que sobreviver e, destarte, tendo condições, mínimas e precárias que fossem, haveria de mourejar, e algumas vezes, em situação pior do que essas mínimas e precárias, de maneira que essa circunstância, não poderia alforriar o respectivo dador de serviço de sua responsabilidade, uma vez comprovada sua existência, em satisfazer o direito reconhecido ao trabalhador, e segundo porque, a se permitir essa situação, favorecer-se-á o contratante que descumpriu o concertado, e mais, sabendo que seu atleta necessitará procurar e celebrar contrato com outra organização esportiva, pois sua carreira (lembro: curta!) e sobrevivência sua e dos seus dependem disso, sentir-se-ão, algumas organizações esportivas, estimuladas a romper o ajustado com determinado(s) atleta(s), na confiança de que, ao fim e ao cabo, não terão de cumprir, de maneira integral e provavelmente sequer em montante significativo, o que a lei determina para a hipótese em foco, de modo que não se deve mesmo aquiescer com um tal dispositivo.

O § 7º do mesmo artigo 86, igualmente vetado, tem estreita ligação com o estatuído para o parágrafo anterior e já aqui mencionado, e assim estabelece: "A cobrança judicial da cláusula compensatória esportiva sujeitar-se-á ao seu comprovado inadimplemento nos termos do § 5º deste artigo", rejeitado aquele, há seguir o mesmo destino este, de todo modo, sempre remanesceria algum debate acerca do ônus da prova.

Preceitua o § 11º, do "inesgotável" artigo 86, da Lei Geral do Esporte que, "Em caso de ocorrência de acidente de trabalho, na hipótese de o clube optar não realizar o comunicado de acidente de trabalho e assumir a integralidade dos salários durante o afastamento do atleta até a sua plena recuperação, ficará afastada qualquer estabilidade ou indenização substitutiva prevista em lei". A dúvida que assoma nesse particular é se, pelo fato de a organização esportiva assumir a totalidade dos estipêndios em tal caso, tudo estaria reparado/indenizado, o que não parece ser o caso, pois não se pode inferir que essa postura da organização esportiva, que, ao que parece, já ocorre quanto a algumas delas (daí, quiçá, a "motivação" deste preceito), justifique a inviabilidade de o atleta perseguir alguma indenização a que entenda fazer jus, por conta de um acidente do trabalho que tenha sofrido.

No que tange ao § 12º, novamente do artigo 86, da Lei Geral do Esporte, está assim expresso: "Será aplicado ao contrato especial de trabalho esportivo o disposto no parágrafo único do art. 444 da Consolidação das Leis do Trabalho, aprovada pelo Decreto Lei 5.452, de 1º de maio de 1943, dispensada a exigência de diploma de nível superior quando o atleta profissional for assistido na celebração do contrato por advogado de sua escolha". Mais desproteção? Justificá-la com qual argumento? Menor escolaridade, talvez, de uma larga quantidade de atletas? Esse argumento legitimaria tal preceito?

Passando (conseguindo passar!) para o artigo 97, tem-se seu inciso IV, insculpido da seguinte forma: "Será assegurado repouso semanal remunerado, preferencialmente em dia subsequente à participação do atleta na partida, quando realizada no final de semana, com possibilidade, em caráter excludente e limitativo da presente disposição, de treino regenerativo de até (duas) horas e 30 (trinta) minutos no cômputo da jornada de trabalho, o qual poderá ser realizado no dia do repouso semanal. De indagar: tem cabimento essa "possibilidade"? Tirar parte do DSR? Chegaria às raias da discriminação? Como justificar uma tal imposição a um trabalhador, ainda que atleta e/ou só por sê-lo? Lendo um dispositivo como esse, acaba por vir à lembrança aquele conhecido dito do "boi na sala", ou seja, coloca-se algo, já pensando em tirá-lo posteriormente, mas para que outros preceitos permaneçam... Poderia/pode ser?

Chegando ao artigo 160, tem-se em seu § 1º que: "Salvo convenção ou acordo coletivo de trabalho em contrário, 5% (cinco por cento) da receita proveniente da exploração de direitos de difusão de imagens de eventos esportivos serão repassados pelas organizações esportivas de que trata o *caput* deste artigo aos atletas profissionais participantes do evento, proporcionalmente à quantidade de partidas ou provas por estes disputadas, como parcela indenizatória de natureza civil", aqui, abstração feita a outras discussões que já acompanham leis anteriores, bem é de ver que remanesce a questão da fixação do percentual, como fica e/ou será definido então, mormente se os interessados não se acertarem a respeito? Qual será? Aqui, o veto deixa em aberto um problema, de maneira que se afigura, então, questionável.

Como o título deste modesto escrito desnuda, o objetivo foi abordar, de forma sucinta e em uma primeira análise, alguns pontos controvertidos e/ou com potencial para, com o tempo provocarem controvérsias, da nova Lei Geral do Esporte, acerca da qual, as reflexões devem prosseguir.

PARTE II

Guilherme Guimarães Feliciano*

*Os textos a seguir reproduzem, em boa medida, artigos publicados na coluna "Juízo de Valor", da revista eletrônica "Jota", que o autor assina há praticamente sete anos (no ar desde dezembro de 2016). Para preservar a historicidade das reflexões, as referências legislativas e jurisprudenciais não foram necessariamente atualizadas.

VII - O futuro das dispensas coletivas no Brasil: de vias e desvios

O novel art. 477-A da CLT, como se sabe, dita que "[a]*s dispensas imotivadas individuais, plúrimas ou coletivas equiparam-se para todos os fins, não havendo necessidade de autorização prévia de entidade sindical ou de celebração de convenção coletiva ou acordo coletivo de trabalho para sua efetivação*".

Ora, é sabido e consabido que tal redação veio sob medida, para "enquadrar" certa jurisprudência da Seção de Dissídios Coletivos do Tribunal Superior do Trabalho que jamais fora digerida pelo patronato nacional.

Com efeito, desde o rumoroso caso Embraer – quando houve a dispensa repentina de 4.273 trabalhadores, em fevereiro de 2009, por supostas perdas concorrenciais no mercado internacional –, a jurisprudência do TST e dos tribunais regionais estava pacificada no sentido de que, em se tratando de dispensas coletivas, haveria a necessidade de *prévia negociação com a entidade sindical obreira*, sob pena de nulidade das rescisões. Foi o que enfim se decidiu, para as situações futuras, no EDcl-RODC n. 30900-12.2009.5.15.0000 (TST, SDC, rel. min. GODINHO DELGADO, j. 10.8.2009), relativo ao referido caso Embraer. Vale a pena ler a ementa do julgado:

> "RECURSO ORDINÁRIO EM DISSÍDIO COLETIVO. DISPENSAS TRABALHISTAS COLETIVAS. MATÉRIA DE DIREITO COLETIVO. IMPERATIVA INTERVENIÊNCIA SINDICAL. RESTRIÇÕES JURÍDICAS ÀS DISPENSAS COLETIVAS. ORDEM CONSTITUCIONAL E INFRACONSTITUCIONAL DEMOCRÁTICA EXISTENTE DESDE 1988. A sociedade produzida pelo sistema capitalista é, essencialmente, uma sociedade de massas. A lógica de funcionamento do sistema econômico-social induz a concentração e centralização não apenas de riquezas, mas também de comunidades, dinâmicas socioeconômicas e de problemas destas resultantes. A massificação das dinâmicas e dos problemas das pessoas e grupos sociais nas comunidades humanas, hoje, impacta de modo frontal a estrutura e o funcionamento operacional do próprio Direito. Parte significativa dos danos mais relevantes na presente sociedade e das correspondentes pretensões jurídicas têm natureza massiva. O caráter massivo de tais danos e pretensões obriga o Direito a se adequar, deslocando-se da matriz individualista de enfoque, compreensão e enfrentamento dos problemas a que tradicionalmente perfilou-se. A construção de uma matriz jurídica adequada à massividade dos danos e pretensões característicos de uma sociedade contemporânea – sem prejuízo da preservação da matriz individualista, apta a tratar os danos e pretensões de natureza estritamente atomizada – é,

talvez, o desafio mais moderno proposto ao universo jurídico, e é sob esse aspecto que a questão aqui proposta será analisada. As dispensas coletivas realizadas de maneira maciça e avassaladora, somente seriam juridicamente possíveis em um campo normativo hiperindividualista, sem qualquer regulamentação social, instigador da existência de mercado hobbesiano na vida econômica, inclusive entre empresas e trabalhadores, tal como, por exemplo, respaldado por Carta Constitucional como a de 1891, já há mais um século superada no país. Na vigência da Constituição de 1988, das convenções internacionais da OIT ratificadas pelo Brasil relativas a direitos humanos e, por consequência, direitos trabalhistas, e em face da leitura atualizada da legislação infraconstitucional do país, é inevitável concluir-se pela presença de um Estado Democrático de Direito no Brasil, de um regime de império da norma jurídica (e não do poder incontrastável privado), de uma sociedade civilizada, de uma cultura de bem-estar social e respeito à dignidade dos seres humanos, tudo repelindo, imperativamente, dispensas massivas de pessoas, abalando empresa, cidade e toda uma importante região. Em consequência, fica fixada, por interpretação da ordem jurídica, a premissa de que "a negociação coletiva é imprescindível para a dispensa em massa de trabalhadores". DISPENSAS COLETIVAS TRABALHISTAS. EFEITOS JURÍDICOS. A ordem constitucional e infraconstitucional democrática brasileira, desde a Constituição de 1988 e diplomas internacionais ratificados (Convenções OIT n. 11, 87, 98, 135, 141 e 151, ilustrativamente), não permite o manejo meramente unilateral e potestativista das dispensas trabalhistas coletivas, por se tratar de ato/fato coletivo, inerente ao Direito Coletivo do Trabalho, e não Direito Individual, exigindo, por consequência, a participação do(s) respectivo(s) sindicato(s) profissional(is) obreiro(s). Regras e princípios constitucionais que determinam o respeito à dignidade da pessoa humana (art. 1º, III, CF), a valorização do trabalho e especialmente do emprego (arts. 1º, IV, 6º e 170, VIII, CF), a subordinação da propriedade à sua função socioambiental (arts. 5º, XXIII e 170, III, CF) e a intervenção sindical nas questões coletivas trabalhistas (art. 8º, III e VI, CF), tudo impõe que se reconheça distinção normativa entre as dispensas meramente tópicas e individuais e as dispensas massivas, coletivas, as quais são social, econômica, familiar e comunitariamente impactantes. Nesta linha, seria inválida a dispensa coletiva enquanto não negociada com o sindicato de trabalhadores, espontaneamente ou no plano do processo judicial coletivo. A d. Maioria, contudo, decidiu apenas fixar a premissa, para casos futuros, de que "a negociação coletiva é imprescindível para a dispensa em massa de trabalhadores", observados os fundamentos supra. Recurso ordinário a que se dá provimento parcial."

A partir desse julgado, a tese espalhou-se, como tinha de ser, pela doutrina e pela jurisprudência nacionais; e, depois, pelas rotinas trabalhistas. Em 2017, a prática já estava praticamente incorporada aos costumes sindicais e patronais, ao menos entre as grandes empresas, a ponto de diversas categorias profissionais e econômicas internalizarem, em suas convenções e acordos coletivos de trabalho, as pertinentes cautelas de comunicação e negociação prévias, antes de qualquer demissão em massa.

O legislador ordinário, porém, não viu com bons olhos esse valioso progresso cultural que a jurisprudência trabalhista havia carreado às relações entre capital e trabalho e resolveu aboli-la, equiparando, para todos os efeitos, as dispensas individuais, as dispensas plúrimas e as dispensas coletivas ou "massivas".

Aliás, no que diferem, a rigor, *dispensas plúrimas* e *coletivas* (ou, direi eu, *massivas*)? O art. 477-A da CLT faz referência a ambas as figuras; e, se a lei não tem palavras inúteis – valha-nos a sagrada memória de Carlos Maximiliano –, é de se presumir que não se confundem. Como, de fato, não se confundem.

As dispensas coletivas ou massivas tendem a ser, por natureza, necessariamente *multitudinárias*, à diferença das dispensas plúrimas *stricto sensu*, que envolvem grupos menores de trabalhadores. Mais importante que o dado numérico, porém, as dispensas coletivas ou massivas derivam de motivo único, por iniciativa de um mesmo empregador, operando-se sem substituição imediata dos demitidos e correlacionando-se diretamente com a necessidade ou a estratégia da empresa (e não com o comportamento dos empregados). Já as dispensas plúrimas podem ter, inclusive, causas disciplinares (p. ex., dez trabalhadores demitidos com justa causa porque se envolveram em um mesmo ato de improbidade praticado contra os interesses do empregador).

A despeito da questão conceitual, porém, a conclusão será a mesma: pelo novel art. 477-A da CLT, o empregador brasileiro passaria a ter o direito potestativo de resilir os contratos de trabalho, em qualquer dimensão socioeconômica – a do indivíduo, a dos grupos ou a das multidões –, independentemente de quaisquer cautelas, e a despeito de quão nefastas pudessem ser as consequências sociais do seu ato.

Como é cediço, o caráter "plúrimo" ou mesmo "multitudinário" não foi balizado pelo legislador; e, logo, uma solução geralmente alvitrada pela doutrina passa pelo recurso ao *direito comparado* (art. 8º, *caput*, CLT) – o que, de fato, passa a ser uma solução adequada para a integração normativa do sistema jurídico-laboral brasileiro. Trata-se, aliás, de equacionamento que tenho sugerido para outros tantos ensejos, desde que publiquei a obra *Do pré-contrato de trabalho*, fruto da tese de livre-docência defendida perante a FDUSP (v. https://repositorio.usp.br/item/002670108) e publicada pela Editora LTr há exatos treze anos.

Nessa ordem de ideias, tenho como mais apropriado, pelos critérios que aponto no referido estudo (capítulos 2 e 3), adotar-se o conceito de dispensa coletiva desenhado pela ordem jurídico-legal portuguesa (art. 359, n. 1, do Código do Trabalho). Ei-lo:

> "Considera-se despedimento coletivo a cessação de contratos de trabalho promovida pelo empregador e operada simultânea ou sucessivamente no período de três meses,

> abrangendo, pelo menos, *dois ou cinco trabalhadores, conforme se trate, respectivamente de microempresa ou de pequena empresa, por um lado, ou de média ou grande empresa, por outro*, sempre que aquela ocorrência dê lugar a encerramento de uma ou várias secções ou estrutura equivalente ou a redução do número de trabalhadores e seja determinada por motivos de mercado, estruturais ou tecnológicos." (G.N.)

Para mais, e independentemente desse critério quantitativo, sempre entendi que o flagrante propósito de promover o retrocesso na jurisprudência trabalhista fixada para o tema padecia de *inconstitucionalidade*. Isso porque, desde a origem do debate judiciário no Brasil – com o caso Embraer, o caso Usiminas e tantos outros –, a necessidade de procedimentos prévios às demissões massivas, com transparência e boa-fé nas negociações, ancoravam-se em valores constitucionais (e não apenas legais). A ementa vazada no âmbito do Tribunal Regional do Trabalho da 15ª Região para o caso Embraer, sob a pena do desembargador José Antonio Pancotti, bem o revelava: entre os fundamentos da decisão estavam a livre-iniciativa, a intervenção no domínio econômico para a realização da justiça social, a boa-fé objetiva, a função social da propriedade, a razoabilidade/proporcionalidade etc.

Por essas e outras razões – de ordem supralegal e constitucional –, diversos juízes passaram a reconhecer, incidentalmente, a inconstitucionalidade do art. 477-A da CLT, anulando dispensas coletivas que, após a entrada em vigor da Lei n. 13.467/2017, passaram a ocorrer mais amiúde, especialmente no segmento da educação privada superior, entre novembro de 2017 e janeiro de 2018. Assim, p. ex., na ACP n. 0012347-59.2017.5.15.0153, o juiz titular da 6ª Vara de Ribeirão Preto, José Antônio Ribeiro de Oliveira Silva, acatou pedido do Sindicato dos Professores e Auxiliares de Administração Escolar de Ribeirão Preto e Região (SINPAEE) para suspender, no âmbito da sua jurisdição, a demissão coletiva abrupta de dezenas de professores da Sociedade de Ensino Superior Estácio de Sá (que demitiu, em todo o Brasil, cerca de 1,2 mil professores). Lê-se na decisão, que determinava a reintegração imediata de 58 professores (sob pena de multa diária de R$ 58 mil reais):

> "[...] Ora, se o desemprego de um trabalhador já causa estremecimento no espírito de solidariedade que deveria animar uma sociedade justa e igualitária, quanto estrago no chamado tecido social pode provocar uma dispensa massiva de trabalhadores. Em determinadas comunidades, uma empresa ou até um ente público pode ser o maior empregador da localidade, o maior provedor de sustento digno a tantas famílias que contam com ao menos um de seus membros ali empregado. Daí que já existem limites ao poder potestativo do empregador – de discutível constitucionalidade ou, pelo menos, legitimidade – de dispensar seus trabalhadores, sobretudo quando promove

uma dispensa coletiva. [...] Contudo, sem a pecha de juiz rebelde por não querer aplicar a lei do 'progresso', certo é que cada juiz, na mais longínqua jurisdição, em seu mister de decidir sobre direitos que impactam a vida das pessoas, não pode ser um juiz 'boca da lei' e simplesmente balbuciar suas insossas palavras, quando o texto legal contrariar as normas constitucionais, sobretudo os princípios que servem de alicerce ao sistema jurídico e à sociedade democrática e igualitária a que se propõe um Estado que se denomina de Direito, como é o caso do Brasil. [...] Com efeito, todo e cada juiz brasileiro tem o dever de ser um juiz constitucional, de promover o controle difuso de constitucionalidade e também de convencionalidade – diante dos inúmeros tratados e convenções de direitos humanos ratificados pelo Brasil, os quais têm natureza de fonte supralegal do Direito, conforme pronunciamentos reiterados do guardião da nossa Constituição, o STF –, justamente para manter o equilíbrio social e a tão falada segurança jurídica. [...] Por mais que seja 'apedrejado' de juiz contrário à Reforma que seria tão promissora por acabar com abusos de trabalhadores e propiciar a criação de empregos, não posso me furtar ao dever constitucional de declarar, com todo o respeito aos que pensam em sentido contrário, a inconstitucionalidade e a inconvencionalidade do art. 477-A da CLT."

Da mesma maneira, na 2ª Jornada de Direito Material e Processual do Trabalho, a plenária – que tive a honra de presidir no já distante ano de 2017 – aprovou o Enunciado 57, com a seguinte redação:

"*DISPENSA COLETIVA: INCONSTITUCIONALIDADE.* O art. 477-A da CLT padece de inconstitucionalidade, além de inconvencionalidade, pois viola os artigos 1º, III, IV, 6º, 7º, I, XXVI, 8º, III, VI, 170, *caput*, III e VIII, 193, da Constituição Federal, como também o artigo 4º da Convenção nº 98, o artigo 5º da Convenção nº 154 e o art. 13 da Convenção nº 158, todas da OIT. Viola, ainda, a vedação de proteção insuficiente e de retrocesso social. As questões relativas à dispensa coletiva deverão observar: a) o direito de informação, transparência e participação da entidade sindical; b) o dever geral de boa-fé objetiva; e c) o dever de busca de meios alternativos às demissões em massa."

No entanto, diante dos vários casos de inconstitucionalidade incidentalmente reconhecida por juízes do trabalho de todo o país, a propósito da equiparação das dispensas coletivas às individuais no art. 477-A da CLT, o então presidente do Tribunal Superior do Trabalho, min. Ives Gandra da Silva Martins Filho, no exercício regimental das funções de corregedor-geral da Justiça do Trabalho (em face das férias do ministro titular), cassou administrativamente diversas dessas decisões judiciais (inclusive a que transcrevi), a partir de dezembro de 2017, fiando-se no art. 13, parágrafo único, do Regimento Interno da Corregedoria-Geral da Justiça do Trabalho, que já era objeto de ação direta de inconstitucionalidade

(ADI n. 4168/DF, ajuizada pela ANAMATRA e distribuída ao min. Celso de Mello; sem julgamento até hoje, há parecer da Procuradoria-Geral da República pela procedência da ação).

Mais recentemente, porém, ainda a respeito desse tema, ao julgar o Recurso Extraordinário n. 999.435 (com repercussão geral), o STF fixou a tese de que "[a] *intervenção sindical prévia é exigência procedimental imprescindível para a dispensa em massa de trabalhadores, que não se confunde com autorização prévia por parte da entidade sindical ou celebração de convenção ou acordo coletivo*" (Tema de Repercussão Geral n. 638).

Não se reconheceu, portanto, a inconstitucionalidade *tout court* da equiparação entre as dispensas coletivas/massivas e individuais; optou-se pela *interpretação conforme a Constituição* (como havia de ser, permitam-me).

Sendo assim, emerge uma segunda questão*: qual passa a ser o equacionamento jurídico para o alcance hermenêutico do art. 477-A da CLT, diante* do que decidiu o STF? Noutras palavras, qual seria o "procedimento mínimo" para que se possa proceder às dispensas coletivas, já que não se exige necessariamente uma convenção ou acordo coletivo?

A letra do preceito desde sempre dispensou, para as demissões individuais e coletivas *lato sensu*, qualquer espécie de "autorização" sindical (que, ademais, jamais se exigiu ou entendeu necessária, em nenhum momento da jurisprudência ou da doutrina dominante); e, na mesma direção, sempre dispensou, para o mesmo efeito, a celebração prévia de uma convenção ou acordo coletivo de trabalho. É o que derivava da própria interpretação literal do preceito, como também de qualquer interpretação sistemática ou teleológica que se pudesse razoavelmente empreender. E, agora, *é precisamente o que decorre da tese fixada pelo STF*.

Não se afasta, porém, *a exigência de prévia comunicação à entidade sindical, nem das consequentes tentativas de negociação que devem sucedê-la* (ou, na linha do Enunciado 57 da 2ª Jornada, o "*dever de busca de meios alternativos à demissão em massa*", com os rigores da boa-fé objetiva, como, p. ex., a vedação do "*venire contra factum proprium*" e o reconhecimento das ditas "inalegabilidades formais"); tudo isso, *antes* de se consumar qualquer movimento rescisório coletivo, sob pena de se reconhecer a *nulidade* "*ab ovo*" desse(s) ato(s).

Essa compreensão deixa incólume a redação do art. 477-A da CLT, na sua literalidade, e ao mesmo tempo respeita a mínima eficácia, em sede de demissões coletivas e massivas, do art. 5º, XXIII, do art. 7º, I (que tem eficácia própria

– ainda que restrita –, independentemente da edição de lei complementar, e já discutimos isso nesta coluna), do art. 114, §§ 1º e 2º, e do art. 170, III, todos da Constituição da República, além dos artigos 4º da Convenção OIT nº 98, 5º da Convenção OIT nº 154 e 13 da Convenção OIT nº 158.

Como procedimento mínimo, ademais, pode-se uma vez mais recorrer ao direito comparado (de novo o art. 8º, *caput,* da CLT) e adotar, como padrão ou paradigma, o modelo europeu vazado pela Diretiva n. 98/59/CE, do Conselho da União Europeia, de 20 de julho de 1998. *In verbis*:

> "Artigo 2º. 1. Sempre que tencionar efetuar despedimentos coletivos, a entidade patronal é obrigada a consultar em tempo útil os representantes dos trabalhadores, com o objetivo de chegar a um acordo. 2. As consultas incidirão, pelo menos, sobre as possibilidades de evitar ou de reduzir os despedimentos coletivos, bem como sobre os meios de atenuar as suas consequências, recorrendo a medidas sociais de acompanhamento destinadas, nomeadamente, a auxiliar a reintegração ou reconversão dos trabalhadores despedidos. Os Estados-membros podem prever que os representantes dos trabalhadores possam recorrer a peritos, nos termos das legislações e/ou práticas nacionais. Para que os representantes dos trabalhadores possam formular propostas construtivas, o empregador deve, em tempo útil, no decurso das consultas: a) Facultar-lhes todas as informações necessárias; e b) Comunicar-lhes, sempre por escrito: i) os motivos do despedimento previsto, ii) o número e as categorias dos trabalhadores a despedir, iii) o número e as categorias dos trabalhadores habitualmente empregados, iv) o período durante o qual se pretende efetuar os despedimentos, v) os critérios a utilizar na seleção dos trabalhadores a despedir, na medida em que as leis e/ou práticas nacionais deem essa competência ao empregador, vi) o método previsto para o cálculo de qualquer eventual indenização de despedimento que não a que decorre das leis e/ou práticas nacionais."

É o que tenho sugerido, se não como padrão cogente – o que envolve a difícil discussão das fontes formais do direito estrangeiro como fontes formais subsidiárias do direito interno (*"ex"* art. 8º da CLT) –, ao menos como *modelo ideal* a ser buscado pelas partes coletivas em (pré-)litígio.

Enfim, como diriam os meus queridos alunos mais novos (ou já nem tanto), *#ficaadica*. Especialmente para sindicatos e empresas nas futuras negociações coletivas, que bem podem se adiantar e reger, pela via autonômica, o vácuo regulatório que decorre do julgamento do RE n. 999.435.

Que tal ousar um pouco?

VIII - O novo enigma da Esfinge: como os juízes do trabalho tratam a Reforma Trabalhista?

A Lei 13.467/2017 é altamente polêmica. E, na opinião de muitos – entre os quais me incluo –, lamentavelmente mal redigida. Peca mesmo onde não precisaria pecar. Entendo, mais – e já o disse peremptoriamente em sucessivas ocasiões –, que está repleta de inconstitucionalidades e de inconvencionalidades. Dito de outro modo, há preceitos seus que violam diretamente o texto da Constituição Federal de 1988; e, nessa medida, sequer poderão ser "salvos", por qualquer esforço hermenêutico (v. a respeito, p. ex., a ADI n. 5.766/DF, ajuizada há pouco pela Procuradoria-Geral da República). Outros preceitos existem que deverão ser interpretados *de acordo* com a Constituição, para que seu texto tenha sobrevida útil sob o atual regime constitucional (e é o que trataremos de fazer, logo abaixo, com respeito ao art. 8º, § 3º, da CLT). E outros há, ainda, que se chocam com tratados e convenções internacionais de que o Brasil é parte signatária; se tais tratados dispuserem sobre direitos humanos (como ocorre, por definição, com o rol dos direitos sociais fundamentais, historicamente acometidos à chamada "segunda geração" ou "segunda dimensão" de direitos humanos), e se forem aprovados pelo Congresso Nacional e adiante promulgados pelo Poder Executivo, integram-se ao ordenamento jurídico brasileiro com *status* de *supralegalidade* (v. a respeito, por todos, STF, RE n. RE 466343/SP, rel. min. Gilmar Mendes). Nesse caso, as "novidades" da Lei 13.467/2017 – que, *per supuesto*, é lei – não têm como prevalecer. Simples assim, sem qualquer "pegadinha" teorética.

Mas, é claro, nem todos os juízes do trabalho pensam assim. E nem todos julgarão assim. Eis a democracia, brotando da complexa tessitura social e intelectual que compõe a Magistratura brasileira, rumo ao único patamar possível de segurança jurídica: aquele que se constroi pela fundamentação (e, logo, pela argumentação racional), em ambientes dialógicos (não é o que diz o art. 6º do CPC/2015?),[295] até a consolidação das jurisprudências. Para isso, o sistema judi-

295 *Todos os sujeitos do processo devem cooperar entre si para que se obtenha, em tempo razoável, decisão de mérito justa e efetiva.*

ciário. *A norma se extrai do texto legal* (v. STF, ADPF n. 153, rel. min. Eros Grau); a norma não "é" o próprio texto.

Ninguém, portanto, poderá dizer ao juiz do trabalho, de antemão, *como* ele deverá interpretar a Lei 13.467/2017. Esse é o *seu* papel republicano. Dele, juiz do trabalho. E, para esse mister, ele tem de ter *independência*. Esse é o seu pilar primeiro.

A garantia da independência judicial, como se sabe, não existe para o juiz, mas para o cidadão. As Nações Unidas assim a reconhecem, como textualmente se lê, p.ex., no artigo 19 da Declaração Universal dos Direitos Humanos, ou no artigo 14, 1, do Pacto Internacional dos Direitos Civis e Políticos. Mas é também o que restou consagrado entre os *Princípios Básicos das Nações Unidas relativos à independência da Magistratura* (ratificados pela Assembleia Geral da ONU em sua Resolução 40/1932, de 29.11.1985):

> "*Independencia de la judicatura*
>
> 1. La independencia de la judicatura será garantizada por el Estado y proclamada por la Constitución o la legislación del país. Todas las instituciones gubernamentales y de otra índole respetarán y acatarán la independencia de la judicatura.
>
> 2. Los jueces resolverán los asuntos que conozcan con imparcialidad, basándose en los hechos y en consonancia con el derecho, *sin restricción alguna y sin influencias, alicientes, presiones, amenazas o intromisiones indebidas, sean directas o indirectas, de cualesquiera sectores o por cualquier motivo.* [...]
>
> 8. En consonancia con la Declaración Universal de Derechos Humanos y al igual que los demás ciudadanos, *los miembros de la judicatura gozarán de las libertades de expresión, creencias,* asociación y reunión, con la salvedad de que, en el ejercicio de esos derechos, los jueces se conducirán en todo momento de manera que preserve la dignidad de sus funciones y la imparcialidad e independencia de la judicatura." (G.N.)

É, igualmente, o que consubstancia o *Valor n. 1* da conhecida *Carta de Princípios de Bangalore,* de 2002:

> "*Independencia*
>
> *Principio*
>
> La independencia judicial es un requisito previo del principio de legalidad y una garantía fundamental de la existencia de un juicio justo. En consecuencia, un juez deberá defender y ejemplificar la independencia judicial tanto en sus aspectos individuales como institucionales.
>
> Aplicación
>
> 1.1 Un juez deberá ejercer su función judicial de forma independiente, *partiendo de su valoración de los hechos y en virtud de una comprensión consciente de la ley*, libre de

cualquier influencia ajena, de instigaciones, presiones, amenazas o interferencias, sean directas o indirectas, provenientes de cualquier fuente o por cualquier razón. [...]" (G.N.)

E é, com efeito, de aquisição universal que

> "Any mention of judicial independence must eventually prompt the question: independent of what? The most obvious answer is, of course, independent of government. I find it impossible to think of any way in which judges, in their decision-making role, should not be independent of government. But they should also be independent of the legislature, save in its law-making capacity. *Judges should not defer to expressions of parliamentary opinion, or decide cases with a view to either earning parliamentary approbation or avoiding parliamentary censure.* They must also, plainly, ensure that their impartiality is not undermined by any other association, whether professional, commercial, personal or whatever."[296]

Logo, um juiz não pode ser censurado pelo conteúdo do seu convencimento técnico-jurídico ou acadêmico-científico – por mais inusual que seja –, desde que o fundamente razoavelmente, i.e., *dentro das balizas objetivas que compõem o sistema jurídico em que está inserido*. Isso não é "desobediência civil". É hermenêutica. Daí por que, para decidir questões de direito ou questões de fato, o juiz tem de ser necessariamente *livre*. E nem poderia ser diferente. Sendo humano, o juiz jamais será um autômato dos textos. Isso não é possível.

A argumentação jurídica não pode fugir absolutamente dos referenciais simbólicos do sistema. Mesmo porque, dissemos alhures – em abordagem luhmaniana –, todo (sub)sistema é necessariamente um acontecimento *antientrópico*.[297] Produz-se a si mesmo sob uma perspectiva de ordem, não de sépsis. Daí a necessidade de *internalização coerente* das intelecções hermenêuticas (o que tem a ver com a *integridade* proposta por Dworkin para o seu "juiz-hércules"). Atendido e demonstrando esse pressuposto, todavia, a argumentação é indelevelmente *livre*. Ou não haveria autonomia judiciária.

---

296 Thomas Bingham [Lord Bingham of Cornhill], *"Judicial Independence"*. In: *Judicial Studies Board Annual Lecture*, 1996. Em tradução livre: *"Qualquer menção à independência judicial deve eventualmente levar à questão:* independente de quê? *A resposta mais óbvia é, naturalmente, independente do Executivo. Tenho por impossível pensar em qualquer hipótese na qual os juízes, no seu papel de prolatar decisões, não devam ser independentes do Executivo. Mas eles devem também ser independentes do legislador, exceto quanto à sua capacidade de produzir leis.* Juízes não devem adiar as expressões da opinião parlamentar, ou decidir casos com vista a ganhar a aprovação parlamentar, ou a evitar a censura parlamentar. *Eles devem ainda, fundamentalmente, assegurar que sua imparcialidade não seja comprometida por qualquer outra associação, seja profissional, comercial, pessoal ou de qualquer ordem".* (G.N.)

297 ARAÚJO, Cícero e WAIZBORT, Leopoldo. "Sistema e evolução na teoria de Luhmann". *Lua Nova: Revista de Cultura e Política*. São Paulo, agosto 1999. n. 47. pp.179-200. Ver também FELICIANO, Guilherme G. e DIAS, Carlos Eduardo O. "De juízos autoritários", *in: http://www.conjur.com.br/2015-ago-24/juizes-nao-sao-automatos-tambem-manifestam-percepcoes-subjetivas* (acesso em 11.10.2016).

Discutir o livre convencimento motivado – que, digo e redigo, *não sucumbiu diante do CPC/2015*, porque não poderia sucumbir – é, pois, discutir os limites da hermenêutica.

Ocorre que nenhuma interpretação jurídica pode ser "verdadeira" ou "falsa" (= atitude objetivante), como nos ensina Jürgen Habermas (*O que é a pragmática universal?*, 1976); tais atributos são próprios do mundo da natureza externa. Pertencendo ao mundo do dever-ser - ou, dirá Habermas, no "nosso" mundo de sociedade -, uma interpretação jurídica apenas pode ser "certa" ou "errada" (= atitude conformativa), cabendo ao Poder Judiciário, intérprete último das fontes formais do Direito, dizer se determinada compreensão tem ou não "correção" no marco do sistema jurídico. Dirão, portanto, *os tribunais*. E, para dizê-lo – mesmo que na perspectiva dworkiniana da única resposta certa –, não prescindirão de sua *liberdade*.

Observe-se, de outro turno, que aquilo que distingue a atividade legislativa da atividade judicante não é a "criatividade" substancial daquela primeira – eis, a propósito, o falso fundamento de quem quer negar aos tribunais qualquer função criativa –, mas o *modo* como ela é engendrada.[298] Os parlamentos legislam a partir de *inputs* de diversas naturezas (políticos, sociais, econômicos), tendencialmente difusos e abstratos. Juízes, ao revés, desenvolvem o *judicial law-making* a partir de *focos concretos* (modelo de *cases and controversies*) e em "*regime de soberania vinculada*" (Carnelutti).

A hipótese de um Poder Judiciário "não criativo", com um corpo de magistrados que apenas *repita* os textos de lei e adapte a vontade histórica do legislador – ou a vontade histórica dos próprios tribunais - aos casos concretos, em modo de (quase) pura subsunção formal, não atende aos pressupostos políticos do Estado Democrático de Direito. Infantiliza o juiz, automatiza-o, quando não o bestializa (mais uma vez, a figura do papagaio). Sob tais pressupostos, a Magistratura torna-se incapaz de refletir a diversidade e a pluralidade do pensamento jurídico. E é menos apta a preservar as minorias contra os ímpetos das maiorias políticas, que ditam os textos de lei. É que tampouco a "lei" é um fenômeno empiricamente abstrato ou neutro. E, diga-se claramente, tal entendimento – se promana originalmente da ciência política – não é sequer algo para "iniciados". A grande mídia já o diz. Assim é que "[o] *Estado, nos seus vários níveis, não é neutro. Ele sofre pressão de grupos extremamente fortes que atuam dentro das burocracias estatais, nas*

298 Ver, a respeito, BACHOF, Otto. "Der Richter als Gesetzgeber?". *Tradition und Fortschritt im Recht: Festschrift zum 500jähringen Bestehen der Tübinger Juristenfakultät.* Tübingen: J.C.B. Mohr, 1977. pp.177-192.

secretarias, nas assembleias."[299] E daí se poder afirmar, inclusive entre leigos, que "[u]*ma boa receita para produzir o pior dos mundos é aplicar com máximo zelo todas as leis vigentes*".[300]

A rigor, reservar ao juiz o papel de mero enunciador da lei (ou de enunciador dos precedentes) é, na verdade, suprimir seu papel dinâmico no jogo dos *checks and balances*, vergastando um dos mais importantes mecanismos da forma republicana de governo. E, mais que isso, é manietar o próprio *procedural due process*, por combalir a independência judicial. Afinal,

> "a independência do juiz há de ser compatível com sua configuração humana como sujeito de capacidade plena, de preocupações pela justiça que vão além de seu exercício profissional, e como titular de todos os direitos que a lei não lhe restrinja ou suprima em atenção a razoáveis medidas de incompatibilidade. Falamos, pois, de *um juiz não facilmente domesticável, não mudo, nem mais diminuído em seus direitos do que o indispensável.*" (G.N.)[301]

Vou me repetir: *juízes não são autômatos*. Nem são "neutros" (embora devam ser necessariamente *imparciais* – o que é outra coisa). Julgam sob as balizas do sistema jurídico-positivo, mas também manifestam percepções subjetivas do justo, cuja legitimidade se constrói (ou não) pelos referenciais teórico-sistêmicos do respectivo discurso.

Veem-se, entretanto, às voltas com movimentações visíveis, na grande mídia, nos próprios tribunais e algures no Parlamento – e abri esta coluna com tais referências –, todas sugerindo *o "dever" de os juízes do Trabalho, a partir de 11/11/2017, serem absolutamente* literais *na interpretação das novidades da Lei n. 13.467/2017* (o que, o mais das vezes, sequer será possível). As investidas chegam às raias de uma acintosa chantagem institucional, como de início denunciávamos: subjaz, velada ou explicitamente, uma ameaça à própria existência da Justiça do Trabalho, desde que o "sentido do legislador" (como se ali não houvesse provavelmente 594 intelecções diferentes sobre o texto) seja "subvertida" pela interpretação dos juízes e tribunais do trabalho. Rejeita-se, nessa sugestiva mordaça hermenêutica, a interpretação histórica, sistemática ou teleológica; talvez até mesmo a interpretação lógica. Ignoram-se, de resto, as possibilidades de interpretação conforme a Constituição (e, portanto, a própria Constituição). Não se descole da letra, senhor juiz!

---

299 KOWARICK, Lúcio. "Centro de cobiça". *O Estado de S. Paulo*. 29.1.2012. p.J-3.

300 SCHWARTSMAN, Hélio. "Tão perto, tão longe". *Folha de S. Paulo*. 27.1.2012. p.A-2.

301 TOMÁS Y VALIENTE, Francisco. "Independencia judicial y garantía de los derechos fundamentales". *Constitución: Escritos de introducción histórica*. Madri: Marcial Pons, 1996. p.163 (G.N.).

Isso, querido leitor, é *virtualmente impossível*. A vontade objetiva do legislador histórico é indevassável, notadamente quando estamos diante de um texto lacunoso e impreciso, como é o caso. A rigor, até mesmo a vontade do relator histórico do PL 6.797/2016 será, em muitos aspectos, inalcançável.

Tal pendor, ademais, é autoritário – i.e., antidemocrático –, porque indiretamente recusa ao cidadão uma de suas garantias constitucionais mais valiosas, que é a do pleno acesso a um Poder Judiciário livre e independente. É, ademais, antirrepublicano, porque contraria um dos pilares da República, que é a independência harmônica entre os Poderes do Estado (art. 2º da Constituição). E é, por fim, acintosa, como dito há pouco, porque encerra uma odiosa e leviana chantagem institucional: se quiserem sobreviver, senhores juízes, renunciem às suas convicções jurídicas e à própria Constituição como filtro de interpretação. Nada mais grotesco.

Na mesma linha, é inadmissível supor que o "princípio da intervenção mínima", inserido no art. 8º, § 3º, da CLT,[302] possa significar uma obsequiosa blindagem para os acordos e convenções coletivas de trabalho, quanto a qualquer questão de "fundo". Fere a Constituição da República qualquer interpretação daquele texto que termine por extrair, de seus termos, uma norma de absoluta imunidade jurisdicional dos ACT/CCT quanto a seus conteúdos, precisamente porque *a ordem constitucional brasileira não transige com negócios jurídicos imunes à jurisdição*. Nos termos do art. 5º, XXXV, CF, "*a lei não excluirá da apreciação do Poder Judiciário lesão ou ameaça a direito*" (inclusive quando ela dimanar de negócio jurídico). Eis, então, as razões pelas quais se há de interpretar o art. 8º, § 3º, da CLT no sentido de que *todas as questões de constitucionalidade, convencionalidade e legalidade* podem ser suscitadas, no âmbito da *licitude* e da *possibilidade jurídica* do objeto do negócio jurídico, como dispõe o art. 104, II, do CC, referido pelo novo preceito celetário.

Por tudo isso, em síntese – e eis a tese fundamental a se reconhecer e defender –, impende afirmar que:

> (a) os juízes do trabalho, à maneira de todos os demais magistrados investidos com jurisdição, em todos os ramos do Judiciário, devem *cumprir e fazer cumprir a Constituição e as leis*, o que importa (a.1) no exercício do controle difuso de constitucionalidade das leis (art. 97/CF); (a.2) no próprio controle de convencionalidade das leis (art. 5º, §§ 2º e 3º, CF); e (a.3) no uso de todos os métodos de interpretação/aplicação disponíveis

302 "*Art. 8º. [...] §3º. No exame de convenção coletiva ou acordo coletivo de trabalho, a Justiça do Trabalho analisará exclusivamente a conformidade dos elementos essenciais do negócio jurídico, respeitado o disposto no art. 104 da Lei nº 10.406, de 10 de janeiro de 2002 (Código Civil), e balizará sua atuação pelo princípio da intervenção mínima na autonomia da vontade coletiva.*"

(gramatical, lógico, histórico, sistemático, teleológico), sem perder de vista (a.4) a própria interpretação conforme a Constituição.

Daí que:

(b) será inconstitucional qualquer norma que colime *imunizar* o conteúdo das convenções e acordos coletivos de trabalho da apreciação da Justiça do Trabalho, inclusive quanto à sua constitucionalidade, convencionalidade, legalidade e conformidade com a ordem pública social, não se admitindo qualquer interpretação que, dimanada do art. 8º, § 3º, da CLT, possa elidir a garantia da inafastabilidade da jurisdição (art. 5º, XXXV, CF); e

(c) será autoritária, antirrepublicana e acintosa, agredindo a independência harmônica entre os Poderes da República (art. 2º/CF) e a independência técnica do juiz (arts. 35, I, e 40, da Lei Complementar n. 35/1979), toda ação política, midiática, administrativa ou correicional que pretenda imputar ao juiz do trabalho o "dever" de interpretar a Lei 13.467/2017 de modo exclusivamente literal/gramatical.

Não há nisso, insista-se, nenhum pendor "revolucionário". É o que os juízes fazem, desde o século XIX, quando os juristas compreenderam, com a robustez teórica necessária, que a Magistratura não é a *longa manus* do Parlamento, como pretendiam os liberais – esses sim, a seu tempo, "revolucionários" – de 1789. Aliás, também é sabido e consabido, hodiernamente, que sequer o Parlamento externa realmente, em acepção sociológica, algo que se possa identificar como a *volonté générale* (até porque vivemos, na maior parte dos países ocidentais, democracias representativas permeadas por instrumentos de democracia direta, e não o contrário). Nesse quadro de imperfeição institucional, cunhou-se a ideia dos *checks and balances* (= freios e contrapesos), de modo que os Poderes da República limitem-se e complementem-se na consecução dos fins do Estado e da vontade constitucional soberana; logo, também na construção do Direito.

Negar ao Judiciário a sua independência institucional – e, ao juiz, a sua independência técnica –, em qualquer tema que seja (inclusive na Reforma Trabalhista), é fazer claudicar o sistema constitucional de freios e contrapesos. É ferir de morte a Democracia. E é, no limite, negar um dos fundamentos da República.

Os juízes do Trabalho julgarão, acima de tudo, com ciência e responsabilidade. Essas mesmas, aliás, que papagaios não têm.

IX - "Ativismo judicial": esse bicho morde?

O debate em torno do ativismo judicial não é novo. E sequer é originalmente nosso. A expressão talvez possa ser mais bem compreendida no contexto norte-americano, em que a ideia de *judicial activism* muitas vezes se opõe, quase antinomicamente, à de *judicial restraint* (modalidade de interpretação/aplicação das fontes formais pela qual os juízes tendem a não afastar a aplicação das leis ou dos precedentes aos casos que estão a julgar, senão quando neles vislumbrar *flagrantes* inconstitucionalidades; nesses termos, guiam-se pela natural presunção de constitucionalidade que deriva de toda legislação democraticamente aprovada, em "solene" respeito à independência dos Poderes da República – v., p. ex., *http://usconservatives.about.com/od/glossaryterms/g/Judicial_Restraint.htm*).

A locução "ativismo judicial" então designará, com certa aura pejorativa – e aqui sigo de perto Christopher Wolfe no seu mais conhecido e instigante título (*Judicial activism: Bulwark of freedom or precarious security?* Lanham: Rowman & Littlefield, 1997) –, toda a atividade judicial de que derivem decisões inspiradas menos nos elementos intrassistemáticos do Direito (i.e., naquilo que propriamente "integra" o sistema jurídico-positivo) e muito mais nas convicções políticas ou pessoais do magistrado, que não têm respaldo evidente naqueles elementos. Subvertendo a máxima do *Federalist* n. 78, o juiz "ativista" exercitaria mais *will* (= vontade ou arbítrio) e menos *judgement* (= julgamento ou juízo). A partir dessas convicções políticas, as cortes contemporâneas estariam criando "novos" direitos e liberdades, do que derivaria para o cidadão, por um lado, grandes esperanças para os casos de inação dos Poderes essencialmente políticos (Executivo e Legislativo); mas, por outro, a insegurança de saber que juízes podem restringir direitos seus sem base certa ou imediata nas leis.

De nossa parte, cremos que é possível extrair, do atual sistema constitucional, plena legitimação para uma atuação "criativa" dos juízes, i.e., para a assimilação conceitual e funcional da ideia de que, nas palavras de Rosynete Lima, "[a] *interpretação e a criação judiciais não são* [...] *atividades antitéticas, já que o juiz, ao trabalhar com as normas, acaba por reproduzi-las, aplicá-las e realizá-las em novo e diverso contexto, de tempo e lugar*", de modo que "[a] *garantia do devido processo legal aí se insere para servir de um canal para que valores e interesses não protegidos pelo legislador* [mas constitucionalmente tutelados] *possam penetrar no sistema jurídico*" (LIMA, Maria Rosynete Oliveira. *Devido processo lgal.* Porto Alegre: Sergio Antonio Fabris Editor, 1999). O devido processo legal (CF, art. 5º, LIV) – nas suas acepções substantiva e procedimental – será, pois, o fiel da segurança jurídica. E, já por isso, falamos em uma *tripartição integrada ou interagente dos* poderes da República (v. o nosso *Inflexões do "due process of law" na tutela processual de direitos humanos fundamentais.* São Paulo: LTr, 2016). Mas isso é outra história. Tentemos compreender o que se tem passado *no Brasil*, a partir de um caso paradigmático.

Pois bem. Cabe então indagar: por que a Justiça brasileira – e especialmente a Justiça do Trabalho – é acusada de "excesso de ativismo"? O que revela tais excessos?

Talvez o caso mais emblemático de "ativismo" na Justiça do Trabalho, ao menos no imaginário popular, seja o caso *Embraer*, ocorrido em São José dos Campos, em 2009. Vamos recordar?

Em 19 de fevereiro de 2009, cerca de 4.200 trabalhadores foram demitidos pela Empresa Brasileira de Aeronáutica S/A e pela Eleb Equipamentos Ltda (i.e. Embraer/Liebherr, responsável pela fabricação de trens de pouso), ao argumento de que a crise econômica mundial daquele biênio (2008/2009) havia afetado seus contratos com compradores estrangeiros, diminuído as encomendas de aeronaves e, assim, comprometido a sua capacidade de pagamentos. Os sindicatos, ao revés, sustentaram que a demissão estaria associada às perdas sofridas pela Embraer em especulação financeira ensaiada pela empresa para incrementar seus lucros em arriscada e malsucedida operação na Bolsa de Mercadorias e Futuros. Argumentaram, mais, que, logo após a dispensa, a Embraer estaria submetendo seus empregados a jornadas de trabalho extenuantes, o que demonstraria não ter havido a alegada queda de faturamento, nem tampouco a afirmada redução nas encomendas de aviões.

É certo, no entanto, que a Consolidação das Leis do Trabalho não possui dispositivo para impedir textualmente o empresário de promover dispensas coletivas imotivadas, ainda que o faça pelas mais vis razões, sobrepondo a sua ganância às necessidades de subsistência dos trabalhadores demitidos e de suas famílias. Só a partir da conjugação de princípios constitucionais e legais – que também são *norma jurídica* – é possível extrair limitações a esse "direito" de demitir (e digo assim, entre aspas, porque a doutrina dominante tem reconhecido a resilição do contrato de trabalho por iniciativa do empregador como um seu "direito potestativo", imanente ao próprio direito de propriedade e exercitável a seu bel-prazer).

E o que fez o Tribunal Regional do Trabalho da 15ª Região? Após medida liminar de 27/2/2009, que suspendeu todas as demissões realizadas no dia 19, a Seção de Dissídios Coletivos prolatou acórdão inovador, calcado essencialmente nos fundamentos constitucionais da República (como o do valor social do trabalho e o da dignidade da pessoa humana) e em princípios infraconstitucionais (como o da boa-fé objetiva), para assentar que a Embraer deveria arcar com o plano familiar de saúde dos seus dispensados, pelo período de 12 meses, como ainda deveria pagar uma indenização adicional de duas remunerações mensais para cada demitido, respeitado o teto de R$ 7.000,00, além das próprias verbas rescisórias. Ademais, as empresas deveriam pagar aos demitidos todos os salários do período compreendido entre 19/2 e 13/3 (data da audiência de conciliação). Reconhecia-se, portanto, a ilicitude das dispensas coletivas consumadas nesses moldes.

Não satisfeito, o Sindicato dos Metalúrgicos de São José dos Campos e Região ingressou com recurso ordinário contra as empresas perante a Seção Especializada em Dissídios Coletivos do TST. E, na votação final, a SDC/TST entendeu que as dispensas coletivas, diferentemente das individuais, realmente exigiriam a observação de normas específicas, conquanto não decorrentes diretamente das leis ordinárias em vigor. Entendeu-se, com efeito, que, em sede de direito coletivo do trabalho, o predito "direito potestativo" de dispensar conheceria atenuações, exigindo, p. ex., a prévia negociação com os sindicatos de trabalhadores. Não se determinou a reintegração, mas foram mantidas as indenizações adicionais, proporcionais ao tempo de serviço de cada demitido, e, bem assim, definiu-se, para os casos ulteriores (não para aquele próprio – o RODC n. 309/2009-000-15-00.4 – *https://tst.jusbrasil.com.br/jurisprudencia/5353045/recurso-ordinario-em-dissidio-coletivo-rodc-30900122009515000-30900-1220095150000/inteiro-teor-11683664*), a obrigação de a empresa entabular prévias negociações com os sindicatos profissionais antes de realizar demissões coletivas. Nos termos da ementa,

> "[a] ordem constitucional e infraconstitucional democrática brasileira, desde a Constituição de 1988 e diplomas internacionais ratificados (Convenções OIT n. 11, 87, 98, 135, 141 e 151, ilustrativamente), não permite o manejo meramente unilateral e potestativista das dispensas trabalhistas coletivas, por de tratar de ato/fato coletivo, inerente ao Direito Coletivo do Trabalho, e não Direito Individual, exigindo, por conseqüência, a participação do(s) respectivo(s) sindicato(s) profissional(is) obreiro(s). Regras e princípios constitucionais que determinam o respeito à dignidade da pessoa humana (art. 1º, III, CF), a valorização do trabalho e especialmente do emprego (arts. 1º, IV, 6º e 170, VIII, CF), a subordinação da propriedade à sua função socioambiental (arts. 5º, XXIII e 170, III, CF) e a intervenção sindical nas questões coletivas trabalhistas (art. 8º, III e VI, CF), tudo impõe que se reconheça *distinção normativa entre as dispensas meramente tópicas e individuais e as dispensas massivas, coletivas, as quais são social, econômica, familiar e comunitariamente impactantes.* Nesta linha, *seria inválida a dispensa coletiva*

> *enquanto não negociada com o sindicato de trabalhadores, espontaneamente ou no plano do processo judicial coletivo.* A d. Maioria, contudo, decidiu *apenas fixar a premissa, para casos futuros*, de que "a negociação coletiva é imprescindível para a dispensa em massa de trabalhadores", observados os fundamentos *supra*. (G.N.)

Nada disso, porém – nem a indenização adicional proporcional ao tempo de serviço dos irregularmente demitidos, nem o princípio –, decorre de textos legais explícitos. A solução derivou de construções jurisprudenciais baseadas no texto constitucional, nos textos de convenções da Organização Internacional do Trabalho (nomeadamente, as Convenções 11, 87, 98, 135, 141 e 151, algumas sequer ratificadas pelo Brasil) e em normas-princípios que tanto estão afetas ao Direito do Trabalho (como o princípio da proteção) como ao Direito Civil (como o da boa-fé objetiva e o da vedação do abuso de direito).

A questão hoje está submetida ao supremo escrutínio do STF (ARE 64765). Em sede de recurso extraordinário, a Embraer e a Eleb alegaram que a decisão do TST violou diversos dispositivos constitucionais; pontuaram, mais, que o TST, ao criar condições para a dispensa em massa, estaria atribuindo ao poder normativo da Justiça do Trabalho tarefa que a Constituição reserva à lei complementar (art. 7º, I, CF, quanto à proteção contra as dispensas arbitrárias ou sem justas causas). A máxima corte trabalhista teria, pois, invadido a esfera da competência do Poder Legislativo; e, ao fazê-lo, estaria interferindo indevidamente no poder de gestão dos proprietários da empresa, violando o princípio da livre-iniciativa. *Menos Estado*, portanto... supostamente para um Brasil maior. O TST inadmitiu a remessa do recurso, mas as empresas interpuseram agravos de instrumento que foram, ambos, providos pelo relator no STF, ministro Marco Aurélio Mello, que na sequência submeteu o processo ao Plenário Virtual do Supremo e ali validou seu entendimento de que o assunto não apenas é constitucional, como também detém *repercussão geral*. Isso se deu em abril de 2013; e, desde então, aguarda-se definição.

Mas o que realmente importa lembrar, nessa nossa reflexão, é o fato de que, desde a primeira decisão, ainda no TRT da 15ª Região, o Judiciário trabalhista foi fortemente criticado, na grande mídia, pela sua intervenção "ativista".

Assim, p. ex., em editorial do dia 5/4/2009, a *Folha de S. Paulo* censurou fortemente a decisão do presidente do Tribunal Regional do Trabalho da 15ª Região, para o caso Embraer, como a do vice-presidente do TRT da 3ª Região, para o caso Usiminas, porque ambas já condicionavam a formalização de dispensas massivas e abruptas de trabalhadores à prévia tentativa de negociação e à apresentação de balanços patrimoniais. Seria puro "ativismo judicial", já que a lei nada dispunha a respeito; e, portanto, o que se decidiu não poderia ser decidido.

Ledo engano. E dissemos isso à época, na própria *Folha de S. Paulo.*

A rigor, decisões judiciais que condicionam dispensas coletivas à prévia negociação coletiva e à demonstração contábil das alegadas dificuldades econômico-financeiras não derivam "apenas" das ideias de dignidade da pessoa humana e do valor social do trabalho (Constituição, art. 1º, II e IV). O artigo 7º, I, da Constituição dispõe explicitamente ser direito dos trabalhadores urbanos e rurais a "relação de emprego protegida contra despedida arbitrária ou sem justa causa, nos termos de lei complementar, que preverá indenização compensatória, dentre outros direitos". A questão é: se o Legislativo não legislou onde e quando deveria legislar, não pode o Judiciário, em casos extremos – que envolvam direitos fundamentais –, "suprir" essa omissão para resguardar a integridade da ordem constitucional? Não é o que o Supremo Tribunal Federal faz, nas ações de inconstitucionalidade por omissão ou nos mandados de injunção? Em circunstâncias de grave crise de um bem jurídico constitucionalmente tutelado, não poderiam os demais órgãos do Poder Judiciário, inclusive em sede de controle difuso de constitucionalidade, também fazer tais integrações, embora sem caráter vinculante (i.e., para outros órgãos judiciais) ou efeitos *erga omnes* (i.e., para outras pessoas que não autores e réus)?

Entendemos que sim.

A própria Constituição de 1988 é bem clara ao dispor que a tal "indenização compensatória" do art. 7º, I, CF (que, na prática, corresponde hoje à indenização de 40% sobre o FGTS em caso de dispensa imotivada) é apenas *uma* das garantias gerais do empregado contra as dispensas arbitrárias. E, tratando-se aqui de direitos sociais fundamentais, vale sempre invocar a norma do artigo 5º, parágrafo 2º, da Constituição: "*os direitos e garantias expressos nesta Constituição não excluem os outros decorrentes do regime e dos princípios por ela adotados*".

Então, se a própria Constituição autoriza o reconhecimento de direitos decorrentes dos princípios perfilhados pelo sistema jurídico brasileiro - entre os quais o da dignidade da pessoa humana (CF, art. 1º, II), o do valor social do trabalho (CF, art. 1º, IV), o da continuidade da relação de emprego (CF, art. 7º, I), o da vedação do abuso de direito (Código Civil, art. 187), o da boa-fé objetiva (Código Civil, art. 422) –, qual a impropriedade de o tribunal julgar com base em tais princípios, derivando deles condicionalidades que, se não previstas textualmente na lei ordinária, estão em consonância com o sistema constitucional?

Alguém dirá que uma dispensa coletiva promovida só para preservar a margem de lucro da empresa, sem nenhuma transigência com o valor-trabalho e a pretexto de perdas financeiras que não se documentam (falo, aqui, em tese), não será uma dispensa *abusiva*? E, se abusiva, não vai além da mera "dispensa arbitrária" (à qual tem direito o empregador individual), desafiando o controle da Justiça do Trabalho? Fosse você, leitor, o juiz, e reconhecesse a injustiça de uma situação como essa, e se tivesse ao seu alcance preceitos constitucionais ou legais que lhe permitissem deduzir uma solução concretamente mais justa, conquanto de baixa densidade normativa (i.e., com elevado grau de abstração e baixo grau de determinabilidade, lembrando o grande Canotilho), deixaria de fazê-lo em virtude do silêncio da legislação infraconstitucional? Você acha que esse é o papel do juiz? Promover a solução mais justa, a partir da sua intervenção (e da sua visão), apenas quando isso for tão óbvio quanto a literalidade da lei?

Como dissemos outrora, já não se pode mais interpretar a Constituição pelas lentes míopes das leis, como se o legislador fosse o único intérprete autorizado do texto constitucional. Manda a boa hermenêutica contemporânea que se interpretem as leis conforme a Constituição; não o contrário. Eis aqui, afinal, o *princípio da supremacia da Constituição*, tão referido e enaltecido desde 1803, com a conhecida sentença do juiz Marshall no caso Marbury x Madison. Se a lei é contrária à Constituição, deve ser expungida do sistema; e, se a lei admite variegadas interpretações, deve-se optar pela interpretação mais consentânea com a vontade da Constituição; se a lei é lacunosa, enfim, deve-se completá-la com os princípios constitucionais. Não por outra razão, aliás, todo juiz, quando toma posse de seu cargo, jura cumprir *a Constituição* e as leis. Não será à toa a precedência da lei maior...

Isso tudo é "ativismo"? Não sei. Depende do que se entenda por ativismo. Se for, o Supremo Tribunal Federal é quem mais o pratica: basta ver suas decisões em tema de aborto de feto anencefálico (STF, ADPF 54/DF), delimitação de terras indígenas (STF, Petição 3.388/RR), experimentação com células-tronco embrionárias (STF, ADI 3.510/DF), uso de algemas (STF, Súmula Vinculante 11), união homoaetiva (STF, ADI 4.277/DF, ADPF 132/DF), aviso prévio proporcional (STF, MI 943, 1.010, 1.074 e 1.090 - essas interrompidas pela Lei 12.506/2011) etc. Tudo a partir do texto constitucional, "completando" ou mesmo "corrigindo" os textos legais. Anda mal? Penso que não.

A decisão judicial não se calcula, prolata-se. Talvez se aproxime mais de um poema, em que se busca a melhor harmonia entre a linguagem e o sentimento profundo que se quer expressar, do que de uma equação aritmética, que tende a ser tão exata quanto fria. A sentença judicial exige, por evidente, imenso domínio técnico dos pressupostos do sistema jurídico e de todos os seus instrumentos de decisão (princípios, regras, institutos); mas também exige elevada sensibilidade. E o que o magistrado tem a oferecer, como ser humano que é, é sobretudo a sua sensibilidade. O compêndio objetivo da totalidade das informações do direito objetivo e de todas as suas combinações possíveis poderão ser um dia – se é que já não são – operados a partir de um *software*. Não estamos realmente longe disso (v., *e.g.*, *https://www.theguardian.com/technology/2016/oct/24/artificial-intelligence-judge-university-college-london-computer-scientists*). Então, a verdadeira pergunta a se fazer é: *a Magistratura precisa do ser humano*? Ou, mais, *ela deve precisar?*

E então? Qual é a sua resposta?

Bem disse a "finada" – e saudosa – banda *Karma,* na canção "*Você pode ir além*" (*https://www.youtube.com/watch?v=tGc3MrO5hhQ*): *você é réu do seu juízo...*

X - Liberdade sindical: a quantas anda no Brasil? E o que temos com isso?...

Segundo o grande Ojeda Avilés, emérito professor da Universidade de Sevilha, entende-se por *liberdade sindical*, assegurada a todo e qualquer trabalhador (individualmente) e também à coletividade de trabalhadores, o direito fundamental de se agruparem estavelmente para participar da ordenação das relações produtivas (OJEDA AVILÉS, Antonio. *Derecho sindical*, 7ª ed. Madri: Tecnos, 1995, *passim*). Essa participação se dá, na prática, por intermédio dos *sindicatos*; ou, mais tecnicamente, das *entidades sindicais*, o que abrange, no Brasil, todas as representações compreendidas em nosso modelo sindical: as centrais sindicais – conquanto não tenham, nos termos da CLT e da Lei 11.648/2008, poder de negociação *direta* com as categorias patronais, mas apenas de coordenação nacional das demais representações –, as confederações (de âmbito nacional, formadas por ao menos três federações), as federações (de âmbito regional, formadas por ao menos cinco sindicatos) e os sindicatos propriamente ditos (v. CLT, arts. 511, 533 e 534). E pode ser desempenhada de dois modos básicos (para não se cogitar das possibilidades de judicialização): por meio da *negociação* (e, para isso, o art. 7º, XXIV, da Constituição reconheceu a vinculatividade das convenções e acordos coletivos de trabalho) ou por meio da *pressão*, i.e., da *autotutela coletiva* (e, para isso, o art. 9º da Constituição, a garantir o direito constitucional de greve).

A liberdade sindical não é, ademais, uma reles "concessão" dos Estados democráticos contemporâneos (a não ser, é claro, para quem tenha uma visão legalista-positivista pré-hobbesiana). Bem ao revés, compõe de há muito o rol dos direitos humanos fundamentais, tal como reconhecidos pela comunidade internacional para toda a nossa civilização. Agrega-se, como liberdade pública que é, ao elenco dos direitos econômicos, sociais, culturais e ambientais, ditos de segunda e terceira "gerações" (expressão muito criticada, por sinal, já que desfoca a coexistência, a equipotência e a necessária interdependência entre os direitos humanos fundamentais). Sua consagração internacional remonta, mais recentemente, ao *Pacto Internacional dos Direitos Econômicos, Sociais e Culturais*, aprovado na XXI Sessão da Assembleia Geral das Nações Unidas, de 19.12.1966 (promulgada no Brasil pelo Decreto 591, de 6.7.1992, do então presidente Collor de Mello, sob os conselhos do prof. Celso Lafer, à época seu ministro de Estado). E, com efeito, reza o art. 8º do *PIDESC*:

> "1. Os Estados Partes do presente Pacto comprometem-se a garantir:
>
> a) O direito de toda pessoa de fundar com outras sindicatos e de filiar-se ao sindicato de escolha, sujeitando-se unicamente aos estatutos da organização interessada, com o objetivo de promover e de proteger seus interesses econômicos e sociais. O exercício desse direito só poderá ser objeto das restrições previstas em lei e que sejam necessárias, em uma sociedade democrática, no interesse da segurança nacional ou da ordem pública, ou para proteger os direitos e as liberdades alheias;
>
> b) O direito dos sindicatos de formar federações ou confederações nacionais e o direito destas de formar organizações sindicais internacionais ou de filiar-se às mesmas;
>
> c) *O direito dos sindicatos de exercer livremente suas atividades, sem quaisquer limitações além daquelas previstas em lei e que sejam necessárias, em uma sociedade democrática, no interesse da segurança nacional ou da ordem pública, ou para proteger os direitos e as liberdades das demais pessoas;*
>
> d) O direito de greve, exercido de conformidade com as leis de cada país.
>
> 2. O presente artigo não impedirá que se submeta a restrições legais o exercício desses direitos pelos membros das forças armadas, da política ou da administração pública.
>
> 3. Nenhuma das disposições do presente artigo permitirá que os Estados Partes da Convenção de 1948 da Organização Internacional do Trabalho, relativa à liberdade sindical e à proteção do direito sindical, venham a adotar medidas legislativas que restrinjam – ou a aplicar a lei de maneira a restringir as garantias previstas na referida Convenção. (G.N.)

E o que contém, afinal, a chamada liberdade sindical?

Para a Organização Internacional do Trabalho – da qual o Brasil é Estado-membro desde a fundação –, são predicamentos da liberdade sindical:

- o direito de trabalhadores e empregadores constituírem, sem autorização prévia, organizações de sua escolha, bem como o direito de se filiar a essas organizações, sob a única condição de se conformar com os com os seus estatutos (= liberdade sindical positiva);
- o direito de as organizações de trabalhadores e de empregadores elaborarem seus estatutos e regulamentos administrativos, de elegerem livremente seus representantes, de organizarem a gestão e a atividade de suas entidades e de formularem seus programas de ação;
- o dever de abstenção das autoridades públicas, quanto a qualquer intervenção que possa limitar esse direito ou entravar o seu exercício legal (v. art. 8º, I, da Constituição de 1988);

- o direito das organizações de empregadores e trabalhadores de não se sujeitarem à dissolução ou à suspensão por via administrativa, mas apenas pela via judicial (o que compete, no Brasil, à Justiça do Trabalho, conforme art. 114, III, CF);

- o direito das organizações de trabalhadores e de empregadores de constituírem federações e confederações (organizações sindicais de segundo e terceiro graus), bem como o de filiarem-se a elas, e o direito de toda organização, federação ou confederação filiar-se às organizações internacionais de trabalhadores e de empregadores;

- o direito das organizações de trabalhadores e de empregadores, como também de suas federações e confederações, de adquirirem personalidade jurídica sem se sujeitarem a condições legais, administrativas ou judiciais que restrinjam os direitos e liberdades anteriores.

É, com efeito, o que ditam os artigos 2º a 9º da sua *Convenção n. 87* (1948), *anterior* ao próprio *PIDESC* (e por ele referido, como vimos). E, não bastasse, o artigo 8º, 2, da mesma Convenção ainda dispõe que "[a] *legislação nacional não deverá prejudicar nem ser aplicada de modo a prejudicar as garantias previstas pela presente Convenção*"...

O Brasil, entretanto, *não ratificou a Convenção 87 da OIT*, conquanto integre a Organização desde 1919, e não obstante tal convenção esteja entre aquelas a que a OIT confere a mais absoluta fundamentalidade no plano internacional (v. Declaração da Organização Internacional do Trabalho sobre os Princípios e Direitos Fundamentais do Trabalho, 19.6.1998, art. 2º, "a" – v. *http://www.oitbrasil.org.br/sites/default/files/topic/oit/doc/declaracao_oit_547.pdf*). Aparentemente, sequer pode fazê-lo, a despeito dos avanços que a Constituição de 1988 trouxe para o direito sindical brasileiro.

E por que não?

Primeiro, porque, no Brasil, o primeiro predicamento acima apontado – o da plena liberdade sindical positiva - não está adequadamente atendido, à vista do que dispõe o art. 8º, II, da própria Constituição-cidadã. É que, nos termos desse dispositivo constitucional, está *vedada* a criação de mais de uma organização sindical, em qualquer grau (i.e., sindicato, federação ou confederação; as centrais sindicais estão de fora), que seja representativa de uma mesma categoria profissional ou econômica, em uma mesma base territorial; e a base territorial será sempre definida pelos trabalhadores ou empregadores interessados (= autonomia sindical), não podendo, porém, ser inferior à área de um município. É por isso que, no Brasil, não é possível a sindicalização por empresa (cujas dimensões territoriais são geralmente *inferiores* à de um município). E é por isso também que, uma vez registrados, no Ministério do Trabalho, os atos constitutivos de determinada entidade sindical, destinada à representação de uma certa categoria em uma cerca base territorial (p. ex., bancários do Estado de São Paulo), *nenhuma outra organização poderá representá-la, nessa mesma base territorial*, por mais visível que seja a sua legitimidade política ou sociológica na comparação com a entidade sindical previamente registrada. *Os trabalhadores e os empregadores não poderão, a rigor, organizarem-se em outro "sindicato"*. Organizem-se de qualquer modo, o que dessa organização advier, para aquela base territorial e para aquela mesma categoria, não será jamais um sindicato; ou, ao menos, não será um sindicato dotado de prerrogativas propriamente sindicais, como são as decorrentes da Constituição e da CLT (defender direitos e interesses coletivos da categoria, ter representantes estáveis nas respectivas relações de emprego, representar a categoria perante autoridades administrativas e judiciárias, celebrar convenções e acordos coletivos de trabalho, impor contribuições etc. – v. arts. 8º da CLT e 513 da CLT).

Vale no Brasil, portanto, uma regra formal de *unicidade sindical*, que se baliza pela *anterioridade temporal*. Não se avaliam, do ponto de vista legal-formal, quaisquer aspectos ligados à *efetiva representatividade* da categoria profissional ou econômica (ao contrário do que se dá, p. ex., na Itália; veja-se, p. ex., o artigo 19 da Lei 300, de 20 de maio de 1970, ou *Statuto dei Lavoratori*, que já falava em "confederação mais representativa"; e, bem assim, o Acordo Interconfederativo de 1993, que criou as chamadas *Rappresentanze Sindacali Unitarie*, órgãos de representação dos trabalhadores que atuam nos locais de trabalho sem necessária vinculação sindical, onde não existam representações sindicais adequadas).

Segundo, porque, embora superada a vetusta ideia de que os sindicatos teriam dimensão *pública*, como órgãos auxiliares do Estado corporativo – e, não por outra razão, chegou-se a sustentar que sindicatos tivessem personalidade jurídica de direito *público* (assim, *e.g.*, Oliveira Viana), como ainda se previu que a malversação do patrimônio do sindicato pelos seus diretores configuraria crime de *peculato* (vide, até hoje, o art. 552 da CLT), sendo certo que peculato é crime de *funcionário público* contra a *Administração Pública* –, *os sindicatos até há pouco eram parcialmente (ou totalmente) financiados com dinheiro público*. Com efeito, a chamada *contribuição sindical obrigatória* – mais vulgarmente conhecida como "imposto sindical" (expressão do art. 578 da CLT, embora não se trate tecnicamente de *imposto* na acepção do art. 16 do Código Tributário Nacional, mas de *contribuição especial de interesse das categorias profissionais e econômicas*, na acepção do art. 149, *caput*, da Constituição) – subsidiou a atividade sindical brasileira por praticamente setenta e cinco anos, até o advento da Lei 13.467/2017. E isso era possível graças ao teor do artigo 8º, IV, da Constituição ("*...independentemente da contribuição prevista em lei*"), associado aos artigos 578 e 579 da CLT.

Noutras palavras, uma associação privada, dotada de personalidade jurídica de direito privado, podia financiar suas atividades com *tributos* que são obrigatoriamente cobrados dos trabalhadores, em folha de pagamento, todo mês de março de cada ano (CLT, arts. 580, I, e 582). E o *caráter tributário* dessas contribuições era inquestionável, seja pelo que já havia decidido o STF (v., *e.g.*, ADPF 126-DF, rel. min. Celso de Mello, j. 1.2.2013, ajuizada pelo Partido Popular Socialista – v. *https://stf.jusbrasil.com.br/jurisprudencia/23061004/medida-cautelar-em-arguicao--de-descumprimento-de-preceito-fundamental-adpf-126-df-stf*), seja ainda pelo que constava do próprio artigo 589, II, da CLT (já sob a redação da Lei 11.648/2008): da totalidade arrecadada com a contribuição sindical obrigatória cobrada dos trabalhadores, 5% aproveitam à confederação correspondente, 10% à respectiva central sindical, 15% à respectiva federação, 60% ao próprio sindicato e *10% aproveitam à "Conta Especial Emprego e Salário"* (i.e., à *União!*). Aliás, mesmo com a Reforma Trabalhista e o fim da compulsoriedade dessa contribuição (o que, à vista do art. 3º do CTN, retirou-se o caráter de tributo), a parcela da União continua a ser "devida", em uma inexplicável – e inconstitucional – distorção que escapou aos ministros do STF no julgamento da ADI 5.794 e conexas...

A Central Única dos Trabalhadores já manifestou, no passado, posição *contrária* à manutenção desse restolho histórico do Estado corporativista de Getúlio Vargas (v., *e.g.*, *http://www.cut.org.br/noticias/unicidade-nao-e-unidade-9a8d/*, na pena de Artur Henrique, ex-presidente da CUT). Outras centrais sindicais - a imensa maioria - seguiam defendendo-o, assim como a unicidade sindical (v., *e.g.*, pela Força Sindical, *http://fsindical.org.br/forca/unicidade-fortalece-o-sindicalismo/*), ao argumento de que o sindicalismo brasileiro não suportaria a abrupta eliminação dessa verba, como tampouco a súbita liberalização das representações sindicais de base, apta a gerar, dizem, a atomização e o consequentemente enfraquecimento dos sindicatos nas diversas bases territoriais.

Talvez, porém, nem tudo seja tão apocalíptico. Vejamos.

A rigor, a "atomização" sindical já acontece no Brasil. E justamente por culpa da unicidade sindical constitucional. O brasileiro é criativo para tudo; onde não há soluções pelas vias convencionais, consegue logo inventá-las por vias menos ortodoxas. Essa nossa característica já nos valeu, com Santos Dumont, a construção dos primeiros balões dirigíveis com motor a gasolina e também o advento do primeiro avião autopropulsado em atividade esportiva de aviação (e me perdoem aqui aqueles que preferem atribuir aos irmãos Wright a "paternidade" da aviação); com Manuel de Abreu, a invenção das radiografias de uso médico (ou "abreugrafias"); mais recentemente, a invenção das urnas eletrônicas; e, na Ciência do Direito, a criação de institutos únicos no mundo, como o mandado de segurança ou a alienação fiduciária em garantia; e, no mundo sindical, tudo o que puderem imaginar, talvez com menores méritos. Com efeito, o Brasil tem registrado, p. ex., o sindicato dos trabalhadores em casas lotéricas (aparentemente fundado por quem nunca exerceu tal atividade), o sindicato das empresas de desmanche de veículos, o sindicato dos inspetores técnicos em segurança veicular, a federação de trabalhadores no comércio de minérios e derivados de petróleo, o sindicato dos tratadores *jockeys* e similares, o sindicato da indústria de camisas para homem e roupas brancas (e veja você, caro leitor em busca de oportunidades setoriais, que, se formos pelas réguas de cores, estará aberto um horizonte infinito de possibilidades de diferenciação sindical...), e assim sucessivamente. Outro dia, trabalhando em Brasília, passou por mim a viatura de algo como um "sindicato dos trabalhadores no comércio varejista e atacadista de materiais de construção"... Se formos pelo objeto específico do comércio (material de construção, eletrodomésticos, equipamentos médicos, veículos automotores, cerâmica, roupas da moda, roupas fora de mora etc. etc.), outra vez o céu será o limite.

Ora, isso não é atomização? O fim da unicidade talvez produza, nessas hipóteses, o efeito contrário: sindicatos rivais, que se diferenciaram mais ou menos artificiosamente em razão da impossibilidade de haver duas representações sindicais para a mesma categoria profissional na mesma base territorial, voltariam às suas intenções representativas genuínas e passariam a disputar entre si a representação de uma mesma categoria profissional comum, como acontece na Itália, na Alemanha e em praticamente toda a Europa ocidental. Isso aconteceu em vários países europeus: o pluralismo sindical conteve a tendência de proliferação de sindicatos com menor representatividade e levou à convergência de forças em torno de objetivos comuns (v. *http://social.stoa.usp.br/articles/0016/3907/Pluralismo_Sindical_no_Sistema_JurA_dico_Italiano.doc*).

É claro que essa mudança exige um *período de transição*, para que alguns sindicatos – menores, mas autênticos – não se vejam, de fato, economicamente inviabilizados do dia para a noite. Só poderão realmente sobreviver das contribuições associativas (i.e., das contribuições pagas pelos trabalhadores efetivamente sindicalizados) e/ou das contribuições confederativas (art. 7º, IV, 1ª parte, da CF) e/ou das contribuições assistenciais (art. 513, "e", da CLT) quando os pressupostos da representação legítima estiverem claramente desenhados na lei e na jurisprudência; e quando, jogando o novo jogo, puderem atrair, pelas suas propostas de atuação (e não por força de lei), a adesão efetiva dos trabalhadores que pretendem representar. Para isso, deveríamos ampliar o debate público a respeito do tema, para além do Estado e das lideranças sindicais, de modo a integrar a academia, a sociedade civil organizada, os movimentos sociais e as entidades estudantis; e, a partir disso, construir, de cima para baixo, uma *proposta de reforma sindical* autêntica, plural e factível, defensável e defendida por todos os segmentos envolvidos. Uma proposta que, em síntese, *convirja* para o paradigma internacional da liberdade sindical, viabilizando a ratificação da Convenção OIT 87; mas que, ao mesmo tempo, considere as peculiaridades nacionais e conceda aos sindicatos o tempo necessário para que se assenhorem da nova e alvissareira – permitam-se esse entusiasmo – realidade sindical vindoura.

Esse esforço deveria inclusive *preceder* qualquer iniciativa legislativa voltada para o empoderamento do poder de negociação dos sindicatos, no sentido de *priorizar* o "negociado" em relação ao "legislado", como pretende o Governo na Reforma Trabalhista (PL 6.787/2016). Com efeito, bem anotou a Comissão de Peritos da OIT, em seu último relatório para o Brasil sobre a Convenção OIT 98 (direito de sindicalização e de negociação coletiva), que "*a introdução de uma possibilidade geral de rebaixar, por meio da negociação coletiva, as proteções estabelecidas a favor dos trabalhadores na legislação teria um forte efeito dissuasório sobre o exercício do dito direito* [de negociação coletiva] *e poderia contribuir para a deslegitimação duradoura deste mecanismo*". Ou, o que é o mesmo, "*uma disposição* [legal] *que instituísse a derrogabilidade geral da legislação laboral por meio da negociação coletiva* seria contrária ao objetivo de promoção da negociação coletiva livre e voluntária prevista pela Convenção" (G.N.). Pura inconvencionalidade: "liberar geral" a negociação coletiva é desconstruir o próprio instituto da negociação coletiva, pela corrupção das suas finalidades. Mas tudo isto já dissemos em outra coluna, aqui mesmo, específica para o tema (*https://jota.info/tudo-sobre/reforma-do-trabalho*). Vale rever, nobre leitor.

E para ver o novo, é preciso relativizar o velho. Ou, como no poema de Manoel de Barros (*As lições de R.Q.*), "é preciso desformar o mundo; Tirar da natureza as naturalidades" (v. *https://prosacomcultura.wordpress.com/2010/06/26/as-licoes-de-r-q/*). Fazer cavalo verde... Ou ousar tentar. Não será diferente no campo sindical.

XI - Justiça do Trabalho, essa outra desconhecida

Não é incomum ouvir (ou ler) que a Justiça do Trabalho é uma "jabuticaba", i.e., algo que só existe nestas plagas tupiniquins?

Isso será verdade?

Rigorosamente *não*. Jurisdição trabalhista há em todo o mundo (ainda que, em vários países, seja prestada por juízes comuns). E mesmo o modelo brasileiro, de uma autonomia institucional construída sobre o tripé da diferenciação financeiro-estrutural (orçamento, prédios e pessoal próprios), da diferenciação funcional (corpo próprio de magistrados organizados em carreira autônoma) e da diferenciação instrumental (litígios regidos por regras específicas de processo/procedimento), encontra eco em modelos adotados por países do dito "primeiro mundo" (como se fosse isso, aliás, alguma garantia de virtudes). Assim se dá, p. ex., na Alemanha, na Dinamarca e na Grã-Bretanha.

Na Alemanha, como no Brasil, a jurisdição trabalhista é prestada por um corpo próprio de magistrados que se distribui entre juízos de primeiro grau, tribunais regionais (em cada *Länder*) e um tribunal federal do trabalho sediado em Kassel (o *Bundesarbeitsgericht*). Ao lado dos juízes togados, há os "juízes benévolos" (correspondentes aos que, no Brasil, eram os "juízes classistas", extintos com a EC 24/1999), que representam os empregados e os empregadores e são designados por um período de quatro anos a partir de listas formadas pelas associações representativas das duas classes (v. *www.bundesarbeitsgericht.dfe/allgemein.html*). A Justiça do Trabalho alemã julga basicamente os dissídios individuais de trabalho (lides entre empregadores e empregados), mas também tem competência para outros litígios, como os que se estabelecem entre o empregador e a comissão de empresa (algo similar ao que o PL 6.787/2016 quer regulamentar no Brasil, mas basicamente para homologar rescisões) ou entre parceiros sociais.

Na Dinamarca, a jurisdição trabalhista é igualmente acometida a uma organização judiciária especial. Em um país cuja taxa de sindicalização aproxima-se de 80% (contra menos de 20% no Brasil e menos de 10% nos Estados Unidos da América, p. ex.), a Corte do Trabalho dinamarquesa tem sede em Copenhague e é constituída por quarenta e nove membros: um juiz presidente e cinco juízes vice-presidentes (o *Presidium*), geralmente oriundos da Suprema Corte dinamarquesa, além de doze juízes ordinários, designados pelas organizações sindicais dinamarquesas (seis pelos empregados e seis pelos empregadores), e mais trinta e um membros substitutos (v. *http://arbejdsretten.dk/generelt/labour-court.aspx*). A Corte do Trabalho, com previsão na Lei 106, de 26.2.2008, não integra o sistema judicial ordinário e atua especialmente em sede de conflitos coletivos de trabalho, como nos casos de descumprimento de contratos coletivos. Já os litígios trabalhistas individuais são basicamente apreciados por órgãos extrajudiciais (atuam preventivamente os tribunais arbitrais industriais, *ut* Lei 343, de 17.4.2012), mas há hipóteses em que se reconduzem à Corte do Trabalho (p. ex., art. 32 da Lei 106/2008), cujas decisões são sempre irrecorríveis.

Também a Grã-Bretanha possui, desde 1964, uma jurisdição especial para os litígios laborais. Os órgãos jurisdicionais trabalhistas são compostos por um presidente, juiz profissional (na origem, solicitador ou advogado com ao menos sete anos de experiência), mais dois representantes classistas (pelos empregados e pelos empregadores). Os tribunais de trabalho constituem o primeiro grau de jurisdição para dirimir os dissídios entre empregadores e empregados e, em alguns casos, os litígios entre sindicatos e trabalhadores. Uma vez prolatadas as sentenças, admitem-se apelações para o *Employment Appeal Tribunal*; adiante, há ainda a possibilidade de recursos para a *Court of Appeal* e para a própria *House of Lords*. O procedimento aplicável é essencialmente o civil, mas com alta flexibilidade e menores formalidades. Há possibilidade de conciliação prévia no *Advisory Conciliation and Arbitration Service* (v. *www.fedee.com/labourcourts.html*).

Para além disso, na Europa, também mantêm sistemas judiciais *autônomos* para a jurisdição trabalhista, como se dá no Brasil, a Finlândia e a França (embora a peculiaridade se resuma, no caso francês, ao primeiro grau de jurisdição, com os *conseils de prud'hommes*).

Na América Latina, por outro lado, vale bem citar o caso argentino. Há uma Justiça do Trabalho, autônoma, composta exclusivamente por juízes togados, aos quais compete apreciar as causas contenciosas ou os conflitos individuais de direito, quaisquer que forem as partes – inclusive a Nação, suas repartições autárquicas, a municipalidade da Cidade de Buenos Aires e qualquer ente público –, relativos a demandas ou reconvenções fundadas no contrato individual de trabalho, em convenções coletivas de trabalho, em laudos arbitrais com eficácia de convenções coletivas ou disposições legais ou regulamentares de direito do trabalho, e, para mais, as causas entre trabalhadores e empregadores que, relativas a um contrato de trabalho, fundem-se em disposições do direito comum. A legislação argentina tanto prevê a existência de tribunais locais (provinciais), com procedimentos e organizações muito próprias (inclusive com hipóteses de instância judicial única e procedimento oral), como também uma *Justicia Nacional del Trabajo*, com sede na capital federal, integrada pela Câmara Nacional de Apelações do Trabalho e por juízes nacionais do trabalho de primeira instância (há, portanto, duas instâncias nacionais para as lides trabalhistas). Há, ademais, as competências próprias da Corte Suprema de Justiça argentina, que analisa as causas trabalhistas na perspectiva constitucional, sejam oriundas das justiças provinciais ou da justiça nacional.

Tudo a demonstrar, portanto, que a Justiça do Trabalho brasileiro não é "jabuticaba" alguma. Ao contrário, reflete realidade existente em vários outros países, com características bem semelhantes: (a) a autonomia institucional; (b) organização em carreira própria; e (c) a diferenciação competencial, a que se associam, não raro, pessoal e procedimentos especialmente adaptados à característica das demandas laborais.

E quanto ao custo da Justiça do Trabalho? Seria realmente mais simples e prático "distribuir" aos trabalhadores queixosos o que reclamam, economizando mais da metade do orçamento que se tem dedicado à Justiça do Trabalho? Amigo leitor, se você refletir minimamente a esse respeito, concluirá certamente tratar-se, no fim das contas, de um discurso demagógico e falso.

Isso porque, primeiro, a Justiça do Trabalho não é uma empresa estatal. Não precisa – a rigor, *nem deve* – "dar lucros" ou gerar excedentes financeiros para a União. É que os serviços de justiça prestam-se basicamente àqueles papéis que o grande C. R. Dinamarco (v. *Instrumentalidade do Processo*, 6ª ed. São Paulo: Malheiros, 1998. pp. 159 e ss.) apontava como sendo os *escopos do processo judicial* (que, por sinédoque, tomamos aqui como os escopos do Poder Judiciário):

(i) os *escopos sociais* do processo e, portanto, da jurisdição: pacificar com justiça (que é, aliás, a "missão" do Judiciário, nos termos da Resolução CNJ 70/2009) e, secundariamente, educar para a cidadania (conscientizando os jurisdicionados para exercício de seus direitos, deveres e obrigações);

(ii) os *escopos políticos* do processo e, portanto, da jurisdição (que pode se resumir na tríade *poder/liberdade/participação*): afirmar a capacidade do Estado de *decidir imperativamente* (= afirmar a *autoridade* do Estado e do seu direito objetivo), concretizar o valor constitucional da *liberdade* (assegurando as liberdades públicas – inclusive negativamente, pelo devido processo legal – e delimitando os espaços de ação do cidadão, onde o Estado não interfere, como ainda as várias dimensões da sua dignidade) e assegurar a *participação dos cidadãos*, por si mesmos ou por suas associações, nos destinos da sociedade política (e aqui se compreende a visão "cooperativa" do processo, em que as partes podem e devem colaborar para com o teor da decisão final – v. os arts. 6º e

369 do CPC/2015 –,[303] mas também se compreendem os instrumentos processuais de coletivização/democratização da jurisdição, como as ações populares, as ações civis públicas, as ações de controle abstrato de constitucionalidade etc.); e

(iii) o *escopo jurídico* do processo e, portanto, da jurisdição (e aqui apenas registro minha parcial discordância, pois creio que o juiz também "cria" o Direito, em vários sentidos): atuar a "vontade concreta" do Direito (Chiovenda), i.e., o direito substantivo; e, por esse caminho, promover a segurança jurídica.

Portanto, o que a Justiça do Trabalho "gera" – ou deve gerar – é, em primeiro lugar, pacificação social e consciência cidadã (inclusive para patrões que sonegam direitos trabalhistas, mas também para empregados que se prestam a aventuras jurídicas); em segundo lugar – e, a meu ver, fundamentalmente –, afirmação do Estado de Direito (que, no particular, é o Estado Social), concretização das liberdades (de patrões e empregados) e espaços para o exercício da cidadania (inclusive na reclamação de direitos sociais sonegados, para si ou – nas substituições processuais - para outrem); e, em terceiro lugar, a atuação do direito substantivo, sinalizando para a segurança jurídica (e para isso, no sentido da interpretação "estabilizada" da lei trabalhista, citem-se as súmulas e orientações do Tribunal Superior do Trabalho, as súmulas regionais – vide Lei 13.015/2014 -, as teses prevalecentes, os "precedentes" do art. 489/CPC e do art. 15 da Instrução Normativa TST 39/2015, e assim sucessivamente). Nada disso tem "preço". Nada disso é mensurável em reais, dólares ou euros. Do contrário, teríamos de igualmente extinguir os juízos criminais, porque tampouco "geram" riquezas, mas apenas consomem orçamento; o mesmo se diga das varas de família, das varas de infância e juventude, de toda a Justiça Eleitoral, de toda a Justiça Militar (da União e dos Estados) etc. O "argumento" de que a Justiça do Trabalho não se paga é, para sintetizar, simplesmente idiota.

A rigor, valendo tal critério de "custo/benefício", caberia extinguir não apenas a Justiça do Trabalho, mas *todo o Poder Judiciário brasileiro,* à exceção da Justiça Federal comum. Com efeito, somente a Justiça Federal comum – porque cuida exatamente de cobrar e executar tributos e outros créditos federais, a par das custas e emolumentos que arrecada (enquanto que na Justiça do Trabalho, ao revés, a regra processual é a da *gratuidade processual*)- arrecada mais do que gasta. Em 2013, o *Justiça em Números* detectou que as despesas totais da Justiça Federal, considerados os orçamentos dos cinco Tribunais Regionais Federais existentes, somaram cerca de R$ 7,8 bilhões (crescimento de 2,7% em relação a 2012), enquanto que os seus órgãos arrecadaram, no mesmo ano, aproximadamente R$

303 Especialmente o último, que trata do direito de "*empregar todos os meios legais, bem como os moralmente legítimos, ainda que não especificados neste Código, para provar a verdade dos fatos em que se funda o pedido ou a defesa* e influir eficazmente na convicção do juiz". (G.N.).

15,7 bilhões para o erário da União e de suas autarquias e empresas públicas (art. 109, I, CF – v. *http://www.cnj.jus.br/noticias/cnj/62111-justica-federal-arrecada-mais-do-que-gasta-e-reduz-estoque-de-acoes*). Da mesma forma, em 2015, a Justiça Federal arrecadou aproximadamente 24 bilhões, para despesas totais de 9,9 bilhões (não se computando, aqui, valores provenientes de ativos recuperados em ações criminais e de improbidade administrativa, como nos processos da "Operação Lavajato" – v., *e.g.*, *http://www.conjur.com.br/2016-out-18/justica-federal-unico-ramo-arrecada-gasta*). Na verdade, a Justiça Federal foi responsável, em 2015, por 53,7% do total de arrecadações do Poder Judiciário nacional, o que decorre das características das suas competências constitucionais (art. 109/CF). Mas – e é este o ponto – *arrecadar não é função do Poder Judiciário.* Suas funções são aquelas acima apontadas, imensuráveis em pecúnia. Do contrário - repito-me -, *apenas a Justiça Federal haveria de ser preservada.* Isso porque todos os demais ramos da Justiça nacional não são, nesse sentido, "superavitários". Na Justiça do Trabalho, a arrecadação diminuiu 47% entre 2009 e 2015, chegando a R$ 2,7 bilhões em 2015, i.e., cerca de 16,3% das despesas daquele ano. Na Justiça Estadual, ao revés, a receita dobrou entre 2009 e 2015; no entanto, as despesas aumentaram à taxa de 42% (bem mais que na Justiça do Trabalho, onde a elevação de despesas girou em torno de apenas 9%), sendo certo que, em 2015, os gastos dos Tribunais de Justiça somaram, em toda a Federação, R$ 44,7 bilhões, enquanto as receitas somaram apenas 18 bilhões (i.e., cerca de 40% das despesas, embora a Justiça Estadual seja responsável por mais da metade – 56% - de toda a despesa do Judiciário). A Justiça Militar estadual traz, por fim, o pior de todos os cenários: em 2015, sua receita correspondeu a apenas 1,1% de tudo o que efetivamente gastou (R$ 132,8 milhões).

Extinguiremos, então, todos os outros ramos do Poder Judiciário, inclusive a Justiça do Trabalho e as Justiças estaduais? Consegue imaginar esse cenário, querido leitor? Provavelmente não. E por razões óbvias: *provavelmente, a maioria das demandas judiciais que você tem (ou já teve), ou de que tem conhecimento (p. ex., as de amigos ou parentes próximos), tramitam (ou tramitaram) pela Justiça do Trabalho e/ou pela Justiça Estadual.* Nessas duas justiças, concentram-se os litígios mais "comuns", aqueles pertencentes ao dia a dia do cidadão. Extingui-las é impensável. A não ser que se queira retornar à Idade Média, às justiças dos feudos e às autotutelas.

Seguindo-se esse raciocínio, ademais, teríamos de extinguir a Câmara dos Deputados, que custa cerca de R$ 86 milhões/mês ao contribuinte (i.e., cerca de *um bilhão de reais* por ano – v. *http://m.congressoemfoco.uol.com.br/noticias/lista-todos-os-salarios-e-beneficios-de-um-deputado/*), sem qualquer "arrecadação" sensível (logo, participação de 0,0% para fazer frente às próprias despesas). Haveríamos de extinguir, ainda, as nossas Forças Armadas, que em 2015 obtiveram, no Brasil, o 11º maior orçamento em um *ranking* de 171 países (foram R$ 31,9 bilhões em 2014; para 2015, a previsão chegou a R$ 81,5 bilhões, para todo o Ministério da Defesa – v. *http://exame.abril.com.br/brasil/brasil-investe-mais-nas-forcas-armadas-do-que-israel/*), sem tampouco "retornar" centavo algum para o erário. Vamos extinguir essas instituições? É evidente que não.

Ademais, a "utilidade" da Justiça do Trabalho revela-se por outros dados, igualmente disponíveis no *Justiça em Números*. Em 2014 (v. *http://www.cnj.jus.br/noticias/cnj/80430-justica-do-trabalho-aumenta-produtividade-e-tem-alto-grau--de-virtualizacao*), a Justiça do Trabalho "baixou" (i.e., *encerrou*) 4,2 milhões de processos, tendo recebido para julgar cerca de 4 milhões de processos. Julgou, portanto, mais casos do que recebeu, diminuindo seu estoque de processos pendentes de julgamento. Isso se chama *pacificação social* (um dos seus *escopos sociais*, como vimos). O Índice de Produtividade de Magistrados (IPM) apresentou alta de 18,3% no sexênio (2009-2014). E a tendência é que o "custo" desses serviços tenda a cair: a Justiça do Trabalho é a mais informatizada dentre todas as justiças, sendo certo que, ainda em 2014, o percentual de casos que ingressaram por meio eletrônico já ultrapassava a metade das ações ajuizadas (57%), o que significa economia de recursos materiais e humanos. A Magistratura do Trabalho também atende com excelência ao princípio da duração razoável dos processos (art. 5º, LXXVIII, CF), já que, no mesmo ano de 2014, a sua taxa de congestionamento (= medição do percentual de processos em tramitação que não foi baixado durante determinado ano) foi *21 pontos percentuais inferior* à média geral do Poder Judiciário. É seguramente a Justiça mais rápida do país. E a mais produtiva: basta ver que, em relação a 2009 – e a despeito do forte crescimento no número de ações novas –, o total de processos baixados na JT aumentou ainda mais (= 26% de elevação), de modo que o Índice de Atendimento à Demanda (IAD), em 2014, fosse de 105,5% (o maior desde 2009). Em 19 de 24 tribunais trabalhistas, o IAD superou o patamar de 100% em, pelo menos, uma das instâncias. Em média, cada magistrado baixou o equivalente a 1.238 processos (média de 103 casos resolvidos por mês, por magistrado). Não foi diferente em 2015 (v. *http://s.conjur.com.br/dl/justicaemnumeros-20161.pdf*): a Justiça do Trabalho foi praticamente a única a experimentar aumento percentual do número de casos novos em relação ao ano anterior (= alta de 1,7%); mas foi também o único ramo da Justiça a *aumentar* o seu número de processos baixados (= alta de 1,2%). A taxa crescente de processos novos só viria a cair a partir de 2017/2018, essencialmente em razão da Reforma Trabalhista (Lei 13.467/2017) – à custa do pleno acesso à Justiça do Trabalho, com a criação de obstáculos econômicos para os reclamantes em geral (a saber, a sucumbência honorária e a relativização das garantias constitucionais da pessoa pobre) – e depois em razão da pandemia da Covid 19.

E o que, basicamente, decide-se na Justiça do Trabalho? *Verbas rescisórias.* **Esses dados** têm sido segmentados desde 2014, a partir das classes e assuntos das Tabelas Processuais Unificadas (Resolução CNJ 46/2007). E, dentro do universo de 187 grupos de assuntos analisados, o maior número de processos refere-se diretamente ao Direito do Trabalho (as outras classes predominantes são as relativas ao Direito Processual Civil e ao Direito Processual do Trabalho), sendo que, daqueles, a maioria diz respeito à *rescisão do contrato de trabalho* (5,2 milhões de processos em 2014, ou seja, 43,99% das ações que tramitam na Justiça do Trabalho). Em 2015, os pedidos relativos a verbas rescisórias chegaram ao percentual espantoso de *11,75% da demanda total do Poder Judiciário*, sendo praticamente *a metade* (49%) de todos os casos novos ingressados na Justiça do Trabalho (*http://s.conjur.com.br/dl/justicaemnumeros-20161.pdf*). Ora, verbas rescisórias são o que há de mais *básico* em uma relação de emprego: demitido o empregado, deve receber as suas verbas trabalhistas de rescisão nos prazos do art. 477, § 6º, da CLT, sob pena de multa (§ 8º). Entre essas verbas estão o saldo salarial, o aviso prévio indenizado, as férias proporcionais e seu terço constitucional, o décimo terceiro salário proporcional, a indenização de 40% sobre o FGTS... Direitos *básicos*, insista-se. E são *esses direitos básicos* que, sonegados, têm levado à imensa procura pela jurisdição trabalhista.

Diante disso tudo, vale recuperar e perguntar: têm razão o deputado e o jornalista que afirmam ser a Justiça do Trabalho um "monstrengo burocrático e lento", que atravanca o progresso porque toma decisões "absurdas"? Deferir verbas rescisórias quase culturalmente sonegadas é deferir o "absurdo"? As taxas de produtividade e de congestionamento processual apuradas em 2014 e 2015 indicam um "monstrengo lento"? O que você acha, amigo leitor?

Finalmente, observo que a "conta" feita por R. R. Guzzo e outros – os 17 bilhões de custo contra 8 bilhões "gerados" - considera apenas o que a Justiça do Trabalho *deferiu* aos seus reclamantes. Quem conhece a realidade forense sabe bem que a regra, nas sentenças e acórdãos trabalhistas, são as procedências *parciais*; dito de outro modo, milhões e milhões de reais anualmente reclamados na Justiça do Trabalho são *indeferidos* pelas varas e tribunais do trabalho, ante o entendimento do juiz natural da causa (seja o juízo *a quo* – i.e., a autoridade judicial originária –, seja o juízo *ad quem* – i.e., a autoridade judicial recursal) de que os direitos respectivos não seriam devidos e, por consequência, os pedidos assim formulados resultam improcedentes. Daí por que se deve considerar rigorosamente ridícula – uma anedota, mesmo – a "alternativa" de se distribuir aos reclamantes os importes reclamados....

Referências

AGAMBEN, Giorgio. *Estado de Exceção*. Lisboa: Edições 70, 2010.

ALMEIDA, Almiro Eduardo de e KROST, Oscar. "Lei nº 14.593/23 e o 'Desvínculo de emprego: novidades vetustas ou Caixa de Pandora da 'Modernização das Relações de Trabalho" in: *Direito do Trabalho Crítico*, capturado em 20.6.2023.

AMARAL, Francisco. "Racionalidade e sistema no Direito Civil Brasileiro". *Revista de Informação Legislativa*, Brasília, ano 31, nº 121, janeiro/março, 1994.

ANDERS, Eduardo Caminati e MISSALI, Guilherme Teno Castilho. "*Compliance* antitruste e anticorrupção: Moldura Geral". In: ROSSETTI, Maristela Abla e PITTA, André Grüspun (coord.). *Governança corporativa* – Avanços e retrocessos". São Paulo: Quartier Latin, 2017.

ARAÚJO, Cícero e WAIZBORT, Leopoldo. "Sistema e evolução na teoria de Luhmann". *Lua Nova: Revista de Cultura e Política*. São Paulo, agosto 1999. n. 47.

ASSIS, Carlos Donbosco. *A verdadeira dor do atleta*. Belo Horizonte: Edições Pulsar, 1997.

AZEVEDO, Antonio Junqueira. *Estudos e pareceres de direito privado*. São Paulo: Saraiva, 2004.

AZEVEDO, Elaine. "Colonialidade alimentar". *In*: CAMPELLO, Tereza e BORTOLETTO, Ana Paula (org.). *Da fome à fome – diálogos com Josué de Castro*. São Paulo: Elefante, 2022.

BACHOF, Otto. "Der Richter als Gesetzgeber?". *Tradition und Fortschritt im Recht: Festschrift zum 500jährigen Bestehen der Tübinger Juristenfakultät*. Tübingen: J.C.B. Mohr, 1977.

BAGNOLI, Vicente. "A efetividade do *compliance* para o combate à corrupção". In: NOHARA, Irene Patrícia e PERFEIRA, Flávio de Leão Bastos (coord.). *Governança,* compliance *e cidadania*. São Paulo: RT/Thomson Reuters Brasil, 2018.

BALLESTRIN, Luciana. "O Sul Global como projeto político". *Horizontes ao Sul*. Disponível em: https://www.horizontesaosul.com/single-post/2020/06/30/O-Sul-Global-Como-Projeto-Politico, capturado em 15.4.2022.

BARBOSA, Narciso Fernandes. "A Importância do compliance na campanha eleitoral". In PORTO, Vinicius e MARQUES, Jader Marques (org.). O compliance como instrumento de prevenção e combate à corrupção. Porto Alegre: Livraria do Advogado, 2017.

BARTHES, Roland. "Mitologias", Difel, 2019.

BATISTA, Vera Malaguti. *O medo na cidade do Rio de Janeiro* – Dois tempos de uma história. Rio de Janeiro: Revan, 2003.

BATISTA, Vera Malaguti. "Você tem medo de quê?". *Revista Brasileira de Ciências Criminais*, vol. 53, 2005, mar-abr/2005.

BECHARA, Fábio Ramazzini e BUENO, Samara Schuch. "Programas de compliance: Compartilhamento de informações entre investigação privada e oficial". In: NOHARA, Irene Patrícia e PEREIRA, Flávio de Leão Bastos (coord.). Governança, compliance e cidadania. São Paulo: RT/Thomson Reuters Brasil, 2018.

BENJAMIN, Walter. *Magia e técnica, arte e política*, 3ª ed. São Paulo: Brasiliense, 1987.

BINGHAM, Thomas [Lord Bingham of Cornhill]. *"Judicial Independence"*. In: *Judicial Studies Board Annual Lecture*, 1996.

BIOLCHI, Osvaldo Anicetto. "A nova Lei de Recuperação de Empresas e Falências". *Revista do Advogado, AASP*, ano XXV, nº 83, Setembro/2005.

BITTAR, Eduardo C. B. "Hermenêutica e Constituição: A Dignidade da Pessoa Humana como Legado à Pós-Modernidade", organizadores Agassiz Almeida Filho e Plínio Melgaré, "Dignidade da Pessoa Humana – Fundamentos e Critérios Interpretativos", Malheiros Editores, 2010.

BOBBIO, Norberto. *Da estrutura à função* – Novos estudos de Teoria do Direito. Santana de Parnaíba: Manole, 2007.

BRASIL. *Código Civil. Lei no 10.406, de 10 de janeiro de 2002.*

BRASIL *Código de Processo Civil. Lei nº 13.105 de 16 de março de 2015.*

BURKE, Edmund, *apud* NEWMAN, Paul. *História do terror* – O medo e a angústia através dos tempos. Lisboa: Século XXI, 2004.

CALLEGARI, André Luis e WERMUTH, Maiquel Ângelo Dezordi. "Sistema Penal e Política Criminal". Porto Alegre: Livraria do Advogado Editora, 2010.

CAMILLO, Carlos Eduardo Nicoletti. "A Teoria da Alteridade Jurídica – Em Busca do Conceito de Direito em Emmanuel Lévinas", Perspectiva, SP, 2016.

CARDOSO, Alenilton da Silva. "A funcionalização do direito privado". *Revista Forense*, vol. 409, ano 106, maio-junho de 2010.

CARDOSO, Benjamin N. A natureza do processo. Editora Nacional de Direito Ltda., 1956.

CARVALHO, Augusto César Leite de. "Direito Fundamental de Greve e Interdito Proibitório", coordenadores Ministros Kátia Magalhães Arruda e Walmir Oliveira da Costa, "Direitos Coletivos do Trabalho – na visão do TST – Homenagem ao Ministro Rider Nogueira de Brito, Ltr, 2011.

CARVALHO, Salo de. "O encarceramento seletivo da juventude negra brasileira: a decisiva contribuição do poder judiciário". GIAMBERARDINO, André; ROIG, Rodrigo Duque Estrada e CARVALHO, Salo de (org.). *Cárcere sem fábrica* – Escritos em homenagem a Massimo Pavarini. Rio de Janeiro: Revan, 2019.

CASARTELLI, Mônica de Oliveira. "A proposta de superação da crise econômica por meio da flexibilização da legislação trabalhista via negociação coletiva". *Revista do Tribunal Regional do Trabalho da 4ª Região*, n. 44, 2016.

CASSINO, João Francisco. "O Sul Global e os desafios pós-coloniais na era digital". CASSINO, João Francisco; SOUZA, Joyce e SILVEIRA, Sérgio Amadeu da (org.). *Colonialismo de dados* – como opera a trincheira algorítmica na guerra neoliberal. São Paulo: Autonomia Literária, 2021.

CASTELO, Jorge Pinheiro. *O Direito do Trabalho líquido*. São Paulo: Ltr, 2017.

CATALDO, José Luis Ugarte, "Huelga y Servicios Esenciales: El Estrangulamiento Institucional de un Derecho Fundamental", diretores Eduardo Caamaño Rojo e Rafael Pereira Lagos, "Estudios de Derecho del Trabajo y de la Seguridad Social", volume IV, Abeledo Perrot – Thomson Reuters, 2012, Chile.

CATALDO, José Luis Ugarte "La Corte Suprema y Derecho de Huelga: Aqui No, Por Favor", Estudios Laborales – Revista de la Sociedad Chilena de Derecho del Trabajo y de la Seguridad Social", nº 04, Legal Publishing, Chile, 2009.

CHESTERTON apud C. De Moncada", C.Vassanta Porobo, "A Jurisprudência – Seu Sentido e Limites – I Do problema da 'injustiça' da lei e da 'certeza' do direito", Livraria Almedina, Coimbra, 1971.

COLLINS, James C. e PORRAS, Jerry I. *Feitas para durar – Práticas bem-sucedidas de empresas visionárias*. Rio de Janeiro: Rocco, 1995.

COMPARATO, Fábio Konder. "A reforma da empresa". *Revista de Direito Mercantil, Industrial, Econômico e Financeiro – RDM*, São Paulo: Malheiros, ano XXV (nova série), número 50, abril/junho 1983.

COMPARATO, Fábio Konder. "Estado, empresa e função social". *RT*, ano 85, v. 732, outubro/1996.

COMPARATO, Fábio Konder. "O poder de controle na Sociedade Anônima", *apud* CORREIA JÚNIOR, José Barros. "(Re)personalização do direito empresarial pela função e atividade social". *Revista Fórum de Direito Civil – RFDC*, Belo Horizonte, ano 1, n. 1, setembro/dezembro – 2012.

CORREIA JÚNIOR, José Barros e ALBUQUERQUE, Paula Falcão. "Empresa: da função individual à social". *In*: EHRHARDT JÚNIOR, Marcos e LOBO, Fabíola Albuquerque (coord.). A função social nas relações privadas. Belo Horizonte: Fórum, 2019.

CORREIA JÚNIOR, José Barros "(Re)personalização do direito empresarial pela função e atividade social". *Revista Fórum de Direito Civil – RFDC*, Belo Horizonte, ano 1, n. 1, setembro/ dezembro – 2012, p. 107.

CORTINA, Adela. *Aporofobia – A aversão ao pobre* – Um desafio para a democracia. São Paulo: Contracorrente, 2020.

COSTA, Renata Almeida da. "Cultura do medo e espaço urbano: Um olhar reflexivo sobre a sensação social de insegurança". FERNÁNDEZ, Albert Noguera e SCHWARTZ, Germano. Cultura e identidade em tempo de transformações. Curitiba: Juruá, 2011.

COSTA, Yasmin Maria Rodrigues Madeira da. *O significado ideológico do sistema punitivo brasileiro*. Rio de Janeiro: Revan, 2005.

CUSICANQUI, Silvia Rivera. *CH'XINAKAX VTXIWA* – Uma reflexão sobre práticas e discursos descolonizadores. São Paulo: n-1 edições, 2021.

CURY, Raquel Balli, "Arbitragem e mediação: breves reflexões sobre meios consensuais para solução de conflitos", coordenador Adailson Lima e Silva, "Direito Processual Panamericano Atual e Outros Estudos", Lemos e Cruz, Franca, 2017.

DA MATTA, Roberto. *Torre de Babel*. Rio de Janeiro: Rocco, 1996.

DIAS, Fernando Nogueira. *O medo social e os vigilantes da ordem emocional*. Lisboa: Instituto Piaget, 2007.

DIOR, Christian. *Conferências escritas por Christian Dior para a Sorbonne, 1955-1957*. Martins Fontes, 2011.

DONNICI, Virgílio Luiz. *A criminalidade no Brasil (meio milênio de repressão)*. Rio de Janeiro: Forense, 1984.

DORLIN, Elsa "Autodefesa – uma filosofia da violência" (UBU Editora, 2020.

DROMI, Roberto. "Sistema Jurídico e Valores Administrativos", Sergio Antonio Fabris Editor, 2007.

DUMAS, Alexandre, "Os Quarenta e Cinco", Porto, Livraria Lello & Irmão, sem data, volume II.

FAUSTO, Boris. "A corrupção na perspectiva histórica". O Estado de São Paulo, 19.7.2009.

FELICIANO, Guilherme Guimarães, "Ainda a Questão da Correção Monetária dos Créditos Trabalhistas: Caminhos (e Descaminhos) Para a Justa Compensação do Trabalho", Revista Ltr 85-09/1055.

FELICIANO, Guilherme Guimarães e DIAS, Carlos Eduardo O. "De juízos autoritários", *in*: *http://www.conjur.com.br/2015-ago-24/juizes-nao-sao-automatos-tambem-manifestam-percepcoes-subjetivas* (acesso em 11.10.2016).

FERNANDES, Francisco Liberal. "A Obrigação de Serviços Mínimos Como Técnica de Regulação da Greve nos Serviços Essenciais", Coimbra Editora, 1ª edição.

FERRAJOLI, Luigi. *Poderes selvagens – A crise da democracia italiana*. São Paulo: Saraiva, 2014.

FERREIRA, Tito Lívio, "História e Lenda – (1ª série)", SP/RJ/Bahia, Editora Civilização Brasileira.

FIALHO, Francisco Antônio Pereira, *apud* SAMPAIO, Italo Abrantes. *Medo* – Fronteira entre o sobreviver e o viver, 4ª ed. Porto Alegre: Livraria do Advogado, 2013.

FOUCAULT, Michel. Vigiar e punir, 27ª ed. Petrópolis: Vozes.

FRAGA, Constantino de Campos. "Interpretação das Leis Sociais", Empresa Gráfica da 'Revista dos Tribunais", 1941.

FRAGOSO, Christiano Falk. *Autoritarismo e sistema penal.* Rio de Janeiro: Lumen Juris, 2016.

FRANCISCO, Papa. Dicastério para os leigos, a Família e a Vida, "Dar o melhor de si – documento sobre a perspectiva cristã do desporto e da pessoa humana", Paulinas Editora, Portugal, 2018.

GARCIA, Paulo Henrique Ribeiro. "A função social da empresa e o desenvolvimento nacional". *Cadernos Jurídicos*, São Paulo, ano 16, nº 39, janeiro-março/2015.

GAZILLO, Rômulo Monteiro. "Pedro Serrano e as medidas de exceção na modernidade periférica: sistematização dos elementos conceituais". *In*: LOPES, Anderson Bezerra; FONSECA, Eduardo Samoel; MEIRELLES, João Victor Esteves; PACHANI, Leandro; MAGANE, Renata Possi e ABIB Sea (org.). *Democracia e crise, um olhar interdisciplinar na construção de perspectivas para o Estado brasileiro* – Estudos em homenagem ao Professor Pedro Estevam Alves Pinto Serrano. São Paulo/MG: Autonomia Literária, 2020.

GIL, José. *Portugal, hoje* – O medo de existir, 3ª ed. Lisboa: Relógio D' Água Editores, 2012.

GIORDANI, Francisco Alberto da Motta Peixoto e FELICIANO, Guilherme Guimarães. "O 'comum acordo' na Justiça do Trabalho e o acesso à Justiça: sensibilizando o olhar". *JOTA*, 13.9.2021.

GIORDANI, Francisco Alberto da Motta "Fair play: Perda de pontos e descenso". *Revista da Academia Nacional de Direito Desportivo*, ano 2, nº 3, jan-jun/2017.

GLASSNER, Barry. *Cultura do medo.* São Paulo: Francis, 2003.

GODINHO, Vitorino Magalhães. *Estrutura da antiga sociedade portuguesa.* Lisboa: Edições 70, 2019.

GRAU, Eros Roberto. *A ordem econômica na Constituição de 1988*, 6ª ed. São Paulo: Malheiros, 2001.

GRAU, Eros Roberto *Elementos de Direito Econômico.* São Paulo: RT, 1981.

GRECO, Marco Aurélio. "Solidariedade Social e Tributação", inserto em obra coletiva "Solidariedade Social e Tributação", Dialética, 2005.

GUIA, Diogo Oliveira. "Apostas desportivas online – Regime jurídico do jogo online (RJO) & Manipulação de competições desportivas". Revista de Direito do Desporto, nº 1, AAFDL Editora, janeiro-abril/2019.

HÄBERLE, Peter. "A dignidade humana como fundamento da comunidade estatal" *apud* VECCHI, Ipojucan Demétrius. *Direito Material do Trabalho*, vol. I. Curitiba: Juruá, 2014.

HOMEM, António Pedro Barbas. *O justo e o injusto*, reimpressão. Lisboa: AAFDL Editora, 2017, reimpressão.

ITURRASPE, Francisco, "Direito de Greve, Compreensivo das Diversas Formas de Pressão e Protesto, e Sem Restrições Regulamentares que o Limitem ou Anulem", coordenadores Luis Enrique Ramírez e Luiz Salvador, "Direito do Trabalho: Por uma Carta Sociolaboral Latino-Americana", Ltr, 2012.

IZAGUIRRE, Javier Fernando, "A Cidadania Social e o Mundo do Trabalho", coordenadores Luis Enrique Ramírez e Luiz Salvador, "Direito do Trabalho: Por uma Carta Sociolaboral Latino-Americana", Ltr, 2012.

KIPLING, Rudyard. "A Canção do Pequeno Caçador", *apud* NEWMAN, Paul. *História do terror* – O medo e a angústia através dos tempos. Lisboa: Século XXI, 2004.

KLEMPERER, Victor. *LTI A linguagem do Terceiro Reich*. Rio de Janeiro: Contraponto, 2009.

KOTAKOWSKI, Leszek, "Pequenas Palestras Sobre Grandes Temas", São Paulo, Editora Unesp, 2009.

KOWARICK, Lúcio. "Centro de cobiça". *O Estado de S. Paulo*. 29.1.2012.

LEMOS, Marcelo Rodrigues. *Modernidade & colonialidade* – uma crítica ao discurso científico hegemônico. Curitiba: Appris, 2009.

LIMA, Danielle Pinheiro Diógenes. "A evolução do compliance: de sistema de gestão empresarial a instituto jurídico". In: ARAUJO, Raul, NOBRE JUNIOR, Edilson Pereira e CARRÁ, Bruno Leonardo Câmara. Estudos sobre a administração pública e o combate à corrupção: Desafios em torno da Lei nº 12.846/2013. Conselho da Justiça Federal, Centro de Estudos Judiciários, 2018.

LIMA, Leonardo Tibo Barbosa, "Teoria do Conflito: rumo a um novo Direito Coletivo do Trabalho", Ltr, 2017, apud Márcio Túlio Viana, "Da Greve ao Boicote e outros pequenos estudos", Editora RTM, Belo Horizonte, 2017.

LOPES, Gustavo. "Compliance e integridade também na gestão esportiva", www.itatiaia.com.br/blog/gustavo-lopes, 20.07.2018, às 12:42 h, capturado em março/2019.

LUCA, Carlos Moreira de. "Origens, Natureza Jurídica e Tipos de Greve", coordenador Georgenor de Sousa Franco Filho, "Curso de Direito Coletivo do Trabalho – Estudos em homenagem ao Ministro Orlando Teixeira da Costa", Ltr, 1998.

LUDWIG, Roberto José. "A função social no direito privado: Uma contribuição da teoria do discurso para a solução do problema de aplicação". *Revista da Ajuris*, volume 34, nº 107, Setembro/2007.

MACHADO, José Pedro. Dicionário Etimológico da Língua Portuguesa, de Machado, Livros Horizonte (2003).

MACHADO, Miguel da Câmara. *Meios de combate à corrupção no Direito Romano e na atualidade* – um regresso ao futuro. Lisboa: AAFDL Editora, 2018.

MALUFE, José Roberto. *A retórica da ciência* – Uma leitura de Goffman. São Paulo: Educ – Editora da PUC/São Paulo, 1992.

MANNRICH, Nelson. "O Exercício do Direito de Greve no Serviço Público", coordenação Domingos Sávio Zainaghi e Yone Frediani, "Novos Rumos do Direito do Trabalho na América Latina", Ltr, 2003.

MARQUES, Cláudia Lima. "A teoria do 'diálogo das fontes' hoje no Brasil e seus novos desafios: uma homenagem à magistratura brasileira". *In*: MARQUES, Cláudia Lima e MIRAGEM, Bruno (coord.).. *Diálogo das fontes* – Novos estudos sobre a coordenação e aplicação das normas no direito brasileiro. São Paulo: Thomson Reuters Brasil/Revista dos Tribunais, 2020.

MARQUES, Cláudia Lima. "O Diálogo das Fontes' Como Método da Nova Teoria Geral do Direito: Um Tributo a Erik Jayme". *In*: MARQUES, Cláudia Lima (coord.). *Diálogo das fontes* – do conflito à coordenação de normas no direito brasileiro. São Paulo: Editora Revista dos Tribunais, 2012.

MARQUES, José Roberto. "Função social da propriedade: Constituição Federal, Código Civil e outras leis". *In*: FILOMENO, José Geraldo Brito; WAGNER JUNIOR, Luiz Guilherme da Costa e GONÇALVES, Renato Afonso. *Código Civil* – análise doutrinária e jurisprudencial. Rio de Janeiro: Editora Método, 2008.

MASSON, Aloisio. "É salutar a implantação de programas efetivos de compliance no desporto". Revista Consultor Jurídico, 11 de março de 2015. Disponível em www.conjur.com.br, capturado em março/2019.

MATINS-COSTA, Judith. "Reflexões sobre o Princípio da Função Social dos Contratos", in Revista Direito GV, v. 01, n. 01, maio/2005.

MELANI, Ricardo. "Prefácio". *In*: ASSIS, Carlos Donbosco. *A verdadeira dor do atleta*. Belo Horizonte: Edições Pulsar, 1997.

MELLO, Celso Antônio Bandeira de. *Grandes temas de Direito Administrativo*. São Paulo: Malheiros, 2009.

MENDONÇA, António Pedro Lopes de. *Memórias de um doido*. Rio de Janeiro: EdUERJ, 2022.

MENEZES, Djacir. *As elites agressivas*. Rio de Janeiro: Edição da Organização Simões, 1953.

MITIDIERO, Daniel. *Processo Civil e Estado Constitucional*. Porto Alegre: Livraria do Advogado, 2007.

MONFARDINI, Fernando. "Compliance no Futebol". Drible de Letra, RJ, 2018.

MONTEIRO FILHO, Carlos Edison do Rêgo. "Usucapião imobiliária urbana independente de metragem mínima: Uma concretização da função social da propriedade". *Revista Brasileira de Direito Civil*, vol. 2, outubro/dezembro 2014.

MORAES, Maria Celina Bodin de. "Os Princípios da Constituição de 1988", obra coletiva, Lúmen Júris, RJ, 2001.

NEVES, A. Castanheira. "Digesta – Escritos acerca do Direito, do Pensamento Jurídico, da sua Metodologia e Outros", volume 1º, Coimbra Editora, 1995.

ÑGALA, Crisóstomo Pinto. "Consciência Jurídica dos Direitos Humanos", Editora Vozes, Petrópolis, RJ, 1ª edição, 2021.

NOHARA, Irene Patrícia. "Lei Anticorrupção empresarial e compliance: Programa de compliance efetivo e cultura de integridade". NOHARA, Irene Patrícia e PEREIRA, Flávio de Leão Bastos (coord.). Governança, compliance e cidadania. São Paulo: Thomson Reuters Brasil, 2018.

NOVAES, Adauto. "Políticas do medo". *In*: NOVAES, Adauto (org.). *Ensaios sobre o medo*. São Paulo: Senac/Edições Sesc, 2007.

OLIVEIRA, Camila Helena Melchior Baptista de e CORTAZIO, Renan Soares. "Abuso de direito potestativo à luz do princípio da boa-fé objetiva". *In*: TEPEDINO, Gustavo e SILVA, Rodrigo da Guia (coord.). *Relações patrimoniais* – Contratos, titularidades e responsabilidade civil. Belo Horizonte: Fórum, 2021.

PASOLD JÚNIOR, Cesar Luiz. "Corrupção: um dos pilares da insegurança jurídica no desenvolvimento empresarial nacional". In: PORTO, Vinicius e MARQUES, Jader (org.). O compliance como instrumento de prevenção e combate à corrupção. Porto Alegre: Livraria do Advogado, 2017.

PASTANA, Débora Regina. *Cultura do medo* – Reflexões sobre violência criminal, controle social e cidadania no Brasil. São Paulo: Método, 2003.

PEREIRA, Gabriela A. M. "Prefácio". *In*: SAMPAIO, Italo Abrantes. *Medo – Fronteira entre o sobreviver e o viver*, 4ª ed. Porto Alegre: Livraria do Advogado, 2013.

PERLINGIERI, Pietro. "O Direito Civil na legalidade constitucional". Rio de Janeiro: Renovar, 2008.

PERLINGIERI, Pietro. *Perfis do Direito Civil* – Introdução ao Direito Civil Constitucional, 2ª ed. Rio de Janeiro: Renovar, 2002.

PIKETTY, Thomas. *O capital no século XXI*. Rio de Janeiro: Intrínseca, 2014.

PINHEIRO, Paulo Sérgio. "Introdução". *In*: GLASSNER, Barry. *Cultura do medo*. São Paulo: Francis, 2003.

PLA, Roger, "O Duelo", Gráfica Editora Brasileira Ltda, Rio-São Paulo-Porto Alegre, 1951.

PLANT, Roger. "O Estado de Direito e os não privilegiados na América Latina: Uma perspectiva rural". *In*: MÉNDEZ, Juan E., O'DONNEL, Guillermo e PINHEIRO, Paulo Sérgio (org.). *Democracia, violência e injustiça* – O não-Estado de Direito na América Latina. São Paulo: Paz e Terra, 2000.

PRADO, Luiz Regis. "Prefácio". *In*: RIPOLLÉS, José Luiz Díez. *A racionalidade das leis penais*, 2ª ed. São Paulo: RT, 2016.

QUIJANO, Aníbal. "Colonialidade do poder e classificação social". *In*: SANTOS, Boaventura de Sousa e MENESES, Maria Paula (org.). *Epistemologias do Sul*. São Paulo: Cortez Editora, 2010.

QUINTANA, Mario. "Caderno H", Objetiva, RJ, 1ª edição, 2013.

QUINTANA, Mario. "Da Preguiça como Método de Trabalho", SP, Globo, 2007, 2ª edição.

RAMOS, Rafael. "Análises jurídicas sobre a vigência concomitante da Lei Geral do Esporte (LGE) *e Lei Geral do Desporto (Lei Pelé) em matéria trabalhista", artigo no prelo, para publicação.*

REVISTA O Pensamento. A libertação pelo conhecimento, de Norberto Keppe", ano 107, nº 2, mar/abr 2015.

ROMITA, Arion Sayão, "Greve no Setor Privado", in "O Trabalho", Editora Decisório Trabalhista, Curitiba, nº 132, fevereiro/2008.

SACCHETTO, Cláudio "O Dever de Solidariedade no Direito Tributário: O Ordenamento Italiano", obra coletiva "Solidariedade Social e Tributação", Dialética, 2005.

SAAVEDRA, Giovani Agostini. "Panorama do compliance no Brasil: Avanços e novidades". In: NOHARA, Irene Patrícia e PEREIRA, Flávio de Leão Bastos (coord.). Governança, compliance e cidadania. São Paulo: Thomson Reuters Brasil, 2018.

SAMPAIO, Italo Abrantes. *Medo – Fronteira entre o sobreviver e o viver*, 4ª ed. Porto Alegre: Livraria do Advogado, 2013.

SANTOS, Boaventura de Souza. "A Cor do Tempo Quando Foge – uma história do presente – Crônicas 1986-2013", Cortez Editora, 2014.

SANTOS, Fernando Ferreira dos, Celso Bastos Editor, 1999.

SCHMIDBAUER, Wolfgang. *Sensação de medo* – Qualquer um tem. Ninguém quer. O que fazer?. Vargem Grande Paulista: Cidade Nova, 2008.

SCHIAVI, Iara. "As Tendências Neoliberais e Dataficadas da Incorporação Tecnológica nas Cidades", organizadores João Francisco Cassino, Joyce Souza e Sérgio Amadeu da Silveira, "Colonialismo de Dados – como opera a trincheira algorítmica na guerra neoliberal", Autonomia Literária, SP, 2021.

SCHWARTSMAN, Hélio. "Tão perto, tão longe". *Folha de S. Paulo*. 27.1.2012.

SERRANO, Pedro Estevam Alves Pinto. *Autoritarismo e golpes na América Latina* – Breve ensaio sobre jurisdição e exceção. São Paulo: Alameda, 2016.

SHAKESPEARE, William "Otelo", L& PM Pocket, 1999.

SILVA, Denival Francisco da. "Apresentação". *In*: BIZZOTTO, Alexandre; SILVA, Denival Francisco da e OLIVEIRA, Tiago Felipe de. *Quotidianus*: a criminalização nossa de cada dia. São Paulo: Intelecto Editora, 2016.

SILVA, Denival Francisco da. "Manipulações, lacunas e subjetividades do Direito, servindo como atalhos para ampliação do Estado punitivo: A especifidade dos crimes hediondos". *In*: BIZZOTTO, Alexandre; SILVA, Denival Francisco da e OLIVEIRA, Tiago Felipe de (org.). *Quotidianus*: a criminalização nossa de cada dia. São Paulo: Intelecto Editora, 2016.

SILVA, James Hermínio Porto da. "Colonialismo e Estado de Exceção". LOPES, Anderson Bezerra; FONSECA, Eduardo Samoel; MEIRELLES, João Victor Esteves; PACHANI, Leandro; MAGANE, Renata Possi e ABIB Sea (org.). *Democracia e crise, um olhar interdisciplinar na construção de perspectivas para o Estado brasileiro* – Estudos em homenagem ao Professor Pedro Estevam Alves Pinto Serrano. São Paulo/MG: Autonomia Literária, 2020.

SILVA, José Afonso da. *Comentário contextual à Constituição*, 9ª ed. São Paulo: Malheiros, 2014.

SILVEIRA, Sérgio Amadeu da. "A hipótese do colonialismo de dados e o neoliberalismo". *In*: CASSINO, João Francisco; SOUZA, Joyce e SILVEIRA, Sérgio Amadeu da (org.). *Colonialismo de dados* – como opera a trincheira algorítmica na guerra neoliberal. São Paulo: Autonomia Literária, 2021.

SOARES, Ana Paula Batista Ramalho, "Mediação de Conflitos" - NECRIM – Doutrina Policial Civil de Pacificação Social", Gráfica ACADEPOL, 2015.

SOUTO MAIOR, Jorge Luiz, "O direito de exercer o direito de greve", organizadores Candy Florencio Thome e Rodrigo Garcia Schwarz, "Direito Coletivo do Trabalho – Curso de Revisão e Atualização", Elsevier Editora, 2010.

SOUZA, Eduardo Nunes de. "Merecimento de tutela: A nova fronteira da legalidade no direito civil". *Revista de Direito Privado*, RT, ano 15, volume 58, abr/jun/2014.

SOUZA, Eduardo Nunes de. "Perspectivas de aplicação do abuso do direito às relações existenciais *In*: TEPEDINO, Gustavo; TEIXEIRA, Ana Carolina Brochado e ALMEIDA, Vitor (coord.). *O Direito Civil entre o sujeito e a pessoa* – Estudos em homenagem ao Professor Stefano Rodotá. Belo Horizonte: Editora Fórum, 2016.

TAVARES, André Ramos. *Curso de Direito Constitucional*, 6ª ed. São Paulo: Saraiva, 2008.

TEPEDINO, Gustavo. "A perseverante construção da legalidade constitucional". TEPEDINO, Gustavo, SANTOS, Deborah Pereira Pinto dos e PEREIRA, Paula Moura Francesconi de Lemos (coord.). *Direito Civil Constitucional* – A construção da legalidade constitucional nas relações privadas, Anais VII Congresso do IBDCivil". Indaiatuba: Editora Foco, 2022.

TOMÁS Y VALIENTE, Francisco. "Independencia judicial y garantía de los derechos fundamentales". *Constitución: Escritos de introducción histórica*. Madri: Marcial Pons, 1996.

TOMAZ, Roberto Epifanio. "O que é *compliance*? Histórico, conceitos e objetivos". *In*: TOMAZ, Roberto Epifanio (org.). *Descomplicando o* compliance. São Paulo: Tirant Lo Blanch, 2018.

TORRES, Ricardo Lobo. "Tratado de Direito Constitucional Financeiro e Tributário", volume II, Renovar, 2005.

UBALDO, Flavia Safadi. "Lei Anticorrupção: a importância do programa de *compliance* no cenário atual". *In*: PORTO, Vinicius e MARQUES, Jader (org.) *O* compliance *como instrumento de prevenção e combate à corrupção*. Porto Alegre: Livraria do Advogado, 2017.

USTÁRROZ, Daniel. "O solidarismo no direito contratual brasileiro". MARQUES, Cláudia Lima (org.). "*Dialogo das fontes*: do conflito à coordenação de normas no direito brasileiro. São Paulo: Revista dos Tribunais, 2012.

VASCONCELOS, Danilo. "A (i)legalidade do acesso às informações do celular do detido em razão da prisão em flagrante". *In*: BIZZOTTO, Alexandre; SILVA, Denival Francisco da e OLIVEIRA, Tiago Felipe de (org.). *Quotidianus* – A criminalização nossa de cada dia. São Paulo: Intelecto Editora, 2016.

VEIGA, Maurício de Figueiredo Corrêa da. "Aplicação de regras de Compliance no Desporto", ibdd.com.br, capturado em março/2019.

VENOSA, Sílvio de Salvo. *Direito Civil – Reais*, vol. 4, 21ª ed. São Paulo: Atlas, 2021.

VIANA, Márcio Túlio. "Da Greve ao Boicote e outros pequenos estudos", Editora RTM, Belo Horizonte, 2017.

VIANA, Mário Gonçalves. *Psicologia do medo*. Porto: Editorial Domingos Barreira, s/d (mas com certeza, é edição de décadas já).

VIEIRA, Padre Antonio. "Sermão da Primeira Dominga do Advento", "Sermões", São Paulo, Três Livros e Fascículos, 1984.

USTÁRROZ, Daniel. "O Solidarismo no Direito Contratual Brasileiro", organizadora Cláudia Lima Marques, "Dialogo das Fontes: do conflito à coordenação de normas no direito brasileiro" Revista dos Tribunais, RT, 2012.

WASSERMANN, Jakob. *O Processo Maurizius*. Campinas: Editora Sétimo Selo, 2021.

WATANABE, Kazuo. Fundamentos constitucionais da solução pacífica das controvérsias: Mediação, conciliação e negociação. In: BIANCHI, José Flávio; PINHEIRO, Rodrigo Gomes de Mendonça; ALVIM, Teresa Arruda (org.). Jurisdição e direito privado: Estudos em homenagem aos 20 anos da Ministra Nancy Andrighy no STJ. São Paulo: Revista dos Tribunais, 2020.

WERMUTH, Maiquel Ângelo Dezordi. *Medo e Direito Penal*. Porto Alegre: Livraria do Advogado Editora, 2011

ZAFFARONI, Eugenio Raúl. "Colonização Punitiva e Totalitarismo Financeiro - A criminologia do seraqui", Da Vinci Livros, RJ, 2021.

ZAFFARONI, Eugenio Raúl. Em busca das penas perdidas, 2ª reimpressão. Rio de Janeiro: Revan, 2012.

ZAFFARONI, Eugenio Raúl, *O inimigo no Direito Penal*, 3ª ed. Rio de Janeiro: Revan, 2011.

ZAINAGHI, Sávio e FREDIANI, Yone "Novos Rumos do Direito do Trabalho na América Latina", Ltr, 2003.

ZINK, Rui. *A instalação do medo*. Porto: Porto Editora, 2021.